U0578014

本丛书得到何东先生独资赞助

This series of books is financially supported exclusively
by Mr. Eric Hotung.

20世纪中国文物考古发现与研究丛书

商 周 金 文

陈 絜／著

文物出版社

一　河南安阳商代殷墟遗址出土的司母戊方鼎
　　及其铭文拓本

二　河南安阳商代殷墟遗址出土的妇好三联甗
　　及其铭文拓本

三　河南安阳商代殷墟遗址出土的
　　戍嗣子鼎及其铭文拓本

四　陕西临潼出土西周早期的利簋
　　及其铭文拓本

五　陕西宝鸡贾村出土西周早期的
　　何尊及其铭文拓本

六　陕西扶风庄白出土西周晚期的
　　墙盘及其铭文拓本

七　陕西扶风出土西
　　周晚期的𩫚簋及
　　其铭文拓本

八　上海博物馆收藏
　　西周晚期的晋侯
　　苏编钟

20 世纪中国文物考古发现与研究丛书

序 / 张文彬

　　俗称"锄头考古学"的田野考古学的诞生以及中国考古学学科体系的基本完善，由此而引起的古物鉴玩观赏著录向科学的文物学的转变，是 20 世纪中国学术与文化界的大事。它从材料与方法两个方面彻底刷新了持续了数千年之久的中国古代史学传统，不但为中国学术界和文化界开拓出更加广阔的研究天地，也为一切关心中华民族悠久历史和灿烂文明的人们不断地提供了可贵的精神滋养和力量源泉。

　　仰古、述古、探古，进而考古，向来为我国传统文化中一个明显的学术特点。先秦时期诸子百家发其端，汉代司马迁撰写《史记》，北魏郦道元作注《水经》。他们对相关的遗迹遗物，尽可能地做到亲自考察和调查，既能辨史又可补史。这种寻根追源的治学态度，为后世学术上的探古、考古树立了榜样。此后，山河间的访古和书斋式的究古相继开展，特别是对古器物的研究，成了唐、宋时期的文化时尚。不少学者热衷于青铜铭文、碑刻、陶文、印章等古文字的考释，进而有了对器物的辨伪鉴定、时代判断、分类命名等，逐渐兴起了一门新的学问——金石学，涌现出许多著名的古器物鉴赏家和收藏家。只是囿于当时的历史条件，金石学家们无法了解所见文物的出土地点和情况，也难以涉及史前时代漫长的演进历程，因而长期以来始终脱离不了考证文字和证经补史的窠臼。即使如此，他们的艰辛努力和取得的成绩，还是为推动我国传统文化的发展起到了积极作用，并且在事实上也为中国考古学和中国文物学的起步铺设了最早的一段道路。

20 世纪初，近代考古学由西方传入。中国学者继承金石学的研究成果，学习并运用西方考古学方法，开始从事田野考古，通过历史物质文化遗存，探寻和认识古代社会，揭示人类社会发展规律。早在 1926 年，中国学者就自行主持山西南部汾河流域的调查和夏县西阴村史前遗址的发掘。随后，我国学者同美国研究机构合作，有计划地发掘周口店遗址，发现了北京猿人。从 1928 年起至 1937 年，连续十五次发掘安阳殷墟遗址，取得了较大收获，引起了国内外学术界的重视。自 20 世纪 50 年代以后，随着国家大规模经济建设的进行，田野考古勘探、调查和科学发掘工作在全国范围内蓬勃有序地开展，许多重要的典型遗址和墓地被揭露出来，重大发现举世瞩目。它们脉络清晰，层位分明，文化相连，不仅弥补了某些地域上的空白，而且衔接了年代上的缺环，为研究中国古代史、文化史、科学史以及其他学科领域，提供了珍贵、丰富的实物资料，极大地影响着人文社会科学诸多学科专业的研究与发展。这段时间被学术界称为中国考古学的黄金时代。在马列主义理论指导下，具有中国特色的考古学理论体系和方法论逐渐形成。有关研究成果不仅极大地改变和丰富了人们对中国文明起源、中国古史发展等重大问题的认识，同时也扩展了中国文物的研究领域和研究方式。可以说，考古学的发展与进步，直接影响到文物学的形成与发展，而且影响到全社会对文化遗产重要作用的认识以及世界学术界对中国古代文明的重新认识。

从20世纪80年代开始，文物界就中国文物学的创立，逐渐取得共识，在共同探讨的基础上，初步形成了学科体系。不少学者发表了有关论文，出版了专著，就文物的历史价值、科学价值、艺术价值以及在社会主义的物质文明与精神文明建设中如何对文物进行有效保护、合理利用发表意见。这些研究成果已获得学术界的赞同。

在这世纪之交和千年更替之际，对中国考古学和中国文物事业作一次世纪性的回顾和反思，给予科学的总结，是许多学者正在思考和研究的问题。如果能通过梳理20世纪以来重大发现和研究成果，透视学科自身成长的历程，从而展望未来发展的方向，以激励后来者继续攀登科学高峰，无疑是一件很有意义的事。为此，经过酝酿、商讨和广泛征求意见，我们约请一批学者（其中有相当多的中青年学者）就自己的专长选择一个专题，独立成篇，由文物出版社编辑出版一套《20世纪中国文物考古发现与研究丛书》，并以此作为向新世纪的献礼。

从某种意义上说，《20世纪中国文物考古发现与研究丛书》是一套学科发展史和学术研究史丛书。其内容包括对20世纪考古与文物工作概况的综合阐述；对一些重要的考古学文化和古代区域文化研究情况的叙述；对文物考古的专题研究；对重要的文物考古发现、发掘及研究的个例纪实。

此套丛书的内容面广，而且彼此关联。考虑到各选题在某些内容上难免会有重叠或复述，因此在编撰之初，我们要求各选题之间互有侧重，彼此补充，以期为读者了解 20 世纪中国考古学和文物学的发展提供更多的视角。

我国的文物与考古工作，虽在 20 世纪得到了迅速发展，但仍有许多重大学术问题需要进一步探索。我们主持编辑这套丛书，除了强调材料真实，考释有据，写作态度严谨求实外，也不回避以往在工作或研究上曾经产生的纰漏差错和不足之处，以便为今后的工作和研究提供借鉴。虽然我们尽了很大努力，但限于水平，各篇仍很难整齐划一。由于组稿和作者方面的困难和变化，一些计划之中的题目也未能成书。这些不周之处，敬请专家、学者和广大读者批评指正。

在丛书编印过程中，我们得到了文物、考古界的广泛支持。何东先生在出版经费上给予了热情帮助。在此，一并深表感谢。

2000 年 6 月于北京

目　录

插 图 目 录

前言

中华民族有着悠久而灿烂的历史，我们的先民曾创造出璀璨辉煌的物质文化。值得其子孙后裔为之骄傲的成就之一，便是先秦时期神奇而绚丽的青铜文明。当时的贵族阶层，出于对祖先和天地神灵的敬畏，出于对自己社会地位的维护，曾不遗余力地、甚至是竭其所能地铸造着各式青铜彝器。他们希望这种奢华的生活方式能够长盛不衰，但遗憾的是，伴随着青铜时代的终结，所有这一切也被埋入了历史的尘埃之中。历史总是有那么多的蹊跷，商周先民们万万没有想到，自己那些曾用来和神灵交接的庙堂之器，竟然会成为其几千年后的子孙潜心深究的对象，成为后人与自己交流沟通的媒介。

（一）研究金文的目的

商周时期的贵族在青铜器皿上铸刻了大量的文字资料，这就是今天所谓的"金文"，在历史上则又有"钟鼎文字"、"吉金文字"、"彝器款识"以及"彝文"等名称。

今天人们研究金文，目的就是想通过这些珍贵的遗物来了解历史。当然，前提是要搞清此类材料的内涵与时代。所以，金文的研究内容也可以相应地分成两个层面，即金文资料史料化和古史重构。所谓史料化，就是通过对青铜器铭文资料的收集整理、铭文真伪的甄别、彝铭的年代判断、具体文字的考释及语法文法等语言学的研究，最终达到以金文为重要史料依据重构商周古史的目的。

（二）研究金文的方法

金文研究所涉及的学科很多。它与考古学、文字学、音韵学、历史学及文献学等都有着千丝万缕的联系，故而相应的研究方法也极为复杂，绝非某个单一学科或某种单一方法所能独立承担的。例如，金文文字的考释需要借助于传统的文字学、音韵学、文献典籍以及殷墟刻辞及陶文、简册、玺印文字等；相对年代的判断，则须以考古学中的地层学、类型学为依托，并借助于字体字形、器物纹饰演变等知识；而绝对年代学研究，则需要根据青铜器铭文本身所提供的信息，同时借助于天文历朔以及碳十四等自然科技手段方能解决；至于历史学的研究当然离不开史学理论、史学方法及与之时代相近的古代典籍。所以，当代的金文研究，采纳的是一种多学科交叉的综合方法。

金文的研究方法是逐步演变与完善起来的，早期研究手段比较单纯和简略。以具体文字的释读为例，宋儒在考释文字时，多逞私臆任意裁断；清代则发展为运用六书条例作偏旁分析的比较科学的考释方法；罗、王时代的铭文释读，则能"考之史事与制度文物以知其时代之情状，本之《诗》、《书》以求其文之义例，考之古音以通其义之假借，参之彝器以验其文字之变化"[1]，方法日趋严谨；而唐兰所倡的考释四法，即比较法、推勘法、偏旁分析法和历史的考证，则是一套相当完善的科学方法，它"引导学者臻至正途，同时纠正过去所谓

'研讨三千年上之残余文字,若射覆然'之不良风气"[2];至于杨树达借鉴高邮王氏文字训诂之方式,谓"每释一器,首求字形之无牾,终期文义之大安,初因字以求义,继复因义而定字。义有不合,则活用其字形,假借于文法,乞灵于声韵,以假读通之"[3],能充分照顾到古文字研究中形、音、义三者的关系,也有相当的科学性。王、唐、杨诸氏的考释手段,奠定了今日金文释读的基调。

又如在器物分期断代标准问题上,宋人颇多穿凿附会之说。如疑以"十干"命名者为夏商之器,甚至有人将带鸟书文字的春秋、战国时期的楚越之器定为夏代之物。其他如称"年"为"祀"者乃商器之说,虽有创获,但与事实还是有所出入。清儒为了纠正宋人穿凿之弊,又矫枉过正,居然主张不分商周,皆径以"三代器"命名之。而随着安阳殷墟殷商遗物的出土,罗振玉提出了新的断代标准,即定"以日为名"与"象形文字"为商代遗物。此说与事实尚有一定距离,所以他编撰的《殷文存》误收了许多周代器物。王国维在金文断代上颇具近代科学精神,能以历史事件、历史人物、文字命辞等判别器物年代,以金文月相校验得失,在宣王时器上有创获[4],惜英年早逝,未能亲自将其方法发扬光大。继罗、王之后,中外学者如马衡、容庚、高本汉(B. Karlgrin)等,都就如何判定殷墟地区的商器问题提出过各自的主张,皆有所得,亦有所失,总之并不具有普遍意义。其后则有郭沫若创立的标准器分期法,这一标准在方法论上的意义极大,也一直沿用至今。而唐兰力主的"康宫"断代标准,以及陈梦家在郭氏的基础上、以考古发现为重要依据、借鉴考古学方法所作的《西周铜器断代》,则进一步推动了铜器铭文分期断代研究的深入。值得一提的还有吴其昌《金文历朔疏证》一书中所运用的历朔推定法。尽管此法肇端于宋儒吕大临，而清代学者如罗士琳、张穆以及近代学者王国维等等，也有过相关的研究，但他们所做的工作都是零散的尝试，不能自成体系。吴氏则是国内第一个运用此法，试图系统恢复西周王年、并将金文资料进行编年的学者。尽管书中存在不少错误，其利用“三统历”作为历术推算的基点也极不恰当，受郭沫若、容庚、唐兰等人的訾议自然是情理中事，但倘若我们能用比较客观的态度重新审视此书，它在学术史上的意义不应在郭氏《两周金文辞大系》之下。至于地层学、类型学、天文历法、碳十四等方法的运用，则是现代考古学与自然科学在铜器分期断代上的巨大贡献。

总之，金文的研究方法正在日趋完善，而且随着今后相关学科的发展，相应研究手段的愈发完备，日后也必定会有更多更好的金文方面的研究论著出现。

（三）研究金文的意义

研究金文的意义是多方面的，这要看研究者的视角与着力点。就古文字学研究而言，商周金文[5]是中国古文字演变史中的一个重要发展阶段，其时代自早商晚期[6]一直延续到战国晚期，历时一千二百年以上，后则能与秦汉金文、尤其是隶楷化以后的汉金文相衔接[7]。今日所知的商周金文，其单字量有四千多，这些材料对研究中国文字发展史来讲，具有举足轻重的作用。当今，人们之所以能对中国古文字的发展脉络及古文字字义等方面有比较清晰的认识，取得汉唐以来学者所无法比拟的成就，无不与金文的大量出土与研究的逐步深入有关。其次，就音韵学而言，以前研究上古音，所能依据的材料主要是《诗经》、《楚辞》。自从有了彝器铭文，尤其是西周中晚期至春秋时期的铭文的不断积累，使我们的视野得以拓展，能够利用的资料亦较前人丰富、准确。同样，在历史文献学研究上，金文研究也有其广阔的应用天地，这方面清儒如庄述祖、方濬益、刘心源、王懿荣、吴大澂、孙诒让等学者就有很好的发明[8]，近现代学者中如王国维、杨树达、于省吾、唐兰、张政烺、李学勤、裘锡圭等也作出了令人瞩目的成就。金文的研究，不仅有助于勘正传世典籍中的一些错误，对传世文献的形成时间与过程的考察也有裨益。研究金文更为显著的意义，则在于铜器铭文本身所具有的史料价值，金文资料已经是今日探讨商周史尤其是西周史中最为重要、同时也是最为可靠的基本素材，其作用甚至远远胜出流传至今的许多先秦典籍。

众所周知，尽管我国传世的典籍号称"汗牛充栋"，但真正可作商周史研究基本史料的文献仍然有限。其中年代较早、可信度相对较高的大概有《今文尚书》二十八篇、《诗经》、《易经》、《春秋经》及《左传》、《仪礼》、《逸周书》等寥寥数部。其他如《礼记》、《周礼》，多有构拟成分，只能作为二等材料来使用。而具体到殷商与西周史的研究，与之同时代的作品实在少得可怜，大概可归属于这一时期的仅有《今文尚书》中的《盘庚》与《周书》"八诰"、《诗经》中的"颂"与"大雅"、《逸周书》中的《世俘》等。而且，这些传世文献，在历代的传抄、积集过程中，不时被有意无意地改易，从而发生窜乱和讹误。所以，商周史研究若仅以传统典籍为依据，不仅材料过于单薄，可信度也得大打折扣。

今日的殷商史研究，与过去比较已经有了质的飞跃。这当然得归功于殷墟的发现与甲骨刻辞的大量出土，但同时期的金文资料依然是不可或缺的素材。殷商史中的许多问题，诸如家族结构、聚落形态、疆域四至、民族的迁徙、文化的传播与交流以及历法的构拟与复原，需要通过对甲骨刻辞、殷商铜器铭文及传世文献综合考察始能解决。与此同时，通过对殷商金文的考察，也能促进甲骨文字的考释与卜辞资料的分组分期等基本问题的探讨，从而进一步推动殷商史研究的深入。当然，目前发现的殷商时期的金文资料，很少有长篇巨制的宏文，其重要性与甲骨文比较尚有一定的差距。

然而对周史研究而言，尤其是对西周史研究来讲，西周金文的重要性已得到了相当充分的体现。它们是西周史研究过程中第一手的原始文献，不仅具有比较确切的时代同步性，且数量庞大。上百字的长铭习见，很多长篇铭文的史料价值都可与任何传世的周初文献相媲美，甚至超过传世文献。我们今天之所以能对周代的历史、政治、经济、文化、社会、历法等有比较清晰的认识，无不得益于金文资料的大量出土与相关研究的逐步深入。

当下的金文研究，就某种意义上讲，也可以说是考古学的一个有机组成部分。所以金文的探讨，对考古学研究的深入同样具有相当大的促进作用。商周时期许多遗址与墓葬，就是因为有金文资料的伴出，才使得一些关键性的问题得到解决。同样，作为青铜器研究的一个重要组成部分，金文本身研究的日益精审，也能促进铜器类型学的日趋精准。

总之，金文研究的意义是多方面的。它对古文字学、音韵学、历史文献学、历史学、考古学及其分支学科青铜器等学科的探索，都有着重要的作用。

（四）考古新发现在金文研究中的作用

20世纪的金文研究，取得了前人无法比拟的成就，走出了一条与传统金石学相比更为完善、更为科学的道路。这些成就的取得，端赖于近代田野考古学在中国的展开。如果没有田野考古学，没有近八十年来通过科学考古发掘而得的数以千计的新材料，今天的金文考索与传统的金石学大概不会有什么本质性的区别。

具体说来，考古新发现在金文研究中的作用，也可以分为两个方面。其一，它为金文研究的终极目标，也即历史研究，提供了大量可靠的原始素材。其二，它在金文资料史料化的进程中，尤其是在金文的分期断代与分域研究中，发挥着巨大的促进作用。例如殷墟考古发现对殷商铜器谱系的建立，庄白一号窖藏坑、北赵晋侯墓地等大量青铜器的出土与标准器比对法的建立与完善，晋侯苏钟、静方鼎及虞逨鼎的发现对"月相"理论的推进，郑韩兵器、燕兵器铭文的出土与战国金文的分域研究等等，都是极好的例子。如果没有新出考古资料为依托，科学的分期断代与分区、分国研究则根本无法展开。

金文考索从肇始至今，已经有近千年的历史。尤其是在20世纪的后五十年，研究工作有了飞速的发展，取得了许多令世人瞩目的成就。毋庸讳言，存在的问题依然很多。所以，我们有必要及时对已有的成果做出总结，找出一些有借鉴意义的经验与教训，以期为今后新的研究工作服务。

注　释

[1] 王国维《毛公鼎考释序》,《观堂集林》第 294 页, 中华书局 1959 年版。

[2] 高明《中国古文字学通论》第 354 页, 北京大学出版社 1996 年版。

[3] 杨树达《积微居金文说(增订本)》"自序",《积微居金文说(增订本)》, 科学出版社 1959 年版。

[4] 王国维《生霸死霸考》、《兮甲盘跋》,《观堂集林》第 19—26 页、第 1206—1209 页, 中华书局 1959 年版。

[5] 本书所谓的"金文", 主要指古文字阶段的铜器铭文, 不包括文字隶楷化以后的、汉代以降铜器上的铭刻材料。至于 20 世纪汉金文的出土与研究情况, 读者可参考徐正考《汉代铜器铭文研究》(吉林教育出版社 1999 年版)、赵化成等《秦汉考古》(文物出版社 2002 年版)等书中的相关论述。

[6] 如中国国家博物馆收藏一件二里冈文化期的青铜鬲, 其上铸有一字, 学界一般释之为"戍", 但裘锡圭先生释为"耳"(《汉字形成问题的初步探索》,《中国语文》1978 年第 3 期)。

[7] 张政烺《金文》,《中国大百科全书·语言文字卷》第 230 页, 中国大百科全书出版社 1988 年版。

[8] 裘锡圭《谈谈清末学者利用金文校勘〈尚书〉的一个重要发现》,《古籍整理与研究》第 4 辑, 中华书局 1988 年版。

一 青铜器铭文研究溯源

金文研究在我国有着悠久的历史。其研究历程大致可分为两个阶段：即金石学时期的金文研究与历史考古学时期的金文研究。在具体评述 20 世纪的发现与研究之前，不妨对传统金石学时期的某些研究情况作一简单的回顾。

（一）传统“金石学”的创立与 两宋学者金文研究的贡献

传统金石学的研究内容，大体可分为古器物学与文字学两部分[1]。所谓古器物主要包括金（即以殷周时期的钟鼎彝器为大宗，旁及兵器、度量衡、符节、玺印、钱币、铜镜等物）与石（即以碑碣墓志为大宗，旁及摩崖、造像、经幢、石阙等物），而与之相对应的文字也就是青铜器铭文与石刻文字。所以，金文研究在传统金石学中占据着相当重要的位置。

传统金石学形成于宋代，乾嘉之后则步入鼎盛期。但商周时期的青铜器，在汉代就时有出土，即所谓“郡国亦往往于山川得鼎彝”（《说文解字·叙》）。对汉代人来讲，这些偶然发现的前代礼器，是神圣和神秘的，甚至被视作祥瑞。如汉武之时，有前代铜鼎出于汾水之上（今山西省万荣县庙前村），朝野为之震动，于是改元“元鼎”、修祀泰一、封禅泰山、求神蓬莱[2]，诸种事端由是而生，闹出了许多笑话。从考古材料看，两汉之时，便有人开始收藏商周青铜礼器。如 1964 年江西南昌老福山发掘的西汉墓中，就有商代的铜瓿出土[3]。1953 年在湖南衡阳苗圃清理的一座东汉墓中，也发现有殷商铜器如觯、爵者随葬[4]。这些汉墓的主人显然把它们当成了难得的珍品，故于死后作为陪葬物一并入土。两汉时期所出的先秦礼器，大概有相当一部分是带铭文的，所以许慎讲"其铭即前代之古文"（《说文解字·叙》）。汉宣帝时，曾有"好古文字"之称的张敞对美阳（今陕西武功，一说扶风）出土的尸臣鼎铭文作出考释（《汉书·郊祀志》）。但当时能真正断识其文的人应该不会太多，更没有从事收集、整理彝器铭文工作的专业人士，故而文献上的相关记载非常简略，见于史籍的青铜礼器除尸臣鼎外，仅有孔悝鼎、仲山甫鼎（《后汉书·窦宪传》）和汤盘（《礼记·大学》）等寥寥数器。至于《说文》所载录的"古文"，亦非商周时期的金文资料，实乃战国时代流行于东方六国的简牍文字。

殷周彝器在南北朝及唐代也有发现，其中沈约《宋书·符瑞志》中记录了南北朝时期先后十五次出土的商周铜器，共计四十一件，并对每件器物的出土地点与铭文大意皆有大致交代。唐代出土的青铜器则见载于清儒阮元《商周铜器说》一文[5]。

对铜器铭文的真正重视，应始于北宋末年。自那时起，商周文字材料便成了传统金石学最为重要的研究对象。在经过唐末和五代的割据与战乱之后，宋朝统治者出于巩固政权的目的，建立了严格的伦理纲常，并大力扶植经学，试图恢复旧时礼制，从而激发了朝廷及士大夫对古代礼乐之器的收集、整理与研究的热情。历史学、古文字学和书法艺术的进步，也在一定程度上刺激了士子对新资料的进一步追求。同时，唐代以来墨拓技术与印刷术的发达，则为金石文字的流传提供了便利。诸如此类的因素综合在一起，便促成了金石学的形成与发展[6]。由于朝廷及士大夫对前代金石资料的竞相追逐，盗墓之风藉此而盛。叶梦得在《石林避暑录话》中曾有感慨，谓"宣和间内府尚古器……而好事者复年寻求，不较重贾，一器有值千缗者。利之所趋，人竟搜剔山泽，发掘冢墓，无所不至，往往千载之藏，一旦皆见，不可胜数矣。"盗墓之举，对古代的遗存破坏极大，损失无法估量。

北宋嘉祐年间（公元 1056—1063 年），永兴路安抚使刘敞将自己在长安所得的十一件古器，摹其铭文、绘其图像并勒刻于石，辑为《先秦古器图碑》（嘉祐八年也即 1063 年刊刻，今佚），开创了中国历史上私人著录古器的先河[7]。而刘氏《先秦古器记》中所提到的"礼家明其制度，小学正其文字，谱牒次其世谥"的吉金研究内容与方法，数百年来一直为传统的金石学家所遵奉，有"古器之学，略尽于此数语；著录古器之法，亦蔑以进于此矣。此吉金之学之开山也"[8]之誉。继刘氏之后，从事吉金研究的学者益多，相应的著述大致可分为五类：即以吕大临《考古图》及王黼《博古图录》为代表的"图录类"；以薛尚功《历代钟鼎彝器款识法帖》、王俅《啸堂集古录》及王厚之《钟鼎款识》为代表的"款识类"；以欧阳修《集古录跋尾》、赵明诚《金石录》及张抡《绍兴内府古器评》为代表的"考释类"；以吕大临《考古图释文》、王楚《钟鼎篆韵》及薛尚功《广钟鼎篆韵》为代表的"字典类"；还有以翟耆年《籀史》为代表的"书目提要类"[9]。

宋人的金文研究成就，主要体现在"款识类"、"考释类"

与"字典类"之中。尽管他们在具体文字的考释中还存在着各种问题，但开创之功不容抹杀。对此，王国维曾有相当中肯的评价，谓"考释文字，宋人亦有凿空之功；国朝阮、吴诸家不能出其范围。若其穿凿纰缪，诚若有可讥者，然亦国朝诸老之所不能免也"[10]。

宋人的成就，大概有两点。第一，这些成就为后人保存了大量宋代出土金文资料（约五百余件）的原始信息。众所周知，古代中国向来是战乱不断、更代频仍，宋代所出的铜器，除极少数如宰甫卣、厚趠鼎、禹鼎、班簋、伯梡盉簋（旧称"周刺公敦"）、格伯簋及鄂侯鼎等得以辗转流传，或失而复得之外[11]，几乎尽毁于历代兵燹及毁铜铸钱之中。倘若没有宋代学者各类金石学著作的刊印与传世，后人根本没有机会了解当时所出金文资料的总体面貌。而这些材料尽管摹绘多有失真，但对今日的商周古史研究，依然有其重要的价值。例如，宋人著录的、与商代年祀有关的十五祀万馘彝等五篇长铭，对复原商代王年历谱极有帮助。第二，宋人创造的一些研究方法（如吕大临的历朔推定断代法）及划定的研究范围（如刘敞所谓"礼家明其制度，小学正其文字，谱牒次其世谥"），对传统金石学时期的研究者皆产生过重大的影响。

（二）传统"金石学"的昌盛与
清儒金文研究的成就

南宋以来，金石学日趋式微，元、明两代的相关研究更是薄弱。待到乾隆年间，以清宫所藏铜器为收录对象，在"御纂"的名义下，由董邦达等数十人董理编印了《西清古鉴》、

《宁寿鉴古》、《西清续鉴甲编》、《西清续鉴乙编》等四书，共著录青铜器四千零七十四件（另附录三十一件）、铭文一千一百七十九篇（不计铜镜）[12]。皇家的倡导，使沉寂数百年的金石学始得复兴。再经几代学人的努力，进而有了传统金石学的繁荣昌盛。"西清四鉴"之后，钱坫于嘉庆年间根据私家藏器编撰成《十六长乐堂古器款识》，共收录商周铜器二十九件，并用钩摹的方式对铭文进行钞录，方法较《西清古鉴》精确。该书尽管流传不广、影响不大，但钱氏改正了自宋以来释"簋"为"敦"的错误，诚属卓见。

就金文研究而言，真正起到引领作用的是阮元编撰、专录款识的《积古斋钟鼎彝器款识》的刊印[13]。阮氏是当时的经学大师和学术领袖，他在该书中所运用的依据铭文讲解小学与经学的方法，对学界影响极深。在他的带动下，金石研究蔚然成风，各类专书层出不穷。例如取私家藏器而成书的有曹载奎《怀米山房吉金图》、刘喜海《长安获古编》、吴云《两罍轩彝器图释》、潘祖荫《攀古楼彝器款识》、吴大澂《恒轩所见所藏吉金录》、端方《陶斋吉金录》及《续录》等；专录款识的有吴荣光《筠清馆金文》、徐同柏《从古堂款识学》、吴式芬《攈古录金文》、吴大澂《愙斋集古录》、方濬益《缀遗斋彝器款识考释》、刘心源《奇觚室吉金文述》、朱善旂《敬吾心室彝器款识》等；专事文字考释的则有孙诒让《古籀拾遗》、《古籀余论》、《籀高述林》和吴大澂《字说》；而字典类则有吴大澂《说文古籀补》，此书对后世金文文字考释影响颇巨。有了如此多学者的相继努力，传统金石学从此步入了巅峰时期，而吴大澂与孙诒让二位学者所取得的成就，尤其值得关注和借鉴。

　　吴大澂对铜器的积集，贡献殊大，相关图录有《恒轩所见所藏吉金录》二册、《愙斋集古录》十二卷、《十六金符斋印存》二十六册。其中以《愙斋集古录》最具影响，至今仍常被人征引利用。而金文研究方面的贡献，则主要体现在《说文古籀补》十四卷、《补遗》一卷、《附录》一卷、《字说》一卷诸书。其中《字说》为其研究金文之心得，每篇皆有新义。而《说文古籀补》则据金文以补《说文》之缺遗，订正了许慎在文字解释中的许多错误，从此动摇了《说文》在古文字学中的权威地位。它与孙诒让的《名原》一道，被誉为文字学研究中的划时代的著作[14]。

　　孙诒让有清代学术殿军之美誉，在中国传统学术史上有很高的地位。孙氏在金文上的论著主要有《古籀拾遗》三卷、《古籀余论》二卷、《籀庼述林》十卷。《古籀拾遗》是用来补正薛尚功《钟鼎彝器款识》、阮元《积古斋钟鼎彝器款识》及吴荣光《筠清馆金文》三书的，《古籀余论》则是补正吴式芬《攈古录金文》的，二书均极精审。其他论文如《毛公鼎释文》、《籀文车字说》诸篇，在金文与古史研究中均有很高价值。而孙氏所著《名原》二卷，以金文为主要材料，兼及甲文，对中国古文字的造字本源与演变作了相当有益的探讨，是文字学上的一部名著。

　　综观清代的金石学成就，首先是为后人保存了数量可观的原始资料，如"西清四鉴"所著录的一千一百七十九件带铭器中，今已有九白九十件下落不明，而这九百九十件器物见于后世著录者也仅有一百七十九件，其余铜器的形制与铭文，都有赖于"四鉴"而得以保存[15]。同时，由于清人的摹刻较前代精确，其研究价值自然就高。此外，在文字考释、分期断代的方法及具体结论上，也取得了令人瞩目的成绩。比如孙诒让运用六书条例，以偏旁分析的方法考释金文，扫除了宋代以来随便臆测附会的习气，并为现代文字考释理论的建立打下了基础；罗士琳用历日推定周代器物的方法[16]也是相当有创意的；庄述祖、方濬益、刘心源、王懿荣、吴大澂、孙诒让等，在证经补史上的成就也远远超过宋人，他们在校勘传世典籍中的不少观点都属于不刊之论，最著名的就是指出《尚书》"宁王"为"文王"之误。

当然，清儒也有其无法规避的时代缺陷。如研究中脱离铜器的形制、纹饰，更谈不上地层叠压关系的验证，同时也缺乏系统性。这一切与现代意义上的科学研究当然还存在着很大距离，所以就金文研究的终极目标即先秦古史的重构而言，清儒的金文研究自然也不可能取得太突出的成绩。

注　释

[1] 裘锡圭《吴大澂》，《文史丛稿》第 169—170 页，上海远东出版社 1996 年版。

[2] 参考《史记·孝武本纪》、《汉书·武帝纪》、《汉书·郊祀志》。

[3] 江西省文管会《江西南昌老福山西汉木椁墓》，《考古》1965 年第 6 期。

[4]《衡阳苗圃蒋家山古墓清理简报》，《文物参考资料》1954 年第 6 期。

[5] 阮元《研经室三集》第 3 卷，扬州阮氏琅嬛仙馆《文选楼丛书》本。

[6] 王世民《金石学》，《中国大百科全书·考古学卷》第 236 页，中国大百科全书出版社 1986 年版。

[7] 孙稚雏《青铜器论文索引》第 196 页，中华书局 1986 年版。

[8] 朱剑心《金石学》第 21 页，文物出版社 1981 年版。

[9] 朱凤瀚《古代中国青铜器》第 24—28 页，南开大学出版社 1995 年版。

[10] 王国维《宋代金文著录表序》，《观堂集林》第 295—296 页，中华书局 1959 年版。

［11］程长新、张先得《伯梻虘簋之再发现》，《文物》1980 年第 5 期。冯时《中国古文字学研究五十年》，《考古》1999 年第 9 期。

［12］刘雨《乾隆四鉴的作者、版本及其学术价值》，《中国考古学研究》编委会编《中国考古学研究——夏鼐先生考古五十年纪念论文集》第 200—209 页，文物出版社 1986 年版。

［13］同注［7］第 197 页。

［14］顾颉刚《当代中国史学》第 24 页，辽宁教育出版社 1998 年版。

［15］刘雨《乾隆四鉴综理表》"出版说明"，中华书局 1989 年版。

［16］罗士琳《周无専鼎铭考》，道光二十二年（公元 1842 年）《文选楼丛书》本。

二　二十世纪金文资料的重大发现

　　20 世纪的金文研究，其实就是一个金文材料史料化以及以此为基础的先秦古史重构过程。在此过程中，新的考古发现起到了举足轻重的作用，金文研究中所取得的每一个进步，都以新资料的出土与发现为契机和基础。

　　20 世纪新发现的金文究竟有多少，目前还无法作出准确的统计，但从下列数字中或能得到一个大致的印象。1937 年由罗振玉编辑印行的《三代吉金文存》，所录金文总数为四千八百三十一件，其中绝大部分为清代以来的传世器，当然也包括了一定数量的二三十年代出土的器物，如洛阳马坡出土的令彝，洛阳金村所出的鿔氏编钟和鿔羌编钟，安徽寿县李三孤堆楚墓出土的楚王酓志鼎、楚王酓肯鼎、曾姬无卹壶等等。而《殷周金文集成》共著录金文一万一千九百八十三件，所录材料以 1988 年为下限。从 1988 年至 1999 年 5 月的十余年间，新出土和新刊发的金文又有一千三百五十件[1]。这就是说，仅在 1937 年之后的六十余年间，新得金文材料在七八千件左右[2]，这个数字是相当惊人的。现分两个阶段概述新出材料如下。

（一）20 世纪上半叶金文资料的重大发现

　　20 世纪上半叶的金文发现主要集中在二三十年代，其中具有重要学术意义的有山西浑源李裕村战国早期铜器群、河南新郑春秋晚期郑国铜器群、河南洛阳金村战国铜器群、河南洛阳马坡西周早期令与臣辰诸器、安徽寿县李三孤堆战国晚期楚王室铜器群、以及河南殷墟铜器群等等。

1923 年 2 月，法国商人王涅克（L. Wannieek）在山西省浑源县李裕村发现了大批战国早期晋国的青铜器，其具体数量已不可考知。这批铜器以容器为主，已知的有鼎、簋、敦、甗、盘、匜、豆、牺尊、盉、壶等，此外尚有一些戈、匕、剑、车马器以及带钩。铜器虽无铭文，但工艺精巧别致，造型与纹饰均有独特的风格，对东周青铜器类型学研究颇有意义。这批器物中的一部分当时就被王涅克购至法国，其余则散落于民间。

是年秋天，河南新郑又有春秋晚期郑国青铜器群出土，也就是今天习称的"新郑彝器"。这批铜器共有一百余件，已知有钟十八件、镈三件、鼎二十一件、簋十一件、鬲八件、簠一件，以及尊、罍、壶、舟、洗、盘、匜、炉、兵器、车马器等。其中有大牢九鼎、七鼎各一套，铜簋中有八件自成一组，与礼书记载的九鼎配八簋的礼器制度颇相吻合。新郑彝器造型新颖、纹饰精巧别致，已突破自商周以来凝重奇诡的传统，完全采用新的技法，其中最具代表性的器物就是莲鹤方壶。同出的王子婴次炉，其铭文有助于判别墓葬年代与铜器铸造年代。

1928 年秋至 1930 年冬，在河南洛阳市东十公里的汉魏洛阳城遗址的东北隅，发现八座战国时期的王室大墓。由于墓葬先后被盗，所出器物的总量已无从知晓。相传金村古墓出土的随葬品中有青铜器、漆器、玉器、银器等，许多铜器上铸刻铭文，最为著名的是九件一套的屭氏编钟（铭四字）与五件一套的屭羌编钟（铭六十一字），以及嗣子壶、吉日剑等等。铭文内容可与古本《竹书纪年》互相印证，对判别该组墓葬的相对年代有帮助。遗憾的是，这批器物中的绝大部分当时便已流散海外。金村彝器的发现，引起了学界的兴趣，吴其昌、徐中舒、唐兰、刘节等学者皆有考释文章。

相传1929年在河南洛阳邙山马坡出土了一批西周青铜器，其数盖在五十至一百件之间[3]，主要包括两组器物，即作册令组与臣辰组。其中令彝、令簋皆有长篇铭文，记录明公用牲于“康宫”及南征荆楚等重要内容，其他如士上卣、士上盉亦为长铭（五十字），内容很重要。这批器物一经出土，便受到学界广泛关注，罗振玉、郭沫若、唐兰等纷纷就铭文的释读及相关历史问题提出了各自的主张，从而引发了旷日持久的、关于“康宫”问题与西周青铜器铭文分期断代标准的大争论。时至今日，这些问题仍然为学术界所关注。

传1931年在河南浚县出土一批西周早期青铜器，其数约为二十六件，最为著名者如康侯簋、沬司徒逘器组等[4]。其中十四件流散至美国，为弗利尔博物馆所收藏[5]。1932—1933年间，在郭宝钧的主持下，河南古迹研究会先后在浚县辛村进行了四次发掘，共发掘墓葬八十二座。由于墓葬大部被盗，遗物较少，其中青铜礼器共十六件，60号墓所出铜尊有铭文二十字[6]。

安徽寿县李三孤堆楚器，相传于1933年及1938年先后两次被盗出土。据1939年的调查，出土铜器总数大概在一千件以上，以楚王酓章剑、楚王酓忎鼎、楚王酓肯鼎、曾姬无卹壶等器最为著名。这批器物，其年代从战国初一直延续到战国晚期，种类丰富，是研究战国时期楚文化与曾国史的重要材料，同样引起了学界的关注。

自 1928 年历史语言研究所成立，到 1937 年抗日战争爆发，史语所在殷墟地区展开了大规模的考古发掘，前后共十五次，发现青铜礼器一百七十余件[7]，其中最为著名的有牛鼎、鹿鼎等大型重器。1939 年由安阳当地农民在小营西地盗掘出土的司母戊（也有学者释为"姤戊"）大方鼎，则是中国青铜时代铜器制造艺术的典范。

此外，在甘肃、陕西等地也有重要发现。如民国初在甘肃天水发现秦公簋，有铭文百数十字，并有战国以后的容积记录，是研究春秋时期秦国历史的重要资料，同时也有助于战国量制的复原[8]。1927 年，陕西军阀党玉琨在今宝鸡市戴家湾曾盗掘出大批商周青铜器，其中经王光永整理刊发的有一百一十余器，且不乏像㝨鼎这样的重器[9]。1933 年，在陕西扶风康家村（一说 1940 年在扶风任家村）一窖藏坑中，也曾出土函皇父器组，共百余件[10]。这批青铜器可以与清代所出的函皇父诸器璧合。抗日战争前（一说 1940 年），在任家村还发现了著名的梁其钟等器[11]。惜当时藏家皆秘不示人，未能引起学界的关注。

上述发现除殷墟发掘中所出的殷商铜器之外，其他器物群十之八九为非科学发掘所得，或出土后便流离失所，多为欧美或日本所获，使得科学系统的研究无法正常进行。这些器物引起了西方学者对中国青铜文化的重视，而青铜器的大批流失也激发了国内学者整理与研究的热情。故而当时出现一批高水平的研究文章和著录书籍，使一度沉寂的金文研究得以复苏，并使之在考古学理论与实践的促动下步入了一个崭新的时代。

（二）20 世纪下半叶金文资料的重大发现

抗日战争爆发后，刚刚起步的中国考古工作受到了极大的影响，直至 1949 年中华人民共和国成立，相关工作才得以恢复。在这半个世纪中，中国考古学取得了举世瞩目的成就，许多重要的古代遗址和墓葬相继被发现，其中在河南、陕西、山西、北京、河北、山东、湖北、安徽等地，先后出土了大量的商周王室及诸侯国的青铜器。这些铜器大多是经由科学的考古发掘所得的，出土地点与地层关系准确，墓葬或窖藏出土的器物大都有明确的组合关系，为青铜器的分期断代提供了丰富的基本素材。更重要的是，其中有相当数量的器物铸有长达数百字的铭文，史料价值极高，对先秦古史尤其是西周史的重构，意义重大。今择要介绍如下。

1. 殷墟地区的商代铜器铭文

自盘庚迁殷，今河南安阳便成了商代后期的都城，并沿用至商纣为周武王所灭。从 1928 年开始的殷墟考古发掘工作，由于战争的影响曾中断过十余年，1950 年又重新恢复。五十多年来，重大发现叠出（图一），其中带铭文的铜器主要出土于殷墟西区墓地、殷墟妇好墓、后冈墓地及殷墟郭家庄 160 号商墓等。这些墓葬中所出的铜器资料，不仅加深了我们对晚商青铜文化的认识，为构建殷商青铜器类型学提供了丰富的材料，珍贵的铜器铭文对研究殷商社会与政治、宗教与文化等更具有重要的意义。尤其是在考察晚商社会结构、家族形态等问题上，具有决定性的作用。

殷墟西区墓地的主体部分是在 1969 至 1977 年间发掘的，当

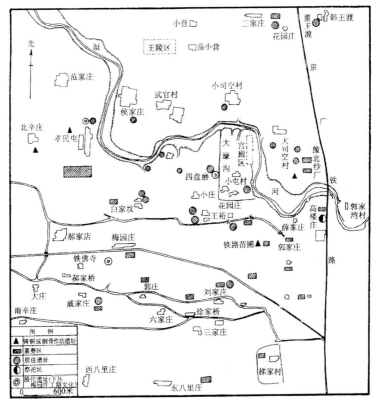

图一　殷墟遗址分布示意图

时共清理商墓九百三十九座，出土青铜器一百七十五件，带铭铜器四十三种，器铭以三至五字的族氏铭文为主，个别在十字左右[12]。其中比较重要的有"束"、"犾"、"共"、"中"、"叹"诸族器铭十余种，可与殷墟刻辞、传世文献以及周代金文互相参照，对研究诸如殷墟西区墓地的性质、殷商时期的家族形态、殷墟聚落居民的族系等历史问题颇有裨益。由于皆属科学发掘品，有可靠的地层依据和明确的出土地点，并有比较完整的组合关系，对研究晚商铜器形制的变化过程、建立商周青铜器分期断代的标准颇有帮助。

继 70 年代的发掘之后，安阳考古队陆续在该区墓地做了许多工作，已清理的墓葬数几达二千座[13]，新发现许多颇有研究价值的青铜器铭文，如 1984 年出土于西区墓地 1713 号墓中的寝鱼器组[14]、1986 年大司空村南地出土的寝印器组[15]等，皆属研究商代姓氏制度及称名习俗的重要材料。其中如亚鱼鼎有铭文二十一字（图二），是比较罕见的晚商长铭，其中的纪时铭文可以与黄组周祭卜辞互为印证，颇有益于殷商晚期王年历法、周祭制度的探讨。

70 年代，在殷墟地区的最为重要的考古发现之一就是小屯村北出土的殷墟五号墓，是迄今所知的唯一一座既能与殷墟卜辞相印证、又能确定墓主身份的商王室墓葬。妇好墓共出铜

图二　亚鱼鼎铭文拓本

器四百六十八件（不计小铜泡），其中礼器二百一十件，余为乐器、兵器、生活用具等等，在大部分礼器以及四件铜钺和两件铜铙上分别铸有铭文，凡九种，即"妇好"或"好"、"司母辛"、"司啻母"或"司（后）啻母癸"、"子束泉"或"束泉"、"亚其"或"其"、"亚弜"、"亚启"、"可（戈耳）"、"官犬"等等[16]。"妇好"之名卜辞中习见，为武丁配偶，在当时有赫赫战功，拥有崇高的地位。妇好墓铜器铭文的发现，不仅印证了卜辞中的相关记载，同时引发了殷墟卜辞分期断代标准与历组卜辞年代问题的激烈争论。

殷墟地区出土的、比较重要的青铜器，还有 1959 年后冈圆祭祀坑中所出的戍嗣子鼎[17]，有铭文三行三十字，是目前所见的、经考古发掘出土的、文字最多的商代铜器铭文。它记录了商王在奇地对犬鱼族的戍嗣子进行赏赐、在奇地太室举行祭祀的礼节，是研究晚商时期宗庙祭祀制度比较重要的文字资料。

郭家庄 160 号墓位于殷墟郭家庄西部，共出青铜器二百九十一件，其中有铭文的礼、乐器计三十八件，以"亚址"族氏铭文为主，共三十三件[18]。此墓所出铜器对建立殷墟铜器序列以及商金文的分期断代有重要意义。另在郭家庄东南，自 1987 年夏以来，还发现殷墓十七座，出土了一批铜器。已发表的材料中带铭铜器十一件，比较重要的是 1995 年发掘的 26 号墓，有五件器带族氏铭文"旗"，并有"爰"、"亚某"族器同出[19]，对研究殷墟居民族属的分布、聚落的结构等问题有较高的参考价值。

2. 殷墟以外地区的商代铜器铭文

殷墟以外地区，各种商代遗存时有发现，其中不乏有重要研究价值的带铭铜器。像河南温县出土的"徒"族器[20]、辉县出土的"妇婡"器[21]、山西曲沃出土的寝孳方鼎[22]、河北磁县下七垣发现的"受"族及"启"族器[23]、山东苍山县东高尧村出土的"犾"族铜器[24]、天津蓟县张家园商代方国贵族墓地出土的"共"字鼎和"大"字鼎[25]、湖南出土的"冉""戈""幸旅"诸族器[26]、四川彭县出土的"筍"器"牧正"器[27]等等,对探讨晚商方国以及族属迁徙等问题有重要价值。此外,陕西关中地区也出土不少商代铜器。如 1988年在麟游县曾发现一个窖藏坑,出铜器十件,其中九件为带铭器,多属于族氏铭文,对探讨殷周关系史有重要价值[28]。1991 年岐山樊村出土的卹其罍[29],尽管铭文只有短短三字,对辨别传出安阳的三件卹其卣的真伪、以及以卹其卣为主要依据之一的商代王年研究,却有重要作用。

50 年代以后所出的、引起学界普遍关注的殷商带铭铜器主要有:河南罗山后李商晚期息族墓地铜器群、鹿邑太清宫商末周初的长子墓铜器,山东长清兴复河棐族铜器、益都苏埠屯"亚醜"铜器,山西灵石旌介村丙族铜器,辽宁喀左县北洞村出土的殷商铜器等等。这些资料对研究商代的疆域、方国、部族的迁徙等问题有重要价值。

1979 年,在豫南地区淮河以南的罗山县蟒张乡天湖村发现商周墓,经前后两次发掘,共清理墓葬四十二座,其中二十二座为商墓。在这批商墓中,共出铜器二百一十九件,其中八十三件为礼器,有铭文者四十件,铸有"息"、"尹"、"天"、"舟"、"亚贮"等族氏铭文,其中"息"铭器占多数,计二十六件。根据"息"字器的分布情况,可以断定这是一处殷商时期的息族墓地[30]。依据卜辞,息族曾与商王族通婚,在商代历史上应该有相当的地位。

长子墓是一座有南北两个墓道的中字型大墓，1997 年发掘，共出青铜容器七十九件、乐器六件，其中相当一部分是方形器，说明墓主有很高的政治地位。在鼎、罍、爵、觥、斝等铜器的器盖和腹部发现铭文，计有"叏"、"戈"、"子"、"子口"、"长子口"等等，而以"长子口"铭铜器最多。从器物形制推断，该墓年代为商周之际[31]。从新近在安阳花园庄东地发现一座殷墟二期偏晚阶段的贵族墓，出土铜器多铸"亚长"二字看[32]，"长"可能是商代一个具有相当历史的族氏。

叏为商代雄族，传世或零星发现的器物很多，学界对该族的族系、来历、居地、迁徙等情况非常关注。山东长清兴复河叏族青铜器的发现，为上述问题的探讨提供了重要线索。这批铜器是 1957 年在山东长清县南三十里兴复河北岸王玉庄与小屯村之间出土的，共九十九件，其中容器十六件，带铭器十件，以"叏"为主（七件），间有"戈"、"受"之器。此外，山东省博物馆还收藏相传同为长清出土的叏族铜器四件，计方鼎二、卣一、罍一[33]。

同样是商代雄族的"亚醜"族，其带铭铜器也很常见，目前所知大概在六十器左右[34]。该族器铭早在《西清古鉴》中就见著录，20 世纪以来又多有发现，其出土地点主要集中在山东益都苏埠屯一带。60 年代中期，在苏埠屯发掘的四座大型墓葬中，出土"亚醜"铭铜爵和铜锛各一件[35]。1986 年，山东省文物考古研究所又对此墓地作全面勘察，发掘清理商墓六座，其中中字墓 7 号墓所出铜器有"亚醜"器，而甲字墓 8 号墓则出"融"族器。这些器物的年代基本为殷商晚期。对于"亚醜"族的族属，学界比较关注。

70 年代初，在辽宁喀左县北洞村发现了两个窖藏坑，出土一批殷商时期的青铜器，有"父丁𩵋竹亚觉"罍、"冉"族器、"䧹"族器等等[36]。这批器物，引发了学者对孤竹国研究的兴趣，并进而论及商代的地理与北方方国等问题[37]。

在晋陕高原，即晋西与陕东北山地一带，包括黄河东岸的保德、柳林、石楼、永和、隰县、吉县与黄河西岸的绥德、清涧、延川等地，历年所出的青铜器已有丰富积累。这一地区的青铜文化比较独特，既有北方草原文化的因素，也包括相当数量的带有族氏铭文的殷商铜器。有学者称之为"石楼——绥德类型"[38]。关于其中殷商铜器的归属问题，现在还无法作出判别。学界一般认为，此类商器多是当地少数民族如舌方者从商人手中掠夺而来的[39]。此外，位于晋中盆地灵石县旌介村所出的青铜器，虽有少量非殷式的青铜文化因素存在，但殷商器物是主流，故大家基本认可为商族文化遗存。旌介村商墓前后经过两次发掘清理，在三座墓葬中共出土青铜器百余件，在数十件器物上皆铸有族氏铭文"丙"[40]。从卜辞看，"丙"极有可能是商王族的分支[41]。有学者认为，这是一处殷商时期的封国墓地[42]。

3. 陕西及河南洛阳地区所出的西周王朝铜器铭文

陕西是中国古代文明的发源地之一，其中有"岐周"之称的扶风、岐山两县北部地带，为姬周的发祥地。今西安市西南 12 公里的沣河两岸，也就是所谓的西都"宗周"，是西周王都和宗庙所在地，为周王朝的政治、经济和文化中心。而东都"成周"，也即今河南洛阳市洛水北岸，则是西周王朝在中原地区经营的一个军事重镇，同时也是东土重要的经济和文化中心。当时盘踞于这些地方的王室成员与名门贵族，受"国之大事在祀与戎"观念的支配，铸造了大量的青铜礼器，用以祭祀天地鬼神。所以，岐周、宗周与成周及其临近地区所出的彝器，可视作西周王朝青铜器的代表。

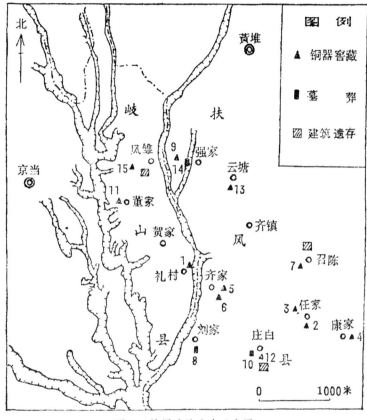

图三　岐周遗址分布示意图

1. 孟鼎等器　2. 克、仲义父器群　3. 梁其诸器（禹鼎出土于附近）　4. 函皇父器群　5. 瑚我父诸器　6. 几父诸器　7. 散伯车父诸器　8. 丰姬墓　9. 虢季氏器群　10. 出伯戜诸器墓　11. 裘卫诸器　12. 微氏器群　13. 伯公父诸器　14. 出夷伯器墓　15. 伯宽父诸器

"岐周"遗址（图三）地处今陕西扶风黄堆、法门二乡与岐山京当乡交界地带，南北长约 5 公里、东西宽约 3 公里。早在西汉时期，便有著名的尸臣鼎在该地区（或即法门镇一带）出土。而有清以来的许多传世重器，如天亡簋、盂鼎、曶鼎、毛公鼎、克鼎、克钟及散氏盘等等，亦多出于此。自20 世纪 50 年代以来，当地新发现的西周礼器屡见不鲜，尤其是七八十年代所出器物，令世人惊叹。

岐周所出铜器，主要分为墓葬与窖藏两大宗。在已清理的四十九座铜器墓中，共出青铜礼器二百八十余件[43]。有重要带铭器出土的墓葬主要有以下数宗，今依出土早晚分述如下：

1966 年在岐山贺家村清理出土的一座西周早期墓，发现史颰簋、史迹鼎、史迹角、尹丞鼎等重要铜器[44]。史颰簋铭提及"乙亥，王诰毕公"，可以与《逸周书·和寤解》、《尚书序》、《史记·周本纪》、《史记·魏世家》中的相关记载互为照应。

1972 年，刘家村发掘的一座西周早期墓，出土一组由懂季遽父为丰姬所作的铜器，共十七件[45]。

1975 年在庄白村西南发掘的伯𢀫墓，共出铜器十八件，其中有铭器十一件，八件为伯𢀫所铸。其中𢀫鼎、𢀫簋皆有长铭，记载征伐淮戎之事，是最早记录淮夷史实的周代金文之一[46]。此组铜器可与传世的伯𢀫卣、伯𢀫尊、录簋、伯𢀫簋、录伯𢀫簋璧合，对西周中期政治、军事、民族关系史研究等都有重要意义。

1976 年，在云塘 10 号墓、13 号墓及 20 号墓中，出土铜器十八件，比较重要的器物有苟鬲、曶尊、效卣、史丧尊及目爵等[47]。

1978 年，在齐家 19 号墓中共出土青铜礼器十九件，部分器物带铭文[48]。

与墓葬出土比较，岐周及其临近地区窖藏所出的铭文资料更为可观，也更重要，所出器物则以西周中、晚期居多。主要有：

1960 年，扶风召陈一窖藏坑中共出土西周中期晚段铜器十九件，有铭文者十四件[49]。字数从十余字到二十余字不等，其中最为重要的是四件同铭的楸伯车父鼎，有完整的纪时文字，可供西周王年历谱研究之用。

1960 在扶风齐家村发现的一窖穴中，共出土铜器三十九件，有铭器二十四件，主要有几父壶、柞钟、中义钟、中友父簋、中友父盘、中友父匜、叔□父鼎、白邦父鬲以及中我甗等等[50]。这些铭文涉及臣隶的赏赐、农民的管理、西周的职官及王年历谱等问题，有重要价值。

1974 年在扶风强家一窖藏坑中出土铜器七件，重要器物有师𩵦鼎、师㝬钟、即簋、恒簋等等[51]。其中师𩵦鼎有铭文一百九十七字，属册命文书，为研究西周王年历谱及先秦政治思想提供了重要资料。

1975 年，岐山董家村发现一西周铜器窖藏坑，共出礼器三十七件，其中有铭文者三十件，而具有重要史料价值的有裘卫诸器、倗匜与此鼎、此簋等等[52]。此窖藏器物群之时代从西周中期一直延续到晚期，应该是经过几代人积聚的家族祭祀礼器。其中三祀卫盉一百三十二字，记录裘卫与矩伯的土地交易；五祀卫鼎二百零七字，讲述裘卫与邦君历的土地交易；九祀卫鼎一百九十五字，记载裘卫以车马器等物与矩交换林地；倗匜（图四）有铭文一百五十七字，是一篇完整的诉讼判决文书；此鼎三件、此簋八件，各有铭文一百一十二字（个别为

图四　傚匜铭文拓本

一百一十一字），所记内容基本一致，为西周中晚期习见的册命文书。

1975 年在岐山凤雏村发现一窖藏坑，共出带铭器四件，其中比较有价值的当属二件厉王时期的同铭器伯宽父盨[53]。

1976年扶风庄白出土的微氏家族铜器群，共出土铜器一百零三件，有铭文者达七十五件[54]。这批青铜器，为微史家族如旃、丰、墙、痶等数代成员积聚之物，其时代从早周一直延续到西周晚期早段，以中期器物为主。其中墙盘铭文二百八十四字，记录自文王到共王七世的主要功绩以及微氏家族的发展史。其他如四年痶盨、十三年痶壶则有完整纪时文字，可供西周王年历谱研究之用。

1978年扶风齐村窖藏坑中出土的默簋，有铭文一百二十四字，为周厉王默（也即"胡"字）祭祀先祖所作的祝颂之辞，乃厉世最为重要的标准器之一[55]。就目前材料看，周王室的铜器极为罕见，大概只有默钟、番改卣与康季鼎[56]等廖廖数器，而默簋的出土，则为我们增添了一件重要的周王器。

岐周发现的重要器物还有齐家村东窖藏所出的琱我父诸器[57]、云塘出土的伯多父与伯公父诸器[58]、扶风上康村出土的默驭觥盖[59]、大同村出土的宰兽簋[60]等等。其中默驭觥盖可与传世器默驭簋相互印证和补充，对探讨昭王南征荆楚的重大历史事件有所裨益，宰兽簋有铭一百二十九字，涉及臣隶的赏赐、"康宫"等问题。

宗周所在的长安，历年所出的金文资料也非常可观，其中墓葬出土的主要有：

1954年，长安普渡村的一座西周中期墓中曾出土铜器二十七件，其中带铭器九件[61]。最为著名的是长由盉，有铭文五十六字，涉及西周的享礼与射礼等内容。

1961—1962年间，在沣西张家坡西周墓地还清理出一批殷遗西周早期铜器[62]，为"幸旅"、"敢"、"冊"、"木"诸族之物。

1964 年，长安张家坡一座西周晚期墓中出土有铭铜器五件，计鼎一、盨四，其中叔専父盨（也称"郑季盨"）有完整的纪时铭文[63]。

1981 年沣东花园村发掘两座西周早期铜器墓，为异穴并葬夫妇墓，共出礼器二十九件，多有铭文[64]。其中誃簋可与传世器鸿叔鼎璧合，所记为南征楚荆之事；剌歸诸器、禽鼎等，与传世器厚趠鼎为同宗族之物。

80 年代中期在张家坡发掘的井叔墓地，虽遭严重盗掘，但依然有井叔钟、邓仲牺尊等重要器物出土[65]。

丰镐地区铜器窖藏较岐周要少得多，但也有很重要的发现。如 1961 年张家坡发掘出土的一处西周窖藏坑，有铜器五十三件，带铭器三十二件，除孟簋为西周早期器物外，其余均属中晚期铜器[66]。这批铜器中最为重要的当属元年师旋簋（四件，九十九字）与五年师旋簋（三件，五十九字），皆有完整的纪时文字，并有征讨齐国的史实记录，对考察周代王室与诸侯国的关系以及西周官制有裨益。孟簋所记为毛公、遣仲及孟之先父东征之事，并有赏赐臣隶的记载，有较高的史料价值。此外，1973 年在沣西发现的两个窖藏中，共出西周中期铜器二十七件，比较重要的有卫鼎、卫簋等带铭器[67]。

最近的二十余年间，在长安地区还有零星的重要发现，如 1980 年长安斗门镇泉北村出土的西周晚期器多友鼎[68]，有铭文二百七十五字，记述猃狁侵犯京师，武公命多友率部追击，多有斩获，以及献俘、武公赏多友诸事。再如 90 年代中期在长安申店出土的吴虎鼎，有铭文一百六十四字，是研究周代土地关系以及西周王年的重要材料[69]。

自 50 年代以来，陕西一省共出青铜器在三千件以上，其中带铭器在六百件左右，除上述岐周、宗周之外，其他地区还有许多重要发现。这些铜器铭文涉及内容极广，含政治、军事、经济、法律、文化、社会及民族关系等等，多为传世文献所不逮，对西周古史的建构有非常重要的作用。现以发现早晚为序，将重要器铭简述如下：

1955 年眉县李村发现一窖藏坑，共出土了青铜器四件，即盠驹尊、盠方尊及盠方彝二件，皆有铭文[70]。所述内容极有价值，如周王亲临"执驹"之礼，可与《诗经》、《周礼》等文献相照应，"六师"、"八师"、"王行"、"司土、司马、司工"等记载，有助于西周王朝军制、官制研究。

1959 年，在蓝田城南的寺坡村北沟道中陆续发现了十六件西周青铜器[71]，其中有铭者十件，九件为弭叔师蔡之器，计鬲四、簋二、盨二、壶一。弭叔诸器以簋铭最为重要，共有铭文七十二字，记录王在莽京太室中册命弭叔辅弼弭伯事宜；一为十七祀询簋，一百三十一字，是周王册命询为"邑人"的文书，涉及诸多夷族名号，为研究周王朝与当时关中地区诸夷关系史的重要材料。又 1963 年在蓝田辋川出土弭伯师耤簋一件，有铭文七十一字，亦为册命文书[72]。

60 年代陕西省博物馆曾征集到铜器八件，即善夫山鼎、白宾父簋、白考父盘、琱生鬲等等[73]。据考证，此为建国前永寿县好畤河出土之物[74]。其中善夫山鼎有铭文一百二十一字，亦属册命文书，所述内容极重要，涉及当时政府对商贾的控制与管理，当属厉王三十七年器。

1965 年宝鸡贾村出土的何尊[75]，涉及成王"罷宅"之事，反映出了武王灭商之后准备建都洛阳的设想以及成王迁都成周的事实。

1969 年蓝田洩湖村出土的永盂，有铭文一百一十三字，记录周王对盂的土地赏赐情况[76]。

1972 年眉县杨家村出土的旟鼎[77]，则是西周早期的重器之一，记录王姜赏赐给旟原本属于师栌的土地与稻禾，是研究西周早期土地制度与经济问题的重要史料。

驹父盨（盖）于 1974 年 2 月在武功县金龙村出土，有铭文八十二字[78]。记录仲南父派遣驹父等去南淮夷征取贡纳的史实，可以与传世器如兮甲盘相联系，为研究西周晚期周王朝与南淮夷关系史以及周代职贡制度的上佳材料。

1974 年，咸阳地区文管会征集到永寿好畤河出土的逆钟四件，是一套编钟的前半部分。从铭文判断，应该还有二件，惜迄今尚未发现。四钟大小相次、铭文相接，共八十五字，记录贵族叔氏在太庙中册命逆在公室用事[79]。该铭文的重要之处在于有完整的纪时文字，同时也有助于西周晚期家臣制度、仆庸身份等级问题的研究。

1976 年临潼西段窖藏坑出土的利簋[80]，是目前所知最早的一件西周铜器。铭文所述为武王在甲子朝伐商之事，证实了《尚书·牧誓》、《逸周书·世俘解》、《史记·周本纪》等文献中相关记载，有重要的史料价值。

1977 年在澄城县南串业村一西周墓葬清理出青铜容器二件，其一即是王臣簋[81]。该簋有铭文八十五字，记录了周王册命、赏赐王臣的经过。

1986 年在安康出土的史密簋[82]，有铭文九十三字，主要讲述师俗父与史密率领齐师、莱伯等东方诸侯国征讨南夷、东土的重要史实。

虎簋（盖）于 1996 年在丹凤出土，有铭文一百六十一字，是近年来新发现的重要铜器铭文[83]。该器铭文属册命文书性质。

此外，蓝田出土的应侯钟[84]、武功任村出土的楚簋[85]，皆涉及"康宫"问题，有助于西周铜器断代标准探讨的深入。与楚簋同出的内叔壼父簋、默叔簋诸器铭文，以及周至凤凰岭村出土的敔簋[86]、永寿好畤河出土的仲柟父诸器[87]，也有较高的史料价值。再如宝鸡茹家庄、竹园沟、纸坊头等西周墓地所出的彊伯、彊季家族铜器[88]，新近宝鸡眉县窖藏出土的单氏家族铜器[89]，皆有重要价值。

成周所在的洛阳地区，一直有重要的西周铜器出土，如著名的矢令器组、士上器组以及保卣、保尊等，皆发现于此。50年代以来，当地的考古工作者陆续在瀍水西岸的庞家沟、北窑村一带，对西周墓地进行发掘清理。虽说墓葬被盗严重，但仍然有很多重要的新发现。如 1964—1972 年间，考古工作者在洛阳老城东北 2.5 公里处的北窑村庞家沟，发掘西周贵族墓葬三百七十余座，出土大批青铜器，其中有铭器五十九件，计铭文五十种，涉及的周代贵族名号颇丰，有"太保"、"毛伯"、"丰伯"、"康伯"、"白懋父"、"荣仲"、"中原父"、"仲播"、"蔡叔"、"叔侯父"、"叔延"、"封氏"、"尧氏"、"史毗"、"史宿"、"史事"、"史矢"、"旨"、"邦"及"王妊"等等[90]，为西周史研究提供了丰富的资料。

4. 宜、虢、邢、燕、晋、应等西周诸侯国青铜器铭文的重大发现

西周诸侯国青铜器，原本极为罕见，只有鲁侯簋、麦方尊、邢侯簋及应侯簋等有数的几器。自 50 年代以来，随着考古工作的不断展开，情形大为改观，诸侯国铜器群时有所见，尤其是宜侯夨簋、虢国墓地、燕国墓地、晋侯墓地和应国墓地等一系列重大考古发现，大大开拓了研究者的眼界，改变了人们对西周青铜文化的总体认识，也为相应的诸侯国史研究提供

图五　宜侯夨簋铭文拓本

了契机。

西周诸侯国青铜器中，首先要提到的是宜侯夨簋。该簋1954年出土于江苏省丹徒县烟墩山，腹内有铭文约一百三十字（图五）。从"王省武王、成王伐商图"一语推断，该器年代当为康王时期。铭文所记土田、臣隶的封赏，及周王与宜侯的臣属关系等内容，有助于周初的分封、政体和行政区划等重要问题的研究，而尤其引起学者兴趣的则是吴国历史问题。

三门峡上村岭虢国贵族墓地发现于1956年[91]，先后经过四次钻探及两次大规模的发掘，共发现墓葬五百余座[92]。在这些墓葬中出土了不少虢国国君、太子、国君夫人、贵族、贵妇的铜器铭文资料，大概有六十余件。如虢仲诸器、虢季氏诸器、虢季氏子钕鬲、虢季钟、虢太子元徒戈、梁姬罐、虢硕父匜、国子硕父鬲等等[93]，为研究周代封建、虢国变迁以及诸侯国之间的婚姻关系等问题的重要史料。与虢国历史有关的西周金文资料在陕西也多有发现。如传世器中的虢季子白盘，相传为道光年间在宝鸡县虢川司出土。其他如70年代出土的虢仲鬲[94]及扶风强家出土的虢季氏家族的七件铜器，为周代虢国历史的复原提供了重要证据。

邢国历史《史记》缺载，所能知道的一点蛛丝马迹便是《左传》僖公二十四年中所提到的邢为"周公之胤"。1978年河北元氏西张村西周墓共出土青铜礼器八种十件，有完整的组合关系，其中有铭文者四器，而臣谏簋铭（图六）和叔趯父卣铭则反映了周初重大的史实与西周邢国的历史，有比较重要的学术价值[95]。元氏铜器铭文的出土，立即引起了学者的注意，并联系传世铜器如麦尊、邢侯簋等，对邢国的历史等问题展开了有意义的探讨[96]。

图六　臣谏簋铭文拓本

　　燕国的青铜器，以北京西南 43 公里处的琉璃河遗址所出者为大宗。从 70 年代开始的发掘工作，为燕史的研究提供了一大批新的科学资料，已整理发表的铜器铭文就有数十件，其中重要的有 1193 号墓所出的克罍、克盉、成周戈[97]，52 号墓所出的复鼎、攸簋，251 号墓所出的伯矩甗，253 号墓所出的

董鼎、圉方鼎、圉簋、圉甗、圉卣、亚貑疑鼎等等[98]。这批
铭文多处提到"成周"、"燕侯"以及燕国之封等重要史实。
同时，也使得许多传世器（如《三代》著录的"大保"诸
器）有了全新的研究价值。此外，比较重要的燕国的铜器铭
文还有辽宁喀左马厂沟出土的燕侯盂[99]、以及1897年北京城
郊（传为芦沟桥）出土的亚盉[100]等。

晋侯墓地位于山西翼城与曲沃两县的交界处，坐落于天
马、曲村、北赵、毛张四个自然村之间，自1992年被发现以
来，前后经过六次发掘，共发现南北三排、九组十九座晋侯及
其夫人的墓葬（图七）[101]。所出青铜器大概在四百件以上
（包括一部分追交的盗掘品），其中礼、乐器有三百件左
右[102]。重要的是，铭文中出现了六到七个晋侯的名号，可以
与《史记·晋世家》作比照研究。而晋侯苏钟有铭文三百五十

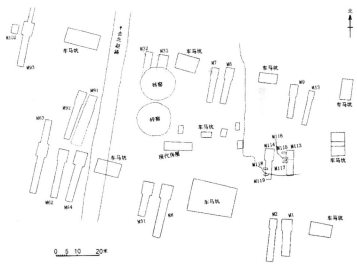

图七　晋侯墓地平面图

五字，记载了一场由周王统帅、晋侯苏前方指挥的大战役，对研究西周的历史尤其是月相与历法有重要学术意义。

1958 年在江西余干发现的应监甗，是迄今为止最早的一件有明确出土地点的应国器。该器甫出，便有学者对其来历、铭文含义等问题作了种种推测[103]。1974 年，陕西蓝田又出土一件应侯钟，该钟铭文可与流落日本的另一件应侯钟联铭，记录"应侯见工遗王于周"、及周王对应侯的赏赐这样一件事情[104]。应器中最为系统的材料，则是从河南平顶山应侯墓地的考古发掘中所得的。平顶山应侯墓地坐落在平顶山市西郊薛家庄北滍村以西约 1 公里处的滍阳岭一带。自 1979 年以来，那里多次发现与应国有关的铜器[105]。从 1986 年开始，考古工

图八　应侯再盨铭文拓本

作者对该地区进行了大规模的考古发掘工作，已发掘西周至春秋时期的应国墓群共四十余座[106]。平顶山应国墓地历年所出的青铜器中，有相当大的一部分铸有"应侯"字样，比较典型的如应侯再盨（图八）；还有一部分铜器铭文如"应史"诸器，涉及应国的异姓史官，像应申姜鼎、邓公簋、应姚诸器，则记录了应国与申国、邓国以及姚姓宗族通婚情况。此外，该墓地还出土一件柞伯簋，有铭文七十四字[107]，内容涉及周代射礼、宗法制度等问题，也为西周柞国史的研究提供了重要线索。

5. 山东地区两周诸侯国铜器铭文

今山东一带，在殷商时期属东夷之地，与商王朝有密切联系。有学者主张，很可能是商族的发祥地。姬周入主中原后，该地区成了周王朝的东土，主要由齐、鲁两国镇守，同时分布着许多小的诸侯国及附庸，战国时期尚有所谓的"泗上十二诸侯"。故可推想，此前当有更多的封国存在。今通过考古发掘资料得其名号者已有不少，如上曽、郭、邾、滕、薛、纪（按：铭文多作"己"或"其"）、逢、莒、庚、杞等等。

齐器目前比较少见，传世器中有一件齐侯匜，但出土地不明。招远曽出土一件齐仲簋，是目前所知的年代最早的齐国器，属西周早期。临朐曽出土春秋时期的齐趞父鬲与齐侯子行匜[108]，是目前所知的最为重要的公族器物。1956 年，在临淄尧王村曽出土一批铜器，其中八件鼎有"国子"铭文，属春秋中晚期器物[109]。临朐杨善乡出土一批春秋晚期的青铜器，著名的有公子土折壶（旧称"公孙窑壶"），有铭文三十九字[110]，其纪时方式较独特，曰"公孙窑立事岁，饭者月"。

与前述齐趞父鬲同墓所出的还有上曽太子鼎及郭仲所铸媵

器盘、匜各一件，为研究姒姓诸侯国上曾与鄣的历史提供了重要线索。

西周时期的鲁国器物在传世品中比较常见，但由考古发掘所得的一般为西周晚期及春秋器，且无公室之器。其中为鲁侯所铸的有 1982 年在泰安城前村一座西周晚期墓中所出的鲁侯为"姬蓼"所作的一件媵器[111]。其他如邹县七家峪西周墓所出的鲁宰"伯驷父"诸器、曲阜鲁故城望父台墓地出土的"鲁司徒仲齐"诸器、历城北草沟鲁伯大父簋、峄山所出费敏父鼎[112]，皆为鲁大夫之器，年代多在西周晚期乃至春秋时期。

1995 年长清县仙人台发现一处邿国贵族墓地，已发掘的六座墓多属西周晚期至春秋早期，出土青铜器上百件。其中几件铜器分别有"邿公"、"邿子"等人作器的铭文[113]，为研究邿国的地望及相关历史文化提供了丰富的实物证据。

1978 年，在滕县庄里村发现的一座西周墓中，出土一组青铜器，其中有铭者三，其鬲铭作"吾作滕公宝尊彝"[114]。1982 年，在当地发掘的一座墓中，又出方鼎、扁足鼎及鬲、簋、壶等青铜容器[115]，其中方鼎与簋有"滕侯作器"字样的铭文。这些发现为研究滕国的地望及历史提供了线索。

薛城遗址在今滕县南 20 公里处，1973 年在薛城东城墙以内发现春秋有铭铜器四件，为薛子仲安和薛仲赤所铸[116]，为薛城遗址的性质提供了重要证据。

山东所出的铜器中，纪器令人瞩目。如 50 年代在黄县和平村出土三十余件青铜器，可惜只保存下一件己（纪）侯鬲[117]。1969 年，烟台市南郊上夼村发现一批青铜器，有曩侯鼎与己华父鼎等比较重要的带铭铜器，对确定曩国的地望大有禅益[118]。1974 年莱阳出土的纪侯壶、纪侯鬲[119]，以及 1983 年寿光城北出土"己"字诸器[120]，为纪器增添了重要资料。其他如 1951 年黄县归城南埠村出土八件矣国所铸的媵器[121]，亦有助于矣国史实的勾勒。

济阳刘台子早在 70 年代末就有西周逢国的古墓发现[122]，近年来山东省考古工作者在此地发掘的 6 号墓，出土逢国铜器二十余件[123]。为逢国史的研究提供了重要物证。

其他诸侯国也有少许铜器出土，如 1975 年莒南县大店镇一春秋墓葬中出"莒叔之仲子平"套钟九件、大小相次，有铭文七十一字[124]。1964 年龙口市（旧黄县）芦头镇韩栾村出土一件用监鼎[125]，其铭文虽仅有六字，但对用史及西周监国制度的研究皆有比较重要的价值。杞国之器则有 1966 年滕县台南村出土的杞伯每刃鼎[126]，有助于杞国与邾国地望问题的探讨。

6. 江淮流域两周诸侯国铜器铭文

江淮流域一带，尤其是今河南、湖北两省交界处，分布着数十个大大小小的邦国，构成了周王朝的南土。50 年代以来，江淮流域出土了数以千计的两周青铜器，带铭铜器大概有三百件左右[127]，其中以楚国、曾国最多，蔡国次之，至于江、黄、申、吕等小国之器，亦时有发现。

楚国铜器铭文中，具有重要研究价值的有河南淅川下寺楚贵族墓出土的春秋青铜器群[128]、淅川和尚岭楚贵族墓所出的春秋中期青铜器群[129]、淅川徐家岭贵族墓春秋青铜器群[130]等。

淅川下寺楚墓是一处完整的、包括楚国贵族薳氏家族一家五代的族墓地[131]，共出春秋中晚期带铭铜器一百一十五件，涉及楚国贵族成员如王子午、王孙诰、薳子佣、以邓、何次、孟滕姬、江叔嚣、中姬卫、东姬会、薳中姬丹等人的名号和事迹。尤其是 2 号墓所出王子午鼎（图九）、薳子佣诸器铭文，对于确定墓葬的年代、性质和墓主有重要意义。

90 年代发掘的淅川和尚岭、徐家岭楚贵族墓是继下寺墓地之后的又一重要发现，出有克黄鼎、曾大师鼎和䣙子受编钟等重要铜器。铭文中的"克黄"也就是《左传》宣公四年所载的楚箴尹克黄，为墓葬的年代提供了重要线索。

1957 年于安徽寿县还出土了著名的鄂君启节四件，其中车节三、舟节一，形制如竹。每件车节皆铸有相同的错金铭文一百五十字，舟节则有错金铭文一百六十五字。从铭文"大司马昭阳败晋师于襄陵之岁"推断，鄂君启节的制作年代为楚怀王六年（公元前 323 年）。车、舟二节，分载水陆两路自鄂至郢所经由的不同城邑，其中车节经过九个城邑，舟节经过

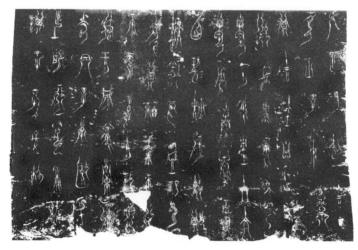

图九　王子午鼎铭文拓本

的城邑则有十一个。目前学界对郢的地望存在分歧,有江陵之郢(今湖北江陵)与寿春之郢(今安徽寿县)两种意见。从铭文内容看,楚国的关卡税制非常严厉,即便是国内封君也不例外。其车舟数量、行程期限、所经城邑和运载物类等均有详细规定,是研究战国时代贸易、关税、符节制度等问题的重要材料。同时它对考察当时楚国境内川泽城邑的方位和名称、水陆交通和区域开发等也有助益。

曾国青铜器自 60 年代以来屡有发现,如 1966 年湖北京山苏家垅出土西周中晚期铜器九十七件,主要是曾国、黄国及束族铜器,著名的有曾伯从宠鼎、曾仲子游父鼎、鼋乎簋、黄□□鬲等等[132];1971 年河南新野一墓葬中出土青铜礼器八件,其中曾子仲诲甗有铭文二十一字[133];1970—1972 年间,又在湖北随县熊家老湾出土铜器十五件,有曾伯宁簠、曾伯宁鑑、曾仲大父簋、黄季鼎等带铭铜器[134];1972 年湖北枣阳一春秋墓中出土青铜容器九件,其中一鼎铸有曾子仲诲作器之铭文[135]。这些曾国器的年代基本上可限定在西周晚期到春秋早期,为探讨当时曾国的地域、历史等问题提供了重要材料,也引起了学者的注意。其中如周代历史上所存在的三个曾国的各自地望与族姓、曾与随及楚的关系、随县之曾的来历等问题是学界探讨的热点[136]。此外,1979 年在湖北随县城郊季氏梁一春秋墓中,出土一批曾国大攻(工)尹季怡所作器物[137]。在季怡戈铭中,这位穆侯之子、西宫之孙的曾国大工尹又自称为"周王孙",从而为随县之曾为姬姓封国提供了坚实的证据。

历年所出的曾国铜器中,最为重要的发现自然要数 1978 年湖北随州擂鼓墩曾侯乙墓所出的战国早期铜器群[138]。该墓共出土各类器物一万五千件,包括大量的青铜礼、乐器,尤其是六十五件为一套的曾侯编钟，属空前大发现。随葬铜器中，共有二百零八处提及"曾侯乙"。而在编钟的钟体、钟架、钟钩上皆刻有铭文，大都为错金，共计三千七百五十五字。其中钟体铭文计二千八百余字，内容以乐律为主，兼及编号、纪事、标音等。钟铭所记律名如宫、羽、宫曾、宫甬、宫反、少羿（羽）等二十八个、阶名六十六个，其中十八个律名为过去文献所未见。据铭文及实测，曾侯编钟有七声音阶，并具有旋宫转调的能力，音色颇为优美，是研究春秋战国时代音乐发展史的重要资料。另有楚王酓章（即楚惠王熊章）五十六年赠与曾侯的镈一件，故编钟的铸造时代当在公元前四百三十三年左右[139]。这为曾侯乙墓的年代的推断，提供了重要的线索。曾侯乙墓的发现，引起了学界的轰动，引发了"曾国之谜"的大争论[140]，同时也在国际范围内掀起了楚文化研究的热潮。如1990年在美国华盛顿赛克勒美术馆举行的"东周楚文化研讨会"上，曾侯乙墓所出器物成为大家关注的热点[141]。

1955年发掘的安徽寿县蔡侯墓[142]，共出土春秋晚期的青铜礼器与乐器百余件，其中有铭文者六十六件，即蔡侯▓▓为孟姬所作媵器四件、吴王光为叔姬所作器三件、蔡侯▓▓自用器五十九件[143]。蔡侯墓的发现，学界争论最大的就是蔡侯▓▓究竟是哪位蔡侯的问题，先后提出平侯[144]、悼侯[145]、昭侯[146]、成侯[147]、声侯[148]、元侯[149]等多种意见，并在相当长的时间内争执不下。直到裘锡圭释"▓"（即"▓▓"字之异构）为"申"[150]，昭侯之说才成为定论。吴、蔡皆属姬姓之国，但从蔡昭侯墓铜器铭文中得知，两国之间是互通婚姻的，而这一事实对研究春秋、战国间的社会结构变化意义重大。

1966年在河南潢川县高稻场村，距黄国故城西北500米处，也曾出土一批春秋战国之交的蔡国铜器，共出铜器十三件。其中比较重要的带铭器有蔡公子义簠[151]，对研究当时楚、蔡两国的关系有一定的学术价值。

除上述具有重要学术意义的发现之外，江淮流域还出土了许多小诸侯国的青铜器，如黄、邓、奚、樊、江、番、吕、嚣、息等等。

其中黄国器主要有河南光山宝相寺出土的黄君孟夫妇器[152]、天鹅墩出土的黄季佗父器[153]、潢川磨盘山出土的黄国铜钮[154]等；邓器则有湖北襄阳山湾墓地所出的邓公乘鼎、邓尹疾鼎[155]；奚器则有河南罗山高店出土的奚君单、奚子宿车诸器[156]；樊国器则有信阳市郊南山嘴出土的樊君夒夫妇器[157]；江国器则有河南郏县太仆乡出土的江小仲母生鬲[158]、湖北淅川下寺1号墓所出的江叔螽鬲；番国器则有潢川刘砦村出土的番君盘[159]；吕器则有信阳出土的甫伯诸器[160]；嚣器则有河南确山出土的嚣伯诸器[161]；息器则有湖北随县郧阳出土的息子盆[162]等。这些器物的出土，开阔了研究者的视野，相关研究也时有所见[163]。

7. 春秋时期秦器铭文的新发现

平王东迁后，关中地区和渭水流域的绝大部分地区便成了秦国的封疆，所以当地发现的东周器多为秦器。其中对秦史研究有较大学术意义的春秋器物主要有甘肃礼县秦国墓葬所出的秦公诸器、陕西宝鸡太公庙村所出的秦公钟与秦公镈等。

早在吕大临《考古图》中，便著录有秦公镈。1921年，相传在甘肃天水县附近又有秦公簋出土，镈与簋铭文相似。人们依据器铭"十又二公"的记载，联系《史记》等文献，对其铸造年代作过种种推测，但所得结论却大相径庭，有成、

穆、康、共、桓、景诸说。故其年代问题终成悬案。1978 年 1
月在宝鸡县杨家沟太公庙村一窖藏坑出土一批春秋早期的秦
器，即五件一套的秦公钟和三件一套的秦公镈，有铭文一百三
十字，并明确提到"文公、静公、宪公"这样一个世系，从
而为解决上述两件传世器的年代、订正《史记》秦世系的错
误等问题提供了重要证据[164]。太公庙村秦公钟、秦公镈的出
土，引发了学界对传世器"十又二公"问题的重新探讨，争
论的焦点为哪位是"十又二公"的起始君、出子是否入世系
等等[165]。虽说"十又二公"的起始君问题，现在还有较大的
争议，但目前学界中比较认可庄、襄、文之说。至于出子是否
入秦之世系，据太公庙村所出镈铭可以确定，十二公中大概不
包括这位被弑的幼君。

90 年代初，甘肃礼县秦国墓葬被盗，所出器物流散海外。
1994 年，李学勤、艾兰首先撰文，对美国纽约古董店拉利行
的一对秦公壶予以披露和研究[166]，引起了学界的关注。90 年
代中期，上海博物馆从香港回收了被盗的四鼎二簋。故而各种
研究文章时有所见，学者们纷纷就礼县秦公大墓的年代、所出
器物与两座大墓的对应关系、两个墓主的关系等问题发表了自
己的观点[167]。

目前可以确定的最早秦器当属西周晚期的不娶簋。器盖为
传世品，器身则于 1980 年在山东滕县后荆沟一墓葬中出
土[168]。器铭记录了不娶征伐狁狁、得胜献捷诸事，有很高的
史料价值。李学勤认为不娶即秦庄公，是宣王命庄公兄弟伐西
戎的历史记录，故其年代当在公元前 820 年左右[169]。此说已
为大多数学者所接受。但秦器何以在山东春秋墓中出土，却是
一个很值得探讨的现象。

对秦而言，战国秦金文应该是最有特色的，出土也比较丰富。关于这些材料的出土情况及其研究现状，我们将在第四章"战国文字"部分作集中介绍，此不赘述。

8. 中山国青铜器铭文的重大发现

战国时期，列国铜器上一般只有简单的铸器事由与器主名号，此前那些颂扬先祖、祝愿家族团结昌盛之类的套语已经极其罕见了，更不必说长篇巨制的宏文。但中山王𰀔墓所出的三件礼器则属特例。

1974—1978 年，河北平山发掘战国时期的中山王墓。王陵分处在可能是当时国都的灵寿城址内外，共有六座封土大墓[170]。1 号墓与 6 号墓出土了大批珍贵文物，最引人注目的是 1 号墓所出的铁足大鼎、方壶和圆壶三器，器表镌刻史料价值很高的长篇铭文，共计一千零九十九字[171]。这在战国墓中是绝无仅有的。鼎和方壶（图一〇）作于中山王𰀔十四年，铭文所述乃王𰀔对嗣王的告诫之辞，圆壶铭文则是嗣子𰀔对先王的悼词。此外，还记录了公元前 316 年燕王哙被迫让位相邦子之，以及公元前 314 年中山国的军队在相邦司马赒的率领下、参与齐国发动的伐燕战争并取得赫赫战功等重要史实。铭文中所涉及的中山王世系，即文、武、桓、成、王𰀔与𰀔，可以补传世文献之阙。

王𰀔墓中还出土一块"兆域图"铜版，长 94 厘米，宽 48 厘米，用金银镶嵌出中山王墓的规划图。图上详细注出陵园各个部位的尺度及关于营建陵园的王命。这对研究战国时期国君陵墓布局有重要意义。

中山王墓的发现，曾轰动一时，在短短的数年间，便刊发了各种研究文章四十余篇[172]。专家学者纷纷就铭文的考释、中

图一〇　中山王礜方壶铭文拓本（局部）

山国的历史与族系、中原与北方民族的关系及战国陵墓制度等
问题提出了各自的观点[173]。

9. 以新郑郑韩故城、易县燕下都为代表的战国兵器铭文

战国兵器铭文在《三代吉金文存》等书中时有著录，但
其形制、出土地点多所不明，故而影响了它们的学术价值。20
世纪70年代，在河南新郑、河北易县等地先后发现了大宗的
兵器，且有铭者皆以百计，从而为相关研究带来了曙光。

河南新郑战国郑韩故城兵器坑，是1971年11月在新郑县
白庙范村村北约0.5公里处发现的[174]，仅有铭兵器一项就达
一百七十余件之多。铭文字数从一字到三十三字不等，内容丰
富，涉及的历史地名有"郑"、"阳人"、"郱"、"梁"、"阳
城"、"雋"、"雍氏"、"平陶"、"安成"、"格氏"、"东周"、
"长子"等二十余处，涉及官名则有"郑令"、"工师"、"司
寇"、"冶尹"等，而且很多铭文中还带有纪年文字，是研究
战国时期韩国历史地理、军事战争史、兵器铸造制度的极佳材
料[175]，也为战国金文的分域研究提供了重要标尺。

燕下都兵器铭文发现于1973年，是从第23号遗址南部的
一处灶膛中出土的，共一百零八件，其中一百件带铭文[176]。
这些铭文中皆铸刻匽（燕）王之名号，如燕王职、燕王喜、
燕王喜等，结合传世及其他地方出土的燕王兵器铭文，如燕侯
载戈、燕王脮戈、燕王戎人戈等等，可以考证《史记·燕世
家》中的燕王世系、名号等问题。燕国兵器铭文中一般还记
录职官、兵车或兵种[177]、兵器名及其相关的特殊用语，个别
兵铭同样体现出监造、主造、制造等三级监造制度，地方所造
者多记地名。

以上所述仅为一些具有重要学术价值或比较有体系的金文

新发现，其他有研究价值的出土材料还有不少，例如 1978 年在固始侯古堆一号墓出土的宋公栾簠铭[178]，对考察宋史而言就弥足珍贵了，铭文有"有殷天乙唐孙宋公栾作其妹勾敔夫人季子媵簠"二十字，不仅证实了宋与有商的关系，也能看到了宋吴之间的婚姻关系，可以补充宋器之缺失。此外如长江流域下游地区所出的吴、越、徐、舒等国的东周青铜器铭文，也已有相当的积累，对东南诸国的国别史研究及鸟书的考索均有裨益。

注　释

[1] 刘雨《近出殷周金文综述》，《故宫博物院院刊》2002 年第 3 期。

[2] 据冯时统计，在建国以后的 50 年间，新发表的商周有铭青铜器大概在三千五百件左右（参冯时《中国古文字学研究五十年》，《考古》1999 年第 9 期）。窃以为这一数据可能略微保守。

[3] 陈梦家《西周铜器断代》（二），《考古学报》第 10 册（1955 年）。

[4] 陈梦家《西周铜器断代》（一），《考古学报》第 9 册（1955 年）。

[5] 唐兰《西周青铜器铭文分代史征》第 34 页，中华书局 1986 年版。

[6] 郭宝钧《浚县辛村》第 23—33 页，科学出版社 1964 年版。

[7] 李济、万家保《殷墟出土伍拾叁件青铜容器之研究》"引言"，《殷墟出土伍拾叁件青铜容器之研究》第 1—2 页，历史语言研究所 1972 年版。郑振香、陈志达《殷墟青铜器的分期与年代》，中国社会科学院考古研究所编《殷墟青铜器》第 27 页，文物出版社 1985 年版。

[8] 李零《春秋秦器试探》，《考古》1979 年第 6 期。

[9] 王光永《陕西宝鸡戴家湾出土商周青铜器调查报告》，《考古与文物》1991年第 1 期。

[10] 陕西省文物管理委员会、陕西省博物馆《青铜器图释》第 21 页，文物出版社 1960 年版。《陕西最近发现的西周铜器》，《文物参考资料》1951 年第 10 期。

[11] 中国社会科学院考古研究所《新出金文分域简目》第 72 页，中华书局 1983

年版。

［12］中国社会科学院考古研究所安阳工作队《1969—1977 年殷墟西区墓葬发掘报告》，《考古学报》1979 年第 1 期。

［13］王巍《夏商周考古学五十年》，《考古》1999 年第 9 期。

［14］中国社会科学院考古研究所安阳工作队《安阳殷墟西区一七一三号墓的发掘》，《考古》1986 年第 8 期。

［15］中国社会科学院考古研究所安阳工作队《1986 年安阳大司空村南地的两座殷墓》，《考古》1989 年第 7 期。

［16］中国社会科学院考古研究所《殷墟青铜器》第 440 页，文物出版社 1985 年版。

［17］同［16］第 454 页。

［18］刘一曼《殷墟郭家庄 160 号墓的发现及主要收获》，《考古》1998 年第 9 期。

［19］中国社会科学院考古研究所安阳工作队《河南安阳市郭家庄东南 26 号墓》，《考古》1998 年第 10 期。

［20］杨宝顺《温县出土的商代铜器》，《文物》1975 年第 2 期。

［21］齐泰定《河南辉县褚丘出土的商代铜器》，《考古》1965 年第 5 期。

［22］张颔《寝孳方鼎铭文考释》，《古文字研究》第 16 辑第 207—210 页，中华书局 1989 年版。

［23］罗平《河北磁县下七垣出土殷代青铜器》，《文物》1974 年第 11 期。

［24］临沂文物收集组《山东苍山县出土青铜器》，《文物》1965 年第 7 期。

［25］天津市历史博物馆考古部《1979—1989 年天津文物考古新收获》，文物编辑委员会编《文物考古工作十年》第 18 页，文物出版社 1990 年版。

［26］朱凤瀚《古代中国青铜器》第 673—675 页，南开大学出版社 1995 年版。

［27］王家佑《记四川彭县竹瓦街出土的铜器》，《文物》1961 年第 11 期。

［28］麟游县博物馆《陕西省麟游县出土商周青铜器》，《考古》1990 年第 10 期。

［29］庞文龙、刘少敏《岐山县北郭乡樊村新出土青铜器等文物》，《文物》1992 年第 6 期。

［30］河南省信阳地区文管会、河南省罗山县文化馆《罗山天湖商周墓地》，《考古学报》1986 年第 2 期。

［31］国家文物局《河南鹿邑商周墓地》，国家文物局主编《1998 中国重要考古发现》第 33—41 页，文物出版社 2000 年版。

［32］国家文物局《安阳殷墟花园庄东地 54 号墓》，国家文物局主编《2001 中国重要考古发现》第 28—33 页，文物出版社 2002 年版。

［33］山东省博物馆《山东长清出土的青铜器》，《文物》1964 年第 4 期。

［34］其中殷之彝《山东益都苏埠屯墓地和"亚醜"铜器》（《考古学报》1977 年
第 2 期）一文收集五十六器。

［35］《无产阶级文化大革命期间出土文物展览简介》，《文物》1972 年第 1 期。

［36］辽宁省博物馆、朝阳地区博物馆《辽宁喀左县北洞村发现殷代青铜器》，
《考古》1973 年第 4 期。喀左县文化馆等《辽宁喀左县北洞村出土的殷商
青铜器》，《考古》1974 年第 6 期。

［37］晏琬《北京、辽宁出土铜器与周初的燕》，《考古》1975 年第 5 期。

［38］李伯谦《从灵石旌介商墓的发现看晋陕高原青铜文化的归属》，《北京大学
学报》1988 年第 2 期。

［39］同［26］第 661 页。

［40］山西省考古研究所《山西灵石县旌介村商代墓和青铜器》，《文物资料丛刊》
第 3 辑，文物出版社 1980 年版。山西省考古研究所、灵石县文化局《山西
灵石旌介村商墓》，《文物》1986 年第 11 期。

［41］同［26］第 663 页。

［42］殷玮璋、曹淑琴《灵石商墓与丙国铜器》，《考古》1990 年第 7 期。

［43］吴镇烽《岐周、宗周和成周地区青铜器概述》，《中国青铜器全集·西周 1》
第 3 页，文物出版社 1997 年版。

［44］长水《岐山贺家村出土的西周铜器》，《文物》1972 年第 6 期。

［45］陕西省考古研究所《陕西出土商周青铜器》第 3 册"图版说明"第 6 页，
文物出版社 1983 年版。

［46］扶风县文化馆、陕西省文管会等《陕西扶风出土西周伯威诸器》，《文物》
1976 年第 6 期。

［47］同［45］第 11—24 页。

［48］陕西周原考古队《陕西扶风齐家十九号西周墓》，《文物》1979 年第 11 期。

［49］史言《扶风庄白大队出土的一批西周铜器》，《文物》1972 年第 6 期。

［50］陈公柔《记几父壶、柞钟及其同出的铜器》，《考古》1962 年第 2 期。

［51］吴镇烽、雒忠如《陕西省扶风县强家村出土的西周铜器》，《文物》1975 年
第 8 期。

［52］庞怀清等《陕西省岐山县董家村西周铜器窖穴发掘简报》，《文物》1976 年
第 5 期。

［53］陕西周原考古队《陕西岐山凤雏村西周青铜器窖藏简报》，《文物》1979 年
第 11 期。

[54] 陕西周原考古队《陕西扶风庄白一号西周青铜器窖藏发掘简报》,《文物》1978 年第 3 期。

[55] 罗西章《陕西扶风发现西周厉王𪡈簋》,《文物》1979 年第 4 期。

[56] 王献唐《岐山出土康季𪓮铭读记》,《考古》1964 年第 9 期。

[57] 赵学谦《陕西宝鸡、扶风出土的几件青铜器》,《考古》1963 年第 10 期。
周原扶风文管所《扶风齐家村七、八号西周铜器窖藏简报》,《考古与文物》1985 年第 1 期。

[58] 陕西周原考古队《陕西扶风云塘、庄白二号西周铜器窖藏》,《文物》1978 年第 11 期。

[59] 同 [45] 第 15 页。

[60] 罗西章《宰兽簋铭略考》,《文物》1998 年第 8 期。

[61] 陕西省文物管理委员会《长安普渡村西周墓的发掘》,《考古学报》1957 年第 1 期。

[62] 赵永福《1961—1962 年沣西发掘简报》,《考古》1984 年第 9 期。

[63] 中国科学院考古研究所沣西考古队《陕西长安张家坡西周墓清理简报》,《考古》1965 年第 9 期。

[64] 陕西省文物管理委员会《西周镐京附近部分墓葬发掘简报》,《文物》1986 年第 1 期。

[65] 中国社科院考古研究所沣西发掘队《长安张家坡西周井叔墓发掘简报》,《考古》1986 年第 1 期。中国社科院考古研究所沣西发掘队《陕西长安张家坡 M170 号井叔墓发掘简报》,《考古》1990 年第 6 期。

[66] 郭沫若《长安县张家坡铜器群铭文汇释》,《考古学报》1962 年第 1 期。

[67] 陕西省文物管理处《陕西长安新旺村、马王村出土的西周铜器》,《考古》1974 年第 1 期。

[68] 刘雨《多友鼎铭的时代与地名考订》,《考古》1983 年第 2 期。

[69] 李学勤《吴虎鼎考释》,《考古与文物》1998 年第 3 期。

[70] 李长庆、田野《祖国历史文物的又一次重要发现》,《文物参考资料》1957 年第 4 期。

[71] 段绍嘉《陕西蓝田县出土弭叔等彝器简介》,《文物》1960 年第 2 期。

[72] 应新、子敬《记陕西蓝田县出土的西周铜簋》,《文物》1966 年第 1 期。

[73] 陕西省博物馆《陕西省博物馆新近征集的几件西周铜器》,《文物》1965 年第 7 期。

[74] 吴镇烽《陕西金文汇编》下册第 881 页,三秦出版社 1989 年版。

[75] 唐兰《何尊铭文解释》,《文物》1976 年第 1 期。

[76] 唐兰《永盂铭文解释》,《文物》1972 年第 1 期。

[77] 史言《眉县杨家村大鼎》,《文物》1972 年第 7 期。

[78] 吴大焱、罗英杰《陕西武功县出土驹父盨盖》,《文物》1976 年第 5 期。

[79] 曹发展、陈国英《咸阳地区出土西周铜器》,《考古与文物》1981 年第 1 期。

[80] 临潼县文化馆《陕西临潼发现武王征商簋》,《文物》1977 年第 8 期。

[81] 吴镇烽、王东海《王臣簋的出土与相关铜器的时代》,《文物》1980 年第 5 期。

[82] 张懋镕等《安康出土的史密簋及其意义》,《文物》1989 年第 7 期。

[83] 王翰章等《虎簋盖铭简释》,《考古与文物》1997 年第 3 期。

[84] 韧松、樊维岳《记陕西蓝田县新出土的应侯钟》,《文物》1975 年第 10 期。

[85] 卢连成、罗英杰《陕西武功县出土楚簋诸器》,《考古》1981 年第 2 期。

[86] 刘自读、路毓贤《周至敔簋器盖铭文考释》,《考古与文物》1991 年第 6 期。

[87] 何汉南《陕西省永寿县、武功县出土西周铜器》,《文物》1964 年第 7 期。吴镇烽等《陕西永寿、蓝田出土西周青铜器》,《考古》1979 年第 2 期。

[88] 张长寿《论宝鸡茹家庄发现的西周铜器》,《考古》1980 年第 6 期。卢连成、胡智生等《宝鸡茹家庄、竹园沟墓地有关问题的探讨》,《文物》1983 年第 2 期。胡智生等《宝鸡纸坊头西周墓》,《文物》1988 年第 3 期。

[89] 陕西省文物局、中华世纪坛艺术馆《盛世吉金》,北京出版社出版集团、北京出版社 2003 年版。

[90] 蔡运章《洛阳北窑西周墓青铜器铭文（简论）》,《文物》1996 年第 7 期。

[91] 黄河水库考古工作队《一九五六年秋黄河陕县发掘简报》,《考古通讯》1957 年第 4 期。

[92] 河南省文物考古研究所、三门峡市文物工作队《三门峡虢国墓》第 2 页,文物出版社 1999 年版。

[93] 同[92]第 518—522 页。

[94] 王光永《介绍新出土的两件虢器》,《古文字研究》第 7 辑第 185—186 页,中华书局 1982 年版。

[95] 河北省文物管理处《河北元氏县西张村的西周遗址和墓葬》,《考古》1979 年第 1 期。

[96] 李学勤、唐云明《元氏铜器与西周的邢国》,《考古》1979 年第 1 期。

［97］中国社会科学院考古研究所等《北京琉璃河1193号大墓发掘简报》，《考古》1990年第1期。

［98］琉璃河考古工作队《北京附近发现的西周奴隶殉葬墓》，《考古》1974年第5期。北京文物研究所《琉璃河西周燕国墓地1973—1977》第101—199页，文物出版社1995年版。

［99］《热河凌源县海岛营子村发现的古代铜器》，《文物参考资料》1955年第8期。陈梦家《西周铜器断代》（二），《考古学报》第10册（1955年）。

［100］晏琬《北京、辽宁出土铜器与周初的燕》，《考古》1975年第5期。

［101］北京大学考古系、山西省考古研究所《1992年春天马—曲村遗址墓葬发掘报考》，《文物》1993年第3期。北京大学考古学系、山西省考古研究所《天马—曲村遗址北赵晋侯墓地第二次发掘》，《文物》1994年第1期。山西省考古研究所、北京大学考古学系《天马—曲村遗址北赵晋侯墓地第三次发掘》，《文物》1994年第8期。山西省考古研究所、北京大学考古学系《天马—曲村遗址北赵晋侯墓地第四次发掘》，同上。北京大学考古学系、山西省考古研究所《天马—曲村遗址北赵晋侯墓地第五次发掘》，《文物》1995年第7期。北京大学考古文博院、山西省考古研究所《天马—曲村遗址北赵晋侯墓地第六次发掘》，《文物》2001年第8期。

［102］李朝远《晋侯墓地出土青铜器综览》，上海博物馆编《晋国奇珍》第28—36页，上海人民美术出版社2002年版。

［103］朱心持《江西余干黄金埠出土铜甗》，《考古》1960年第2期。郭沫若《释应监甗》，《考古学报》1960年第1期。

［104］韧松、樊维岳《记陕西蓝田县新出土的应侯钟》，《文物》1975年第10期。

［105］平顶山市文管会《河南平顶山市发现西周铜簋》，《考古》1981年第4期。张肇武《河南平顶山市又出土一件邓公簋》，《考古与与文物》1983年第1期。张肇武《河南平顶山市出土西周应国青铜器》，《文物》1984年第12期。张肇武《平顶山市出土周代青铜器》，《考古》1985年第3期。平顶山市文管会《平顶山市新出西周青铜器》，《中原文物》1988年第1期。

［106］河南省文物研究所、平顶山市文管会《平顶山市北滍村西周墓地一号墓发掘简报》，《华夏考古》1988年第1期。河南省文物研究所、平顶山市文管会《平顶山应国墓地九十五号墓的发掘》，《华夏考古》1992年第3期。河南省文物考古研究所、平顶山市文管会《平顶山市应国墓地八十四号墓发掘简报》，《文物》1998年第9期。

［107］ 王龙正等《新发现的柞伯簋及其铭文考释》、《柞伯簋与大射礼及西周教育制度》，《文物》1998 年第 9 期。李学勤《柞伯簋铭考释》，《文物》1998年第 11 期。

［108］ 临朐县文化馆、潍坊地区文管会《山东临朐发现齐、郙、曾诸国铜器》，《文物》1983 年第 12 期。

［109］ 杨子范《山东临淄出土的铜器》，《考古》1958 年第 6 期。

［110］ 齐文涛《概述近年来山东出土的商周青铜器》，《文物》1972 年第 5 期。

［111］ 王贵民《西周时代诸侯方国青铜器概述》，《中国青铜器全集·西周2》第13 页，文物出版社 1997 年版。

［112］ 参考王轩《山东邹县七家峪村出土的西周铜器》，《考古》1965 年第 11期。山东省文物考古研究所等编《曲阜鲁国故城》第 145—152 页，齐鲁书社 1982 年版。朱活《山东历城出土鲁伯大父媵季姬簋》，《文物》1973年第 1 期。王言京《山东邹县春秋邾国故城附近发现一件铜鼎》，《文物》1974 年第 1 期。

［113］ 山东大学历史文化学院考古系《长清仙人台五号墓发掘简报》，《文物》1998 年第 9 期。

［114］ 万树瀛等《山东滕县出土西周滕国铜器》，《文物》1979 年第 4 期。

［115］ 滕县博物馆《山东滕县发现滕侯铜器墓》，《考古》1984 年第 4 期。

［116］ 万树瀛等《山东滕县出土杞薛铜器》，《文物》1978 年第 4 期。

［117］ 李步青、林仙庭《山东黄县归城遗址的调查与发掘》，《考古》1991 年第10 期。

［118］ 同［110］。

［119］ 李步青《山东莱阳县出土己国铜器》，《文物》1983 年第 12 期。

［120］ 寿光县博物馆《山东寿光县新发现一批纪国铜器》，《文物》1985 年第 3期。

［121］ 王献唐《黄县﨣器》，《山东古国考》第 1 页，齐鲁书社 1983 年版。

［122］ 德州行署文化局文物组、济阳县图书馆《山东济阳刘台子西周早期墓发掘简报》，《文物》1981 年第 9 期。

［123］ 山东省文物考古研究所《山东济阳刘台子西周六号墓清理报告》，《文物》1996 年第 12 期。

［124］ 吴文祺《莒南大店春秋时期莒国殉人墓》，《考古学报》1978 年第 3 期。

［125］ 李步青、林仙庭《山东省龙口市出土西周铜鼎》，《文物》1991 年第 5 期。

［126］ 万树瀛等《山东滕县出土杞薛铜器》，《文物》1978 年第 4 期。

［127］杨权喜统计，此类铜器有二百八十余件（杨权喜《楚文化》第163—173页，文物出版社2000年版），但蔡昭侯墓所出带铭器有六十六件，而不是杨氏所说的五十件。

［128］河南省文物研究所等《淅川下寺春秋楚墓》，文物出版社1991年版。

［129］河南省文物研究所《淅川和尚岭春秋楚墓的发掘》，《华夏考古》1992年第3期。

［130］曹桂岑《河南淅川和尚岭和徐家岭楚墓发掘记》，《文物天地》1992年第4期。

［131］杨育彬、袁广阔《20世纪河南考古发现与研究》第481页，中州古籍出版社1997年版。

［132］《无产阶级文化大革命期间出土文物展览简介》，《文物》1972年第1期。湖北省博物馆《湖北京山发现曾国铜器》，《文物》1972年第2期。

［133］郑杰祥《河南新野发现的曾国铜器》，《文物》1973年第5期。

［134］鄂兵《湖北随县发现曾国铜器》，《文物》1973年第5期。

［135］湖北省博物馆《湖北枣阳县发现曾国墓葬》，《考古》1975年第4期。

［136］周永珍《曾国与曾国铜器》，《考古》1980年第5期。

［137］随县博物馆《湖北随县城郊发现春秋墓葬和铜器》，《文物》1980年第1期。

［138］湖北省博物馆《曾侯乙墓》，文物出版社1989年版。

［139］李苓《考古奇观——曾侯乙墓》，湖北省博物馆编《曾侯乙墓文物珍赏》第5—6页，湖北美术出版社1995年版。

［140］主要论著有李学勤《曾国之谜》，《光明日报》1978年10月4日。李学勤《论汉淮间的春秋青铜器》，《文物》1980年第1期。石泉《古代曾国——随国地望初探》，《武汉大学学报》1979年第1期。于豪亮《为什么随县出土曾侯墓》，《古文字研究》第1辑第306—313页，中华书局1979年版。徐扬杰《关于曾国问题的一点看法》，《江汉论坛》1979年第3期。徐中舒《西周史论述》（下），《四川大学学报》1979年第4期。杨宽、钱书林《曾国之谜试探》，《复旦学报》1980年第3期。曾昭岷、李瑾《曾国和曾国铜器综考》，《江汉考古》1980年第1期。关于铭文考释方面的文章可参考本书第三章。

［141］Thomas Lawton：*New Perspectives on Chu Culture during the Eastern Zhou Period*. Princeton University Press, 1991.

［142］安徽省文物管理委员会、安徽省博物馆《寿县蔡侯墓出土遗物》第1页，

科学出版社 1956 年版。

［143］殷涤非《蔡器综述——兼论下蔡地望》，《古文字研究》第 19 辑第 126—135 页，中华书局 1992 年版。

［144］唐兰《五省出土重要文物展览图录》"序言"，五省出土重要文物展览筹备委员会编《陕西、江苏、热河、安徽、山西五省出土重要文物展览图录》，文物出版社 1958 年版。

［145］同［144］。

［146］陈梦家《寿县蔡侯墓铜器》，《考古学报》1956 年第 2 期。

［147］史树青《对"五省出土文物展览中"几件铜器的看法》，《文物参考资料》1956 年第 8 期。

［148］郭沫若《由寿县蔡器论到蔡墓的年代》，《考古学报》1956 年第 1 期。

［149］李学勤《谈近年新发现的几种战国文字资料》，《文物参考资料》1956 年第 1 期。

［150］裘锡圭《史墙盘铭解释》，《文物》1978 年第 3 期。

［151］信阳地区文管会等《河南潢川县发现黄国和蔡国铜器》，《文物》1980 年第 1 期。赵新来《潢川县出土蔡器补正》，《文物》1981 年第 11 期。

［152］信阳地区文管会《春秋早期黄君孟夫妇墓发掘报告》，《考古》1984 年第 4 期。

［153］信阳地区文管会《河南光山春秋黄季佗父墓发掘简报》，《考古》1989 年第 1 期。

［154］信阳地区文管会等《河南潢川县发现黄国和蔡国铜器》，《文物》1980 年第 1 期。

［155］杨权喜《襄阳山湾出土的邿国和邓国铜器》，《江汉考古》1983 年第 1 期。湖北省博物馆《襄阳山湾出土的东周青铜器》，《江汉考古》1988 年第 1 期。

［156］信阳地区文管会等《罗山高店公社又发现春秋时期青铜器》，《中原文物》1981 年第 4 期。

［157］河南省博物馆等《河南信阳市平桥春秋墓发掘简报》，《文物》1981 年第 1 期。信阳地区文管会等《信阳市平桥西三号春秋墓发掘简报》，《中原文物》1981 年第 4 期。

［158］《河南郏县发现的古代铜器》，《文物参考资料》1954 年第 3 期。

［159］郑杰祥等《河南潢川县出土一批青铜器》，《文物》1979 年第 9 期。

［160］信阳地区文管会《河南信阳发现两批春秋铜器》，《文物》1980 年第 1 期。

[161] 李芳芝《河南确山发现春秋道国青铜器》,《中原文物》1992年第2期。

[162] 程欣人《随县郾阳出土樊、曾、息国青铜器》,《江汉考古》1980年第1期。

[163] 主要论著有唐兰《郏县出土的铜器群》,《文物参考资料》1954年第5期。李学勤《论汉淮间的春秋铜器》,《文物》1980年第1期。李学勤《东周与秦代文明》第135—144页,文物出版社1984年版。夏麦陵《器伯匜断代与赋之地望》,《考古》1993年第1期。刘钊《谈新发现的敔伯匜》,《中原文物》1993年第1期。张志清《淮河上游古城古国考》,《楚文化研究论集》第4集第236—251页,河南人民出版社1994年版。

[164] 卢连成、杨满仓《陕西宝鸡县太公庙村发现秦公钟、秦公镈》,《文物》1978年第11期。

[165] 主要论著有李零《春秋秦器试探》,《考古》1979年第6期。林剑鸣《秦公钟、镈铭文中的一个问题》,《考古与文物》1980年第2期。吴镇烽《新出秦公钟铭考释与相关问题》,《考古与文物》1980年创刊号。李学勤《秦国文物的新认识》,《文物》1980年第9期。王辉《秦器铭文丛考》,《文博》1988年第2期。

[166] 李学勤、艾兰《最新出土的秦公壶》,《中国文物报》1994年10月30日。

[167] 主要论著有陈昭容《谈新出秦公壶的时代》,《考古与文物》1995年第4期。白光琦《秦公壶应为东周初期器》,同上。李朝远《上海博物馆新获秦公器研究》,《上海博物馆集刊》第7辑第23—33页,上海书画出版社1996年版。王辉《也谈礼县大堡子山秦公墓地及其铜器》,《考古与文物》1998年第5期。陈平《浅谈礼县秦公墓地遗存与有关问题》,同上。

[168] 万树瀛《滕县后荆沟出土不娶簋等青铜器群》,《文物》1981年第9期。

[169] 李学勤《秦国文物的新认识》,《文物》1980年第9期。

[170] 河北省文物管理处《河北省平山县战国时期中山国墓葬发掘简报》,《文物》1979年第1期。

[171] 中国社会科学院考古研究所《新中国的考古发现和研究》第295页,文物出版社1984年版。

[172] 参考孙稚雏《青铜器论文索引》第136—139页,中华书局1986年版。

[173] 主要论著有刘来成、李晓东《试谈战国时期中山国历史上的几个问题》,《文物》1979年第1期。李学勤《平山墓葬群与中山国的文化》,同上。朱德熙、裘锡圭《平山中山王墓铜器铭文的初步研究》,同上。黄盛璋《关于战国中山国墓葬遗物若干问题辨正》,《文物》1979年第5期。李学

勤、李零《平山三器与中山国史的若干问题》，《考古学报》1979 年第 2 期。于豪亮《中山三器铭文考释》，同上。张政烺《中山王𨐫壶及鼎铭考释》，《古文字研究》第 1 辑第 208—232 页，中华书局 1979 年版。张政烺《中山国胤嗣𫮃盗壶释文》，同上第 233—246 页。赵诚《〈中山壶〉〈中山鼎〉铭文试释》，同上第 247—272 页。孙稚雏《中山王𨐫鼎、壶的年代史实及其意义》，同上第 273—305 页。徐中舒、伍仕谦《中山三器释文及宫堂图说明》，《中国史研究》1979 年第 4 期。傅熹年《战国中山王𨐫墓出土的〈兆域图〉及其陵园规制的研究》，《考古学报》1980 年第 1 期。杨鸿勋《战国中山王陵及兆域图研究》，同上。黄盛璋《再论平山中山国墓若干问题》，《考古》1980 年第 5 期。段连勤《鲜虞及鲜虞中山国早期历史初探》，《人文杂志》1981 年第 2 期。顾颉刚《战国中山国史札记》，《学术研究》1981 年第 4 期。杨宽《中国古代陵寝制度的起源及其演变》，《复旦学报》1981 年第 5 期。饶宗颐《中山君𨐫考略》，《古文字研究》第 5 辑第 225—232 页，中华书局 1981 年版。商承祚《中山王𨐫鼎、壶铭文刍议》，《古文字研究》第 7 辑第 43—70 页，中华书局 1982 年版。陈邦怀《中山国文字研究》，《天津社会科学》1983 年第 1 期。

[174] 郝本性《新郑"郑韩故城"发现一批战国铜兵器》，《文物》1972 年第 10 期。

[175] 杨育彬、袁广阔《20 世纪河南考古发现与研究》第 433 页，中州古籍出版社 1997 年版。

[176] 河北省文物管理处《燕下都第 23 号遗址出土一批铜戈》，《文物》1982 年第 8 期。

[177] 如王萃、黄卒、巾萃、寂萃等等究竟是兵车名还是兵种名在学界还有争论。

[178] 固始侯古堆一号墓发掘组《河南固始侯古堆一号墓发掘简报》，《文物》1981 年第 1 期。

三 二十世纪金文资料的史料化
进程（上）——铭文考释与著录

20 世纪的金文研究，就其总体特点而言，是伴随着考古学的形成和发展、利用科学的研究手段使金文资料史料化的一个探索过程。也就是在金文的收集整理著录及铭文考释的基础上，结合考古学的方法，对金文资料进行分期、断代、编年和分域研究，从而达到重构商周古史的最终目的。这个过程大致可分为三个阶段。

大致说来，20 世纪的前三十年为第一阶段。这是以罗振玉、王国维为代表的"广义金石学"（或称"古器物学"[1]）下的金文研究。这个阶段具有承前启后的作用，学者在研究中所用的方法，基本上是继承了清代金石学的绪余。但与此同时，许多跟金文分期断代工作有关的基本要素，诸如"康宫"、谥法、月相以及具体的历史事件、历史人物等等，皆被先后提出讨论或直接利用。

从 30 年代初到 40 年代末，是现代金文研究的第二阶段。中国近代考古学的某些方法被初步应用，金文研究已经与青铜器形制、纹饰形成为一个整体。在金文的分期断代上，从方法到最后的具体结论，都取得了突破性的进展。该时期的代表人物有郭沫若、杨树达、容庚、于省吾、徐中舒、商承祚和唐兰等，其中以郭氏的标准器比对法、唐氏的文字考释四法最为著名。此外还应提到的学者就是李济与高本汉。尽管李氏并不以金文为直接的研究对象，但他在青铜器型式学上所作的探索与研究，对日后的金文分期断代影响巨大。而高本汉的研究以青铜器的型式和纹饰为主，在西方有很大影响，中国古代青铜文化之所以引起西方学界的注意，与高本汉的努力有莫大关系。

50年代以后，尤其是最近三十年，则步入了现代金文研究的一个新时期。这一阶段名家辈出，除此前涌现的郭沫若、容庚、于省吾、唐兰等名家外，继之而起的有陈梦家、张政烺、朱德熙、陈邦怀、饶宗颐等，70年代以后则有马承源、高明、李学勤、裘锡圭、于豪亮，以及林沄、刘启益、曾宪通、黄盛璋、张亚初、刘雨、孙稚雏、陈炜湛、张振林、朱凤瀚、李零、吴振武、李家浩、邱修德、何琳仪、汤余惠、黄锡全及彭裕商等一大批知名专家。海外的研究者则有林巳奈夫、白川静、伊藤道治、巴纳、罗越、罗森、夏含夷等汉学名流。这一时期的研究工作，多以现代考古材料以及现代考古学的理论方法为基础，所取的成就无论从广度到深度，皆非此前的任何时期所能比拟。而在商周古史的重构上，同样取得了突出的成绩。

当然，以上的阶段划分也仅仅是一个粗疏的大框架而已。现代的金文研究，显然是建立在两个基础之上，一是传统金石学的，二则是近现代考古学的，这两门学问在金文研究中是并存发展的。

不管学术界有多少争论，有一点是可以肯定下来的，即1928年历史语言研究所考古组的成立是中国考古学步入形成期的一个标志[2]。但金文的研究过程与考古学的发展历程并非同步进行的。以引领中国学术潮流著称的北京大学为例，该校1929年至1930年度史学系开设的课程中，既有由日人原田淑人讲授的考古学，同时也有国内学者开设的传统金石学[3]。

这足以说明当时的金文研究还是独立于考古学之外的。当然，最主要的原因可能在于当时考古学本身的刚刚起步，无法在方法论上立即给金文研究注入新的养分。同时，这一时期通过科学考古出土的青铜器资料也不够丰富，不足以让金文研究立刻步入现代意义上的研究模式与轨道。所以，即便当时已经出现了像《两周金文辞大系》、《殷墟铜器五种及其相关之问题》[4]、《记小屯出土之青铜器》[5]等具有现代科学意义的关于金文和铜器研究方面的标志性成果，但同时期的很多学者，依然忽视田野考古所得的新信息，走着只重铭刻的传统金石学的老路子。

当下的金文研究，其主流既有别于传统的金石学，亦始终未能完全融入现代考古学之中，它的研究路数是相对独立的，在某种程度上讲，和历史学的关系更为密切，是一个史料化的研究过程。

所谓金文资料史料化，主要包括三个方面的内容，即铭文的考释、铭文的著录、以及金文的分期断代与编年研究。在此，我们将评述的重点放在 20 世纪铭文考释与著录方面。

（一） 铭文的释读

铭文的考释大致包括文字的释读以及语法、声韵研究等三个方面。其中文字的考释，由于有着悠久的传统，加之新资料的不断发现与出土，成绩斐然。语法研究起步较晚，相应的成果也比较薄弱。

1. 文字的考释

（1）文字考释理论的创新

20 世纪以来，经过几代学人的不懈努力，在金文考释方面取得了极大的成就，除某些生僻的专用名词（如人名、地名）外，其余的文字多能从形、音、义上得其大要，不少关键性的动词也有了合理的解释。今天的学人，只要具备比较系统的古文字学知识，掌握相关工具书的使用方法，阅读或利用金文材料已经不是一件困难的事。文字考释之所以有较大成就，当然要归功于现代文字考释理论与考释方法的建立与完善。

在现代文字考释理论的建立过程中，清末大儒孙诒让有导夫先路之功。孙氏首倡的利用六书条例作偏旁分析的考释方法，将金文释读引入了科学的途径。而近现代学者如王国维、唐兰、杨树达等，在孙氏的基础上，进一步将铭文释读理论化、系统化，从而奠定了现代金文文字考释理论的基础。

王国维在《毛公鼎考释序》中指出，铭文的考释应该是"考之史事与制度文物以知其时代之情状，本之《诗》、《书》以求其文之义例，考之古音以通其义之假借，参之彝器以验其文字之变化"[6]。其考释方法日趋谨严，既能充分考虑时代背景，又能以同时代的典籍为依据，与孙氏比较又有了新的发展。

而唐兰在 30 年代撰写的《古文字学导论》及《中国文字学》等论著中，提出一个"怎样去认识古文字"的问题，力图为考释商周文字建立一套科学的理论体系。他在继承孙氏偏旁分析法的基础上，又进一步完善为比较法、推勘法、偏旁分析法、历史的考证四种文字考释的手段[7]，也相应点出了文字释读中的六条戒律，从而"引导学者臻至正途，同时纠正过去所谓'研讨三千年上之残余文字，若射覆然'之不良风气"[8]。

杨树达的方法，则能充分借鉴高邮王氏文字训诂之方式，谓"每释一器，首求字形之无牾，终期文义之大安，初因字以求义，继复因义而定字。义有不合，则活用其字形，假借于文法，乞灵于声韵，以假读通之"[9]，顾全金文考释中形、音、义三者的关系，有相当的科学性。此外，他还具体归纳出考释金文的十四条途径，即一曰据《说文》释字，二曰据甲文释字，三曰据甲文定偏旁释字，四曰据铭文释字，五曰据形体释字，六曰据文义释字，七曰据古礼俗释字，八曰义近形旁任作，九曰音近声旁任作，十曰古文形繁，十一曰古文形简，十二曰古文象形会意字加声旁，十三曰古文位置与篆文不同，十四曰二字形近混用。其说有很强的操作性，确能"令后生有梯可登，有阶可循"[10]。

上述王、唐、杨诸氏的考释手段，奠定了今日金文释读理论的基调。其后如高明在《中国古文字学通论》中提出的因袭比较法、辞例推勘法、偏旁分析法、据礼俗制度释字等等，就是对前述诸家考释理论的归纳与总结。此外，像李学勤、裘锡圭、吴振武等学者，还进一步探讨了商周金文中的某些特殊现象，如重文、合文、借笔、减笔、增笔、合文后再减省某些部首、以及同音假借等等，对铭文释读水平的提高也有重要贡献。

（2）铭文释读的重要收获

有了上述文字考释的科学理论为框架，20世纪的学者能在金文释读中取得前人无法比拟的成就亦属必然。

王国维在具体的文字考释上的成就主要有：《观堂古金文考释五种》（包括不娶簋、毛公鼎、散氏盘、盂鼎、克鼎），

《生霸死霸考》、《周莽京考》、《鬼方昆夷玁狁考》，《商三句兵跋》、《北伯鼎跋》、《兮甲盘跋》等跋文四十余篇，《释朕》、《释脦》、《释薜》、《释胾》、《释觯觛卮薄端》等文字释读十余篇，以及《噩侯驭方鼎释文》、《宗周钟释文》等十六篇[11]。其文"矜严缜密，文字简约，且义据精深"[12]。如月相四分说、鬼方昆夷玁狁同族异名说，对后世影响深远；其他如"玟"、"斌"为"文王"、"武王"之合文，释"赉"为"委积"之"积"、释"砫"为"大伾"之"伾"，释"豆"为"俎"，主张"觯"、"觛"、"卮"、"薄"、"端"实为一字等等，皆确不可易。

杨树达早年从事古汉语语法研究，长于训诂，有当代我国训诂小学第一人之称。他在金文上的成就，主要体现在金文文字的考释上，1959 年出版的增订本《积微居金文说》即为其代表之作。全书共收文三百八十一篇，以跋语的形式对三百一十四款铭文中争议较大、难度较高的词语、文字作了考证，颇有创获。其他如《积微居小学金石论丛》五卷、《积微居小学述林》七卷，也是今日研究金文的重要参考书。

郭沫若在旅日期间作了大量的研究工作，于 30 年代初先后撰写并发表了《殷周青铜器铭文研究》、《金文丛考》、《古代铭刻汇考》、《古代铭刻汇考续编》和《两周金文辞大系考释》等重要论著。郭氏的贡献，主要在于建立了一套关于周代金文研究的比较科学的体系，以及在分期断代基础之上的史学研究。他的工作极大地推动了金文资料史料化的进程。但在具体铭文的考释上，却存在一些问题。症结在于郭氏有一个预设的所谓的"重要目标"，即为了搜集西周及春秋时代有关于奴隶制的资料、以便确定历史阶段，而决不是"玩物丧志"，愈搞愈琐碎，陷入枝节性的问题，而脱离了预定的目标[13]。这种先入为主的思想，在一定程度上影响了他在金文研究中的客观性与科学性。但精到之处也是有的，如对族氏铭文含义的解释，为日后古史学界研究商周家族形态奠定了良好的基础。

于省吾在金文资料的收集整理上作过很多工作，同时在金文考释方面也不少研究，如《井侯簋考释》、《释蔑历》、《关于"天亡簋"铭文的几点论证》、《〈师克盨铭考释〉书后》、《"鄂君启节"考释》、《略论西周金文中的"六自"和"八自"及其屯田制》、《读金文札记五则》等等[14]，皆有重要参考价值。对金文习语"蔑历"、王号"遟"与"剌"、军制"六自"与"八自"等问题的考察上，均有独到的见解。

容庚在金文研究的成就主要体现在《商周彝器通考》和《金文编》中。此外，容氏在30年代还撰写过多篇有较大影响的学术论文，而贡献最大的属1964年刊发的、综合了30年代撰写的"鸟书考"、"鸟书考补正"、"鸟书三考"等论著的《鸟书考》[15]一文，共收越、吴、楚、蔡、宋等国铭文四十篇，不仅识字水平有了明显提高，而且对于铭文的断代和分国亦趋合理，是战国鸟篆文字研究的奠基作之一。

唐兰很少作针对某个金文文字的考释文章，他的成就主要体现在器铭考释类论著中，其治学志趣也在于以金文的分期断代为基础重构西周古史上，贡献殊大。像《作册令尊及作册令彝铭考释》、《宜侯夨簋考释》、《何尊铭文解释》、《陕西岐山县董家村新出西周重要铜器铭辞的译文和注释》等均属名篇[16]。而《西周铜器断代中的"康宫"问题》[17]一文，在西周铜器断代上有巨大贡献，也奠定了唐氏在金文研究史中的重要学术地位。其他如《论周昭王时代的青铜器铭刻》、《西周青铜器铭文分代史征》则是唐氏的集大成之作，所收铭文皆作详细的文字考释，有许多不刊之论。

徐中舒为古史与古文字名家，自30年代以来，多次参与重要器铭的讨论，发表过不少颇有学术价值的论文，主要论著后皆收录于中华书局1998年出版的《徐中舒历史论文选集》。其中最为著名的是《金文嘏辞释例》[18]，对研究西周中晚期金文有重要意义。另《陈侯四器考释》[19]一文，对战国田齐标准器的确立亦有贡献。《遹敦考释》[20]则涉及西周金文的断代标准问题，也有参考价值。

陈梦家是继郭沫若之后又一个对西周铜器铭文断代作出杰出贡献的学者。他在50年代发表的《西周铜器断代》六篇[21]，在中国金文研究史中占据着异常重要的位置，同样是划时代的著作。直到今天，这些文章仍然是研究金文者的必读之作。此外，陈氏还曾发表《令彝新考》、《禺邗王壶考释》、《陈□壶考释》、《宜侯夨簋和它的意义》、《寿县蔡侯墓铜器》等重要论文[22]，在文字考释上颇有精义。

在老一辈学者中还有陈邦怀。他对金文的释读成果集中体现在1993年出版的《嗣朴斋金文跋》中，该书共收跋文二百五十七篇，论及商周青铜器的文字释读、句读训诂、历史事件与人物、历史地理以及器物断代等多个方面，所论时有精义，可供研究者参考。

在此还应提到的是裘锡圭与李学勤两位学者。其中裘氏是著名甲骨学家胡厚宣的高足，主要从事古文字学与文献学研究，兼治先秦古史。裘氏治古文字师法朱德熙、治史则效仿张政烺，可谓集众家之长。他的考释以难度较大且对史学有重大意义的金文文字为重点，创获颇丰，其考释结果也多能得到学界的认可。例如他释"齺"为"申"[23]，从而彻底平息多年来关于安徽寿县"蔡侯齺"青铜器组年代问题的纷争。裴氏的论著主要收录在《古文字论集》、《古代文史研究新探》、《裘锡圭自选集》等著作中，皆有重要参考价值。而李氏在金文研究上可谓著作等身，涉及面极广，所提问题均能发人深省，给人以极大的启发，尤其是在战国文字分域研究上有开拓之功。

20 世纪在文字考释方面的成就很多，但有三个比较突出的表现值得一提。一是在郭沫若、林巳奈夫、白川静、李学勤、林沄、朱凤瀚等中外学者的共同努力下，对商代族氏铭文的认识日趋深入，为殷周社会史的研究打下了坚实的基础。二则是张政烺结合考古材料与传世文献所作的《试释周初青铜器铭文中的易卦》[24]一文，拓宽了研究者的视野，使金文资料在思想史研究中有了用武之地。西周金文中比较常见的由数目字组成的文字，其含义自宋代以来一直无人知晓，50 年代唐兰曾著文推断说，这是一种已经失传的古文字，在金文中出现时作族氏徽号使用[25]。而张氏通过与《周易》对译，成功地释读出这些文字的含义。学界对此评价极高。继张氏之后，相关的研究又有一些新的进展[26]。第三个比较突出表现，则是在张政烺、朱德熙、李学勤、裘锡圭、黄盛璋、吴振武、何琳仪、李零等学者的共同努力下，战国文字的释读水平有了显著的提高，下面予以重点介绍。

早在 20 年代，便有不少学者致力于战国文字的研究。如洛阳金村屬氏编钟和屬羌编钟等器物出土后不久，便立即引起学界高度关注，先后有刘节[27]、唐兰[28]、徐中舒[29]、温廷敬[30]、朱德熙[31]等多人作过考释。30 年代寿县李三孤堆战国楚墓出土的楚王酓忎鼎、楚王酓肯鼎、曾姬无卹壶等等，也吸引了很多学者的注意力，唐兰[32]、郭沫若[33]、胡光炜[34]、刘节[35]、朱德熙[36]等学者皆有专文论述，并考订出"酓忎"即"楚幽王熊悍"，从而使这批器物的铸造年代有了公认的结论。但这一过程很漫长，前后经历了二十余年。这也说明当时的学界对战国文字还是比较生疏的。

50 年代以来，尤其是在 70 年代以后，随着地下文物的不断出土，战国文字资料有了比较丰富的积累，可资比照利用的材料也日渐丰厚，从而促使了战国文字释读水平的迅速提高。例如 50 年代在寿县发掘蔡侯墓时所得器铭及寿县发现的鄂君启节铭文，郭沫若[37]、于省吾[38]、黄盛璋[39]、朱德熙、李家浩[40]等先后作了深入研究。其中朱德熙、李家浩对舟节"芸"、"射"、"鄙"、"滰"等字的释读，创获甚大。再如 70 年代末在湖北随县发掘所得的曾侯乙墓编钟编磬铭文，裘锡圭《谈谈随县曾侯乙墓的文字资料》及裘锡圭、李家浩《曾侯乙墓钟磬铭文说明》等文[41]作了很好的探讨。前一篇文章主要讨论铭文的某些内容，发掘其史料价值；后文的主旨在于考释铭文中的疑难字，尤以对"绅"字的释读贡献最大。因为该字在很多铭文中都曾出现，并且非常关键，它的确认，使许多长期以来得不到解决的疑难涣然冰释。另曾宪通《关于曾侯乙墓编钟铭文的释读问题》[42]一文，也是文字考释方面比较重要成果之一。

70 年代以后战国文字的释读研究有了显著提高，还有一个例证就是对 1977 年河北平山所出的"中山三器"的考释。这批器铭，学界只用了短短数年的工夫，便取得了一系列重要成果，像张政烺《中山王䙮壶及鼎铭考释》、《中山胤嗣𡚇鎜文》，朱德熙、裘锡圭《平山中山王墓铜器铭文的初步研究》，李学勤、李零《平山三器与中山国史的若干问题》，于豪亮《平山三器铭文考释》等皆属名篇，张守中还将此墓所出的全部文字资料汇编成《中山王礜器文字编》一书，1981 年由中华书局出版，为进一步研究提供了极大的方便。

其他像朱德熙《战国记量铜器刻辞考释四篇》，朱德熙、裘锡圭《战国铜器铭文中的食官》，李家浩《释弁》、《战国时代的"冢"字》，何琳仪《战国兵器铭文选释》等研究文章[43]也相当重要，这些论著对战国金文中所见的一些疑难字作出了正确的考释。马国权《鸟虫书论稿》[44]一文，则对鸟书的方方面面作了综论与考察，也有相当的学术价值。而李零《战国鸟书箴铭带钩考释》[45]一文，对带钩及其他战国金文中的所见的相关疑难文字作出了正确的考释，也是鸟书研究的重要论著。如此种种，均称得上战国金文考释中的重要收获。

在战国文字研究中，除了上述单篇考释文章之外，还出现了一些综论性质的著作。如李学勤《战国题铭概述》[46]一文，将战国文字分为齐、燕、三晋、楚、秦五系，其说较之王国维、唐兰等氏提出的文字东西两系说[47]有了不小进步。李氏的文章尽管涵盖内容不限于金文，但为日后战国金文的分域研究奠定了良好的基础。文中对三晋兵器"冶"字的释读，对战国金文的分国研究具有重要意义。80 年代，李氏又作《东周与秦代文明》一书，在详尽收罗相关新材料的基础上，对早年的观点作了进一步的发挥。继李氏之后，相关的综合性成果有何琳仪《战国文字通论》一书，对战国金文及其他文字作了更详尽细致与系统的梳理，代表了 20 世纪该领域阶段性综合研究的水平。

当然，70年代以后在战国金文研究上所取得的成绩还不限于此，分域研究也是重要的体现。

2. 金文语法、声韵研究

金文语法研究起步较晚，在二三十年代曾有某些学者作过尝试，如沈春晖对金文双宾语句式的探讨[48]，容庚、黎锦熙对金文代词及相关文法的研究[49]等，但涉猎面有限。这种状况直到四五十年代以后才有所改观。

首先是杨树达提出"金文肇为语首词"、并无实义可求的观点[50]，从而扫除了铭文理解中的很多障碍。此外，他在《积微居金文说》诸器跋文中对语法问题时有涉及，惜多属随文释例性质，未有专论。60年代以来，从事语法研究的学者渐多[51]，但由于政局动荡，这一不错的开端在大陆地区很快中断。文革结束以后，国内学术恢复正常，金文语法研究亦得以复苏。其中以语法为主要研究对象的有管燮初《"蔑曆"的语法分析》[52]、《西周金文语法研究》，杨五铭《西周金文被动句式简论》[53]；研究金文实词的有马国权《两周铜器铭文代词初探》、《两周铜器铭文数量词初探》等[54]；虚词研究主要有李达良《若干文言语气词源出上古时期的推测》、张振林《先秦古文字材料中的语气词》、杨五铭《西周金文联结词"以"、"用"、"于"释例》、陈永正《西周春秋铜器铭文中的联结词》、裘锡圭《说金文"引"字的虚词用法》，[55]以及中华书局1994年出版的崔永东《两周金文虚词集释》等，皆有创获。

其中管氏之作是目前最为系统的金文语法研究成果，他利用统计手段，并对照《尚书》中的相关语法现象，对西周时期的语法规律作了比较全面的探讨，获得学界较高的评价。但该书所论也存在一些不足，例如所统计的金文篇数还是偏少，又笼统地讲西周一代的语法如何如何，很少考虑其间的变化。然则西周历时二百多年，跨度很大，所以，对西周金文语法现象作分期、分阶段的研究是十分必要的。再者，由于管氏本人对最新金文分期断代成果吸收不够，故于时代判断上多有不足。此外裘氏释"引"为"矧"之说，意义极大，很多金文可以由此读通，对文献中以讹传讹的地方也多有厘正。

古人有"经传中实词易训，虚词难释"[56]之叹，金文研究中又何尝不是如此。今人在铭文释读中往往犯虚词实释的毛病，使得很多资料无法有效利用，可以说是一种遗憾。

关于金文中的声韵问题，最早有王国维于1917年刊发的《两周金石文韵读》，共涉猎从西周到战国初的金石文字四十余篇，在学界很有影响。然则王氏旨在证明清儒江声、王念孙廿二部之说，这与上古音的实情或有出入，所以在某些文字的韵部归类上有待商榷。继王氏之后，则有郭沫若《金文韵读补遗》[57]、陈世辉《金文韵读续辑》[58]等论著，订正了王氏的诸多不足，也补充了不少新资料，于古音创获颇丰。于省吾《释⊖、吕——兼论古韵部东、冬的分合》[59]一文也有创获，归冬于东之说符合上古音规律。另台湾学生书局1989年出版的全广镇《两周金文通假字研究》一书，亦多可采之处。

（二）铜器铭文的著录及其他资料性、检索性工具书的编纂

20世纪以来，关于金文资料史料化的一个重要表现就是对铜器铭文的收集整理与积集出版。早期的某些著录书籍，尽

管其编纂初衷并非皆出于整理史料或研究古史，对今日商周史重构来讲，同样具有重要价值。

1. 20世纪金文资料的重要著录

20世纪编纂的金文著录大致可分新出铜器集录、专录铭文拓本的金文总集以及清宫旧藏和其他馆藏图录、私家藏器图录、古董商经眼录等等。与此同时，中外学者还对流散海外的中国青铜器进行著录整理，也相应出版了一批图录。

（1）新出铜器集录

20世纪二三十年代，随着新材料的不断发现，很多学者将自己的主要精力投入到金文铜器资料的收集整理之中，出版了一批新出铜器群的著录书籍，如专门收录新郑彝器的有1923刊行的蒋鸿元等《新郑出土古器图志》三卷、1929年商务印书馆影印出版的关百益《新郑古器图录》二卷、1936年影印出版的孙海波《新郑彝器》二册、1940年中华书局石印出版的关百益《郑冢古器图考》十二卷，1938年影印出版的、收录1932年河南古迹研究会发掘的浚县辛村卫墓中所出青铜器有孙海波《浚县彝器》一册，以李三孤堆楚器为著录对象的则有1935年刊行的刘节《寿县出土楚器图释》一册。由于受各种条件的限制，这些图录在资料完备程度及印刷质量上皆有瑕疵，但对推动当时的金文研究，却有着不可替代的作用。

此外，殷墟前十五次发掘所得的铜器材料也得到了整理与研究，台湾史语所于1964—1972年间，先后出版了李济等编撰的《古器物研究专刊》（中国考古报告集新编）五本，共收录青铜器一百七十余件。这五本书即《殷墟出土青铜觚形器之研究》、《殷墟出土青铜爵形器之研究》、《殷墟出土青铜斝形器之研究》、《殷墟出土青铜鼎形器之研究》和《殷墟出土五十三件青铜容器之研究》，有极高的研究价值。

50 年代以来，由于各级政府的重视，新出资料的流失得到了控制，资金投入也有所加大，出现了一批高质量的图录，如：

安徽省文物管理委员会、安徽省博物馆《寿县蔡侯墓出土遗物》，科学出版社 1956 年出版，收录 1955 年安徽寿县蔡侯墓所出随葬品。其中铜器均有纹饰、铭文拓本和器物图像，并详细介绍了墓葬的发现与发掘、墓葬形制、出土器物状况等等。

陕西省博物馆、陕西省文物管理委员会《青铜器图释》，文物出版社 1960 年出版，收录解放以后至 1957 年当地所出的商周铜器一百二十九器。每器附图版、说明和释文。书前有唐兰《叙言》一文，论述新出器物的史料价值。

陕西省博物馆、陕西省文物管理委员会《扶风齐家村青铜器群》，文物出版社 1963 年出版，收录 1960 年陕西扶风齐家村窖藏坑出土铜器三十九件。每器附图录、尺寸、铭文和简要说明。书前有郭沫若《扶风齐家村器群铭文汇释》一文。

中国科学院考古研究所《长安张家坡西周铜器群》，文物出版社 1965 年出版，收 1961 年陕西长安张家坡窖藏坑所出铜器五十三件，每器有图像、线图以及铭文与纹饰的拓本。书前附郭沫若《长安县张家坡铜器群铭文汇释》一文。

中国社科院考古研究所《殷墟青铜器》，文物出版社 1985 年出版，共选录 50 年代以来殷墟所出铜器二百一十七器，其中彩版八十四幅、六十八器，重要器皿附有线图、纹饰与铭文拓本。书后则附期别、尺寸、重量、纹饰、铭文内容以及出土地点等说明辞。另有郑振香、陈志达《殷墟青铜器的分期与年代》，杨锡璋、杨宝成《殷墟铜礼器的分期与组合》，张孝光《殷墟青铜器的装饰艺术》等研究文章。

陕西省考古研究所等《陕西出土商周青铜器》四册，文物出版社1979—1984年出版，全书分区域、按时代进行编排，共收80年代以前陕西所出青铜器七百七十件。每器附图像、尺寸重量和简单说明，有铭文者则附拓本和释文。书前有吴镇烽《陕西出土商周青铜器概述》一文，有助于对当地青铜器出土情况的了解。

《河南出土商周青铜器》一册，文物出版社1981年出版，收录解放以来至70年代末河南出土的部分地区的商周青铜器，共三百七十七器。每器均有简单说明，记载器物出土时间、地点、纹饰、铭文及形制特点。书前附《河南出土商代青铜器概述》一文，对了解当地所出商代铜器情况颇有帮助。

此外，许多新出考古发掘报告，如《殷墟妇好墓》、《三门峡虢国墓》、《琉璃河西周燕国墓地》、《洛阳北窑西周墓》、《宝鸡强国墓地》及《曾侯乙墓》等等，多有商周青铜器的形制、纹饰、铭文等详细材料，颇便于研究与参考。

（2）金文集录

刘心源《奇觚室吉金文述》二十卷，1902石印本，收录商周铜器五百七十五件、兵器七十七件、秦汉器五十八件、钱币一千四百五十一枚、铜镜四十二枚，共二千二百零三件。附考释，但颇多穿凿附会处。

邹安《周金文存》六卷、附补遗，1916年石印本，共收录铜器铭文一千五百四十五件，目录下记字数及藏家，每卷后有附说，无考释。

罗振玉《殷文存》三卷，1917年石印本。收录铜器铭文七百五十五件，但很多为西周铜器，亦无考释。

吴大澂《愙斋集古录》二十六册，1918 年石印本，收录商周金文一千零四十八件，秦汉金文九十六件，共一千一百四十四件，间有考释，印刷极佳，是商周金文的重要著录书目。

罗振玉《贞松堂集古遗文》十六卷、补遗三卷、续编三卷，分别于 1930 年、1931 年、1934 年石印刊行，正文收录铜器铭文一千五百二十五件，其中商周器一千二百七十三件。此类铭文多为《攈古录金文》与《愙斋集古录》所未曾著录者。补遗收录铜器三百三十七件、续编三百二十六件，皆以商周器为主。有考释文字，但铭文略有缩小。

吴闿生《吉金文录》四卷，1933 年刊行，今所见者多为 1963 年中华书局木版印刷本，共收录商周至秦汉铜器铭文四百一十四件，附释文和简短说明。

刘体智《小校经阁金石拓本》十八卷，1935 年石印本，以收罗宏富著称，共收录商周秦汉金文六千四百五十六件，拓本影印，皆附释文。但鉴定不严，有部分伪器，印刷不够精良。

王辰《续殷文存》二卷，1935 年石印本，收录铜器一千五百八十七件，但鉴别不精，多有西周早期器及战国器掺杂其间。

罗振玉《三代吉金文存》二十卷，1937 年原拓影印，现所见者多为中华书局 80 年代影印本。全书分器类按铭文字数多少次序编排，共收商周秦汉铜器四十八百三十一件，以商周器为主。三十七年以前的传世铭文基本收罗殆尽，可谓是集当时商周铜器铭文之大成，印刷也十分精良，但无释文。

于省吾《商周金文录遗》一册，科学出版社 1957 年出版，收录商周铜器铭文拓本六百一十六件，主要为《三代吉金文存》编撰出版以后新发现的金文资料、及传世器中为《三代》所遗漏者。

徐中舒《商周金文集录》，四川人民出版社 1984 年出版，收录解放以来至 1980 年底国内刊发的铜器铭文摹本九百七十三件，其中绝大多数为新出土资料，按地域编排。每器下有释文及简单资料来源说明。

邱德修《商周金文集成》十册，台湾五云图书出版公司 1983 年出版，收录历代传世、国内庋藏、流传海外以及 1982 年前的出土资料，共录商周铜器铭文八千九百七十四件。以铭文为主，间附器形与纹饰。

严一萍《金文总集》九册，台北艺文印书馆印行，浙江古籍出版社 1983 年出版，所录材料截止到 1983 年 6 月，共收铭文七千二百二十八件。铭文拓本之下注有著录简况、简要说明，间附器形线图。新出金文则标明出土地点。该书所收铭文主要以孙稚雏《金文著录简目》为依据，并略有增删，对孙著中的错误多有订正。

中国社科院考古研究所《殷周金文集成》十八册，中华书局 1984—1994 年出版，所收铭文以 1988 年为下限，以器类为纲、依照铭文字数编排，共收录商周金文拓本一万一千九百八十三件。每册之后附器铭字数、时代、著录、出土、流传、拓本来源以及现藏地点等说明，是商周金文资料的集大成之作。目前该书正准备修订重版。

中国社科院考古研究所《殷周金文集成释文》六卷，香港中文大学中国文化研究所 2001 年出版，全书按《殷周金文集成》原本顺序编排，并订正了《集成》出版后所发现的错误。每件拓本之下附释文，并将说明辞移至当器之下，颇便利用。但释文间有讹误，需要在再版时修正。

此外，如文物出版社 1985 年出版的《北京图书馆藏青铜器铭文拓本选编》、三秦出版社 1989 年出版的吴镇烽《陕西金文汇编》、文物出版社 1990 年出版的马承源《商周青铜器铭文选》等，都是比较重要的常用著录书籍。另张光直《商周青铜器器形装饰花纹与铭文综合研究初步报告》[60] 及 1973 年刊行的张光直等《商周青铜器与铭文的综合研究》两书，共收商周铜器铭文四千余件，也有重要的利用价值。

（3）清宫旧藏及其他馆藏青铜器图录

容庚《宝蕴楼彝器图录》二册，1929 年北平京华印书局影印本，共收清奉天行宫旧藏中铭文与纹饰俱佳者九十二器，但由于"其时所见少，真伪不尽辨"[61]，故仍有三器为赝品。

容庚《武英殿彝器图录》二册，1934 年刊行，共收清热河行宫所藏器中的一百件精品，图像外有款识、纹饰拓本，并附有作者考释，印制精美。

《西清彝器图录》一册，1940 年刊行，著录光绪末年颐和园所藏铜器二十件。

台湾故宫博物院、"中央"博物院《故宫铜器图录》二册，台湾中华丛书委员会 1958 年刊行，上编收录台湾故宫博物院所藏青铜器三百二十三件，其中商周器二百五十三件；下编则为"中央"博物院所藏器，共五百四十五件，其中商周器四百九十七件。每器有图像和铭文拓影以及尺寸、重量和说明。这部分器物原本收藏在北京故宫博物院、沈阳故宫、热河避暑山庄及国子监，解放前夕被运往台湾，有很多著名的传世重器和精品。

上述诸书对了解清代宫廷传世品的情况颇有帮助。此外，上海博物馆还编纂《上海博物馆馆藏青铜器》二册，1964 年由上海人民出版社出版，选录上海博物馆所藏商周秦汉铜器一百件，彩版印刷。每器附说明和铭文、纹饰拓本。书前附马承源《序言》，论述中国古代青铜器的发展历程。

（4）私家藏器著录

清代以来，达官显贵好收藏青铜礼器，此风对学人的影响也极大，所以有了相应私家藏器著录书籍的出版，对学术研究曾产生过很大的作用。此类著录主要有：

端方《陶斋吉金录》八卷，1908 年石印本；续录二卷附补遗，1909 年石印本。正录收一百五十九器，其中商周器一百四十件，所录陕西宝鸡斗鸡台出土的柉禁十二酒器，为极珍贵的青铜器资料。续录收八十器，其中商周器五十五件。每器皆绘图，并记尺寸。原有释文四卷，今不传。

罗振玉《梦郼草堂吉金图》三卷，1917 年珂罗版，这是罗氏旅居日本时在京都印刷的自藏青铜器图录，共收自商到明代的器物一百五十四件，其中商周容器、兵器八十三件。不记器物尺寸，也无考释文字。1918 年又出《梦郼草堂吉金图续编》一卷，共收自藏器六十八件，其中商周容器四十件，体例同正编。

孙壮《澂秋馆吉金图》二册，1931 年石印本，此书所收为陈承裘所藏铜器，收录商周容器四十七、兵器四件，以全形拓本缩印，记大小、重量，间录诸家考证。

容庚《颂斋吉金图录》，1933 年影印本，所收皆容氏自藏器，共三十九件，多为首次著录。除图像、铭文拓本、释文及考释之外，并载纹饰拓本，是青铜器著录书中首次注意纹饰

者，对以后的青铜器著录有示范作用。1938 年又影印出版
《颂斋吉金图录续录》二册，体例同正录。

于省吾《双剑誃吉金图录》二卷，1934 年影印本，共收
器物一百一十五件，其中商周容器五十三、兵器五十二件，皆
于氏自藏器。附铭文与纹饰拓本，以鉴别严谨、考释精当著
称。

刘体智《善斋吉金录》二十八册，1934 年石印本，此书
分十录，共收刘氏所藏五千七百二十八器，其中前三录为商周
乐、礼、兵器。白描图像，铭文拓本，记尺寸，间有考证。但
伪器较多。

商承祚《十二家吉金图录》二册，金陵大学中国文化研
究所 1935 年影印本，共收商氏及其他十一家藏器一百六十九
件，铭文、纹饰用拓本，附考释。

罗振玉《贞松堂吉金图》三卷，1936 年影印本，收罗氏
自藏器一百九十八件，其中商周容器一百零七件，兵器二十八
件。体例同《梦郼草堂吉金图》。

容庚《善斋彝器图录》三册，1936 年影印本，此书系选
取刘体智藏器照片一百七十五件而成，附铭文与简单释文。

李泰棻《痴庵藏金》一册，1940 年影印本；《续集》一
册，1941 年影印本。收录李氏自藏器，共有商周容器五十九
件，附铭文拓本，并记尺寸、重量以及出土地点，但多伪器。

于省吾《双剑誃古器物图录》二卷，1940 年影印本，共
收商周容器、兵器四十件，颇多精品。

梁上椿《岩窟古金图录》二册，1943 年刊行，共收器一
百四十二件，内有商周容器六十六件。器形影印，附铭文拓
本，间拓纹饰，记有大小尺寸与出土地点，内多殷商器。

（5）古董商经眼录

黄濬《邺中片羽初集》二册，1935年影印本；《二集》二册，1937年影印本；《三集》二册，1944年影印本。辑录黄氏经手售出或所见的殷墟青铜器及甲骨文等资料，三集共收青铜器一百三十三件，附铭文拓本，器物不记尺寸。除了个别器为东周时代之物外，皆为可信的殷墟盗掘品，对于研究殷墟青铜器有重要价值。

黄濬《尊古斋所见吉金图》四卷，1936年影印本，收商周至有清青铜器一百九十件，其中商周容器在半数以上，亦不记尺寸。

（6）海外藏器图录与外文著录

商周铜器有很多散落海外，多为各家公共博物馆或私人收藏。这部分铜器对学术研究同样有很高的价值，故中外学者多予整理公布，主要有：

中国科学院考古研究所《美帝国主义劫掠的我国殷周青铜器集录》，科学出版社1963年出版，此书为陈梦家编著，收录陈氏在美考察期间于各博物馆、高校、古董商肆所见中国青铜器摄影图，并附铭文、尺寸与器物来历的考察说明，共计八百四十五器，分类编排，有很高的学术价值。

Noel Barnard（巴纳）、张光裕《中日欧美澳纽所见所拓所摹金文汇编》十册，台湾艺文印书馆1980年出版，收录商周金文一千八百一十三件，按铭文字数由多至少编排，每器记尺寸及著录情况，但有部分伪器。

李学勤、艾兰《欧洲所藏中国青铜器遗珠》，文物出版社1995年出版，刊布作者遍访比利时、丹麦、法、德、英、意、荷、瑞典、瑞士等国所见公私收藏商周铜器二百余件，多属精品，有很高的研究价值。

滨田耕作《泉屋清赏》六册、续编、订删，分别于 1919、1927、1934 年出版，其中正编收录商周铜器一百三十一件，每器皆录图像与铭文拓本，并记尺寸重量。书前有滨田青陵《泉屋清赏彝器部解说》一文。续编收商周铜器二百三十件。订删收录商周铜器一百六十五件，书前有滨田青陵《支那古铜器概说》、梅原末治《支那古镜概说》等文。

梅原末治《欧美蒐储支那古铜精华》三册，1933 年刊行，收录早年流散在欧美的中国青铜器，内容分彝器、镜鉴、利器及其他杂器等三部分。其中商周铜器一百六十三件，秦汉以后八十七件，共二百五十件。每器有图像及线图、铭文和纹饰拓本、尺寸、器物收藏地点，极便利用。

梅原末治《白鹤吉金集》，1934 年刊行，选录日本嘉纳鹤堂所藏铜器五十件，其中商周器二十四件，汉唐十件、镜十六枚。每器有图像、尺寸、释文及出土地点，极便研究。

梅原末治《冠斝楼吉金图》三册、附补遗一册，1947 年刊行，收录商周器一百一十三件、汉唐器四十五件。补遗十一件，其中商周器二件。每器有图形和铭文拓本，但无说明。

梅原末治《日本蒐储支那古铜精华》六册，1959—1962 年刊行，收录早年流散在日本的中国青铜器五百二十六器，其中商周器四百三十八件。每器有图像、线图、铭文、纹饰，并记尺寸和收藏地点。

林巳奈夫《殷周时代青铜器的研究》，吉川泓文馆 1984 年出版，其中下册为图版，按时代分类编排，收器三千五百三十八件，每器注明收藏地点和尺寸，凡有铭文者与器形同刊。

屈梅尔《柏林博物馆中国青铜器》，1928 年在柏林德文出版，收录柏林博物馆东洋美术部所藏中国青铜器。这部分青铜器二战后下落不明。

W. P. Yetts（叶慈）：*The George Eumorfopoulos Collection.* Vol. Ⅰ, Vol. Ⅱ，分别于 1929、1930 年在伦敦出版。专门收录尤艾莫弗普勒斯所藏中国古代青铜器。

W. P. Yetts（叶慈）：*The Cull Chinese Bronzes.* 1939 年在伦敦出版，专门收录英国收藏家柯尔（A. E. K. Cull）夫妇所藏中国青铜器。

C. F. Kelly、陈梦家：*Chinese Bronzes Form the Buckingham.* 1940 年美国芝加哥出版。

The Staff of the Freer Gallery of Art：*A Descriptive and Illustrative Cataloque of Chinese Bronzes.* 1946 年在美国华盛顿出版。专门收录弗利尔艺术馆所藏的中国古代青铜器。

Bronze Vessels of Ancient China in the Avery Brundage Collection，旧金山亚洲美术馆 1977 年出版。

Robert W. Bagley：*Shang Ritual Bronzes.* 收录美国收藏家萨克莱尔（Arthur M. Sackler）藏品。

其他西文著录还有一些，如张维持《评中国青铜器外文著述》[62]、朱凤瀚《古代中国青铜器》、罗森（Jessica Rawson）《古代中国》（*Ancient China*：*Art and Archaeology*）、夏含夷（Edward L. Shaughnessy）《西周史史料》（*Source of Western Zhou History*：*Inscribed Bronze Vessels*）等书皆有介绍。

2. 其他资料性、检索性工具书的编纂

20 世纪以来，学者们除了对新出金文资料予以及时刊布、编撰出版了诸如《殷周金文集成》之类集大成之作外，还将相关的文字考释成就作了汇总，编纂出许多高质量的字典、字形表和其他检索性工具书，极便利用，也为进一步的研究打下了良好的基础。

　　容庚编撰有《金文编》一书，该书从 1925 年出版以来，递有增修，其中 1985 年中华书局出版的修订本最为完备，而台湾则有该版的光盘版，在学界很有影响。该书共分十四卷，以《说文》体例编排，收已识字二千余个，另有附录二卷，分别收录族氏铭文与未识文字一千二百多个。共引用历代出土的铜器铭文三千九百余件。其后则有林沄、陈汉平、董莲池、金国泰等学者，对《金文编》中的某些纰漏作出修正[63]。另如学林出版社 1995 年出版的、由戴家祥、马承源等编纂的《金文大字典》三册，共收字头二千六百六十一个，按金文的形符偏旁排列，从形、声、义三个方面对每个文字作出解释。其他比较重要的金文字典还有四川人民出版社 1981 年出版的徐中舒《汉语古文字字形表》、中华书局 1980 年出版的高明《古文字类编》等。徐、高二书所收文字皆不限于金文，还涉及甲骨、陶文、玺文、简帛文字、《说文》古文等各种字体，对掌握金文字体的演变规律或更有帮助。而中华书局 1998 年出版的何琳仪《战国古文字典》，则有力地推动了战国金文及其他文字研究的深入。香港翰墨轩出版有限公司 1994 年出版的张光裕、曹锦炎《东周鸟篆文字编》一书，其正文及补遗收录字头二百六十五个，待定字头九个，合计一千三百七十七字，图版收器一百五十九件，其中有二十五器属新刊布材料，是一部有较高学术水准和资料价值的鸟篆书方面的专业字典。

　　现代的金文研究，对金文出土地点与著录情况越来越重视。而相应的工具书则有中国社会科学考古研究所《新出金文分域简目》、孙稚雏《金文著录简目》等。此外，张亚初和华东师大还分别编撰了《殷周金文集成》的索引，最近都已出版，颇便利用。另吴镇烽《金文人名汇编》一书，系统整理1985年以前刊发的金文资料中的人名共五千二百二十八条，在每条之下皆有简单的人物、国别、年代等方面的说明文字，对金文研究颇有裨益。但其中有不少出处上的错误，应予订正。

百年来关于金文考释的文章极多，各家观点也有较大出入。其中1982年以前的论著孙稚雏《青铜器论文索引》一书有比较全面的反映，此后的商金文部分则收录于语文出版社1999年出版的宋镇豪《百年甲骨学论著目》一书中。而香港中文大学1974年刊行的周法高主编《金文诂林》一书，亦以容庚《金文编》分部为依据，分十四卷，在每个字头下罗列出金文的各种字体，并列举各家考释文字，间加编者按语。全书共收铭文三千一百六十五件，书末附有引用书目，颇便于研究者引用与检索，有极高的学术价值。其后周氏还编有《金文诂林补》十四卷，1982年由台湾历史语言研究所出版，以作正编的补充，编纂体例亦同前书。

注　释

[1] 从19世纪末到20世纪初，随着殷墟卜辞、敦煌文献等新材料的发现，传统金石学的研究范围与研究课题得以扩展，从而形成了广义的金石学，也称古器物学。参考王宇信《近代史学学术成果：考古学》，张岂之主编《中国近代史学学术史》第425—430页，中国社会科学出版社1996年版。

[2] 夏鼐《五四运动和中国近代考古学的兴起》，《考古》1979年第3期。陈星灿《中国史前考古学研究：1895—1949》第76—184页，三联书店1997年版。

［3］桑兵《晚清民国的国学研究》第 83 页，上海古籍出版社 2001 年版。

［4］收录于历史语言研究所研究员、外国通讯员、编辑员、助理员共撰《蔡元培六十五岁庆祝论文集》第 73—104 页，1932 年。

［5］刊于《考古学报》第 3 册（1948 年）。

［6］王国维《毛公鼎考释序》，《观堂集林》第 294 页，中华书局 1959 年版。

［7］唐兰《古文字学导论》（增订本）第 155—269 页，齐鲁书社 1981 年版。

［8］高明《中国古文字学通论》第 354 页，北京大学出版社 1996 年版。

［9］杨树达《积微居金文说》"自序"，《积微居金文说》，科学出版社 1959 年版。

［10］杨树达《新识字之由来》，《积微居金文说》第 1—16 页，科学出版社 1959 年版。

［11］收录于王国维《观堂集林》（中华书局 1959 年版）、《古史新证》（清华大学出版社 1994 年版）等书。

［12］同［8］第 353 页。

［13］郭沫若《金文丛考》"重印弁言"，人民出版社 1954 年版。

［14］分别刊于《考古社刊》第 4 册（1936 年）；《东北人民大学人文科学学报》1956 年第 2 期；《考古》1960 年第 8 期；《文物》1962 年第 11 期；《考古》1963 年第 8 期；《考古》1964 年第 3 期；《考古》1966 年第 2 期。

［15］刊于《中山大学学报》1964 年第 1 期。

［16］分别刊于《国学季刊》第 4 卷第 1 期（1934 年）；《考古学报》1956 年第 2 期；《文物》1976 年第 1 期；《文物》1976 年第 5 期。

［17］刊于《考古学报》1962 年第 1 期。

［18］原刊于《历史语言研究所集刊》第 6 本 1 分第 1—44 页（1936 年）。

［19］原刊于《历史语言研究所集刊》第 3 本 4 分第 479—506 页（1933 年）。

［20］原刊于《历史语言研究所集刊》第 3 本 2 分第 279—293 页（1931 年）。

［21］分别刊于《考古学报》第 9 册（1955 年）；《考古学报》第 10 册（1955 年）；《考古学报》1956 年第 1—4 期。

［22］分别刊于《考古社刊》第 4 册（1936 年）；《燕京学报》第 21 期；《责贡半月刊》第 2 卷第 23 期（1942 年）；《文物参考资料》1955 年第 5 期；《考古学报》1956 年第 2 期。

［23］裘锡圭《史墙盘铭解释》，《文物》1978 年第 3 期。

［24］刊于《考古学报》1980 年第 4 期。

［25］唐兰《在甲骨金文中所见的一种已经遗失的中国古代文字》，《考古学报》

1957 年第 2 期。

[26] 主要论著有管燮初《商周甲骨和青铜器上的卦爻辨识》，《古文字研究》第
6 辑第 141—149 页，中华书局 1981 年版。张亚初、刘雨《从商周八卦数字
符号谈筮法的几个问题》，《考古》1981 年第 2 期。

[27] 刘节《虘羌编钟考》，《北平图书馆馆刊》第 5 卷第 6 期（1931 年）。

[28] 唐兰《虘羌钟考释》，《北平图书馆馆刊》第 6 卷第 1 期（1932 年）。

[29] 徐中舒《虘氏编钟考释》，北平，1932 年。又收录于徐中舒《徐中舒历史
论文选辑》第 205—224 页，中华书局 1998 年版。

[30] 温廷敬《虘羌钟铭释》，《史学专刊》第 1 卷第 1 期（1935 年）。

[31] 朱德熙《关于虘羌钟铭文的断句问题》，《中国语言学报》第 2 期。

[32] 唐兰《寿县所出铜器考略》，《国学季刊》第 4 卷第 1 期（1934 年）。

[33] 郭沫若《寿县出土楚器之年代》，《金文丛考》第 411—420 页，人民出版社
1954 年版。

[34] 胡光炜《寿春新出楚王鼎考释》，《国风》第 4 卷第 3 期（1934 年）；《寿春
新出楚王鼎铭考释（又一器）》，《国风》第 4 卷第 6 期（1934 年）。

[35] 刘节《寿县所出铜器图释》，北平图书馆 1935 年版。

[36] 朱德熙《寿县出土楚器铭文研究》，《历史研究》1954 年第 1 期。

[37] 郭沫若《关于鄂君启节的研究》，《文物参考资料》1958 年第 4 期。

[38] 于省吾《“鄂君启节”考释》，《考古》1963 年第 8 期。

[39] 黄盛璋《关于鄂君启节交通路线的复原问题》，《中华文史论丛》第 5 辑第
134—168 页，上海古籍出版社 1964 年版。

[40] 朱德熙、李家浩《鄂君启节考释（八篇）》，北京大学中古史研究中心编
《纪念陈寅恪先生诞辰百年学术论文集》第 61—70 页，北京大学出版社
1989 年版。

[41] 分别刊于《文物》1979 年第 7 期；《音乐研究》1981 年第 1 期。

[42] 刊于《古文字研究》第 14 辑第 5—26 页，中华书局 1986 年版。

[43] 分别刊于《语言学论丛》第 2 辑（1958 年）；《文物》1973 年第 12 期；《古
文字研究》第 1 辑第 391—395 页，中华书局 1979 年版；《语言学论丛》第
7 辑（1981 年）；《古文字研究》第 20 辑第 107—129 页，中华书局 2000 年
版。

[44] 刊于《古文字研究》第 10 辑第 139—176 页，中华书局 1983 年版。

[45] 刊于《古文字研究》第 8 辑第 59—62 页，中华书局 1983 年版。

[46] 刊于《文物》1959 年第 7—9 期。

[47] 王国维《战国时秦用籀文六国用古文说》,《观堂集林》第 305—307 页,中
华书局 1959 年版。同〔7〕第 165 页。

[48] 沈春晖《金文中之"双宾语句式"》,《燕京学报》第 20 期(1936 年)。

[49] 容庚《金文中所见代名词释例》,《燕京学报》第 6 期(1929 年)。黎锦熙
《论金文文法致容庚书》,《世界日报·国语周刊》第 226 期(1936 年)。

[50] 杨树达《肇为语首词证》,《积微居小学述林》第 242 页,中华书局 1983 年
版。

[51] 主要论著有管燮初《甲骨金文中"唯"字用法分析》,《中国语文》1962 年
第 2 期。黄载吾《从甲文、金文量词的应用考察汉语量词的起源与发展》,
《中国语文》1964 年第 6 期。韩耀隆《金文中称代词用法之研究》,《中国
文字》第 22、23、24、25 册(1966—1967 年)等。

[52] 收录于中国社会科学院语言研究所古汉语研究室编《古汉语研究论文集》
第 62—68 页,北京出版社 1982 年版。

[53] 刊于《古文字研究》第 7 辑 309—317 页,中华书局 1982 年版。

[54] 分别刊于《中国语文研究》第 3 辑;《古文字研究》第 1 辑第 126—136 页,
中华书局 1979 年版。

[55] 分别刊于《中国语文研究》第 1 辑;《古文字研究》第 7 辑第 289—307 页,
中华书局 1982 年版;《古文字研究》第 10 辑第 367—378 页,中华书局
1983 年版;《古文字研究》第 15 辑第 303—329 页,中华书局 1986 年版;
《古汉语研究》(创刊号)。

[56] 阮元《经传释词序》,载王引之《经传释词》,岳麓书社 1985 年版。

[57] 同〔13〕第 127—149 页。

[58] 刊于《古文字研究》第 5 辑第 169—190 页,中华书局 1981 年版。

[59] 刊于《吉林大学社会科学学报》1962 年第 1 期。

[60] 刊于《民族学研究所集刊》第 30 本(1972 年)。

[61] 容庚《商周彝器通考》上册第 201 页,哈佛燕京学社 1941 年版。

[62] 刊于《中山大学学报》1965 年第 3 期。

[63] 金国泰《〈金文编〉读校琐记》,《古文字研究》第 22 辑第 101—105 页,中
华书局 2000 年版。

四　二十世纪金文资料的史料化进程（下）——商周金文分期断代与分域研究

　　商周金文研究中的一个重要任务，也是首要任务之一，就是分期断代。其中包含这样几项内容：商金文与周金文的判别、商金文的分期、周金文的断代与编年等等。所谓"断代"，是指断王世而非断朝代。此外，对周代金文来说，分域或分国研究也是近年来的主要趋势。

　　经过考古学界和古文字学界数十年的共同努力，金文分期断代问题有了长足的进步，已经建立了一套比较科学的、普遍能为学界接受的理论体系，即在相对年代研究的基础上进一步作绝对年代的探讨。具体步骤就是先以考古资料为主要依据，用类型学的方法从器物形制、纹饰、器物组合、铭文字形变化等各个方面对铜器进行排队，勾划出商周青铜器的发展序列，并用地层叠压关系加以检验，从而判定铜器的时代或年代的相对早晚。在此基础上，细究铭文本身所提供的有关信息，诸如时间、事件、人物关系以及特殊的礼制、术语等等，从而准确判断铜器铭文的时代甚至确切年代。有了这一理论框架的有力支撑，故能在金文分期断代研究上取得诸多令世人瞩目的成就。现从相对年代（也即考古学的方法）和绝对年代（金文学的研究方法）两个方面对商周金文的分期断代研究作出概述。

（一）形制、纹饰、字形与商周金文
的分期断代研究

1. 殷墟考古发现与殷商青铜器铭文分期断代标准的建立

对于商金文的判定，古人曾提出种种意见，但多不切实际。到 20 世纪，很多不太准确的观点依然时兴，如罗振玉以铭文中是否用日名或"象形文字"（也即氏族铭文）来判别商器，高本汉则把带"亚"形的铭文与带龔、龏、八等族氏名号的金文皆归属于殷[1]，而王献唐在 60 年代还有类似的观点[2]。

区分商周金文及判别殷商铜器铭文相对年代之标准的确立，是七十多年来殷墟考古发掘的结晶。殷墟历年考古所得的青铜礼器，总数盖在千件左右。其中抗战前进行的十五次发掘共出土青铜礼器一百七十六件[3]；建国以后到 80 年代初，又出土约六百件[4]；此后的重要发现则有戚家庄 269 号墓出土有铭铜器二十九件、殷墟西区墓地 1713 号墓出土青铜礼器十七件、郭家庄 160 号墓出土青铜礼器四十件、大司空村 539 号墓出土十四件、1991 年后冈殷墓出土十二件、郭家庄东南的 26 号墓中出土十二件等等[5]，其他零星报道时有所见；2001 年春殷墟宫殿区南侧 54 号墓又出土大批"亚长"青铜礼器[6]。这无疑为殷商金文判别标准的确立及殷墟地区青铜文化发展谱系的建立打下了坚实基础。

商金文的判别依据，白川静在《金文集》中曾明确指出，他认为最为确实的方法是出土地点，凡商墓所出之器，一概可定作商器。而商器的形制标准与商金文的特征也可从已有的材料中作出归纳。白川静还具体列举出商金文的七个特点，即：
一、铭识多用图像文字。二、父祖的庙号以"天干"称名。
三、铭辞简朴，铭文的诸要素尚未完备。四、五祀周祭的纪日
法。五、日月祀的倒叙纪年法。六、大事纪年的形式中含有商
代的史实。七、语汇、语法、字形可以与卜辞相对照者。以当
时的研究水平而论，其说是非常全面的。

　　数十年来，尽管我们极少见到以"殷商金文分期断代"
为题目或与之类似的专文与专著，但诸多铜器断代的论著基本
上都涉及此项内容。这也说明了一个事实，即金文分期断代问
题已非古文字学家的专利，其研究方法与手段业已超越传统金
石学的路数。

　　按照一般的说法，最早将考古类型学引入金文断代研究的
是郭沫若。郭氏在流亡日本期间，曾翻译德国考古学者米海里
斯《美术考古一百年》一书的日译本，并深受其影响。他于
1930 年末所作的《毛公鼎之年代》一文中就自觉地运用器物
类型学的方法，在注意铭文时代背景、人名、熟语的同时，还
专门列有"花纹形式"一节，强调纹饰在决定器物时代方面
的重要性，并将这一理论贯穿在以后所撰的《两周金文辞大
系图录考释》一书中，取得了一系列的重要成绩[7]。由于受
时代的局限和自身专业知识结构的限制，郭氏对标准器的确
立，是以铭文内容所提供的线索为主要依据，类型学在断代上
处于从属地位，而非首要标准。郭氏尝言："先让铭辞史实自
述其年代，年代既明，形制与纹缋遂自呈其条贯也，形制与纹
缋如是，即铭辞之文章与字体亦莫不如是。"[8]从中我们能够
充分了解类型学在他心目中的位置。此外，郭氏的研究重点在
两周金文，与殷商时期金文的分期断代干系不大。但这种由他

发轫的方法为此后的相关研究提供了一种可以借鉴的、新型的思路，这是郭氏的贡献之所在。

严格说来，国内最早利用类型学研究殷商青铜器的学者应该是李济。尽管李氏没有直接从事金文研究工作，但他在殷墟青铜器上的研究成果与手段，对以后金文的分期断代影响深远。1932 年，李氏作《殷墟铜器五种及其相关之问题》[9]一文，参照欧洲青铜文化同类器物的形制沿革变化情况，首次将殷墟出土的矢、戈、矛、刀、有銎斧等五种青铜兵器分别作了形制分析，并将每种器物的不同形制排列出相应的早晚次序，以探究其演变趋势。这一研究，是在发掘材料并不充分的情况下作出的，对器物既未作出相应的型式划分，也没有共存关系与地层关系的证明，"但毕竟是较早地在中国青铜器研究中应用标型学的尝试"[10]。1948 年，李氏又发表《记小屯出土之青铜器》一文，对殷墟十座墓葬中出土的青铜容器，参照殷墟陶器器形分类的标准，分别做了目、式、型的划分，并依照器形演变的逻辑规律及形制数据关系排定了诸种器类中式、型的时间顺序。在此基础上，结合器物的组合关系排出了十座墓的时间顺序。虽说其结论仍缺乏地层关系的佐证，但这种类型学的分析，是建立在较为广泛的资料基础之上的，与以前的研究比较，有了更为深入的型、式划分，故在殷墟青铜器形制发展及墓葬分期研究上作出了创造性的贡献，其中某些结论与研究方法至今仍具有参考价值。李济的青铜器类型学研究是中国青铜器研究开始彻底摆脱传统的金石学制约走向科学轨道的重要标志之一[11]。其后，李氏又与万家保等一起，对殷墟前十五次考古发掘所得的青铜礼器作了分门别类的研究，编著《古器物研究专刊》多集，有重要的学术和史料价值。

50 年代以后，大陆地区对商金文分期断代研究产生重要影响的研究主要有陈梦家《殷代铜器》（三篇）[12]，郭宝钧《商周铜器群综合研究》，邹衡《试论殷墟文化分期》，张长寿《殷商时代的青铜容器》[13]，郑振香、陈志达《殷墟青铜器的分期与年代》，杨锡璋、杨宝成《殷代青铜器礼器的分期与组合》[14]及朱凤瀚《古代中国青铜器》等。而海外的研究著作主要有罗森（Jessica Rawson）《古代中国：艺术和考古学》（*Ancient China：Art and Archaeology.* ）、林巳奈夫《殷周时代青铜器的研究》等等。

陈梦家认为："过去关于铜器本身的研究，即关于花文、形制和铭文的研究，长期的处于分离的孤立的状态之中。铜器被分割为器物学的、文字学的和美术史的领域，各不相关。这三种领域的分别研究，既少照顾到铜器出土的环境，也少接触到铜器在当时的社会生活中的使用意义，遂致出土后得到不同的待遇。"他进一步提出，殷代铜器研究应该考虑共存物的研究，还要作分区域、分组合、分类等方面的探讨。所论非常全面。邹衡的文章是殷墟文化分期的奠基之作，他以小屯遗址的文化叠压关系为依据，将殷墟铜器分为四期七组，影响很大。张长寿则认为殷商晚期的青铜器（主要是指殷墟铜器）大致可以分为三期，并具体说明了各期的年代。郭宝钧的研究也有个性，他创立了"界标分群"之说，其中"安阳小屯器群"是他整个体系中的第二界标。他将殷墟铜器按出土单位分作五十三个分群，并作了早、中、晚三期的划分。郑振香、陈志达的文章强调陶器分期是铜器分期的基础，二者的时代可以基本对应，所以在陶器分期研究的基础上，相应地论述了各期铜器的器类、形制、纹饰、铭文与组合情况，并以此为依据，进一

步探讨非科学发掘品及殷墟以外地区出土的晚商青铜器的期别
归属。与之意见相左的是，杨锡璋、杨宝成则强调陶器与铜器
的使用者不同、演化规律不同，所以演化的阶段也不可能同
步，指出不能将铜器分期依附在陶器分期之上。因此二杨的分
期主要以铜器群的整体特征及风格的变化为标准。

　　20 世纪 70 年代之前，尽管有不少欧美学者专门从事中国
古代青铜器的研究[15]，但侧重于艺术史的探讨[16]。究其原
因，主要有二：一则艺术史研究是西方美术考古学的传统与专
长；二则多数西方学者对铜器铭文的可靠性持怀疑态度[17]。
后一现象也恰恰说明他们在中国古代青铜器研究中的不足。早
在 30 年代，高本汉曾在瑞典《远东古物馆馆刊》等杂志上发
表过一系列关于商周铜器纹饰的论著，但由于其研究是以郭沫
若《大系》的分期断代为主要前提，所以存在诸多错误。
1953 年，罗越（Max Loehr）发表了《安阳时期的青铜器类
型》（*The Bronzes Styles of the Anyang Period*）[18]一文，将殷商
时期的青铜器纹样划分为五种类型，排出它们之间的年代序
列，并力求找出纹饰与器种、器形的对应关系。在西方世界产
生很大的影响。此后，罗森（Jessica Rawson）在新材料的基
础上，对罗越的观点又作了进一步的发挥。罗森企图通过纹饰
和形制的探讨，探寻出当时各个民族、各种文化之间的相互关
系，其思路非常开阔，也多有可采之处。可惜的是，她对金文
的理解似乎同样不够深入，所取材料以大英博物馆所藏器为
准，显然不够全面。

　　日本学者向来重视器形研究[19]，林巳奈夫则是其中的重
要代表。他以大司空村的陶器分期为参照，将殷墟铜器分作三
期。同时他又指出，青铜器可以作为贵重物品被子孙继承，所

以只有在某种型式的青铜器与某种型式的陶器存在大量的墓葬伴出的情况下，二者的年代关系才能互为对应。这是一个值得重视的见解。

90 年代中期，朱凤瀚在吸纳上述诸家研究成果的基础之上，充分利用新出考古材料，从器种、组合、形制与纹饰特征等各个方面对殷墟青铜器作了更加深入细致的分析与说明。认为殷墟铜器可以分为三期：第一期的年代大概可定在盘庚迁殷到武丁早期。第二期可细分为早晚两个阶段，第一阶段相当于武丁早期，第二阶段则从武丁晚期到祖甲时期，并可延伸至廪辛时期。第三期则从廪辛到殷末，其中第一阶段从廪辛到文丁时期，也可延伸至帝乙时期；第二阶段则为帝乙、帝辛时期。由于殷墟时期的金文是从二期晚段（或武丁晚期）开始出现的，故而他相应地将殷商金文分为早晚两期，并分别对其特点作了归纳总结。充分重视器物与金文自身的发展规律，而不强求与王世的一一对应，这是《古代中国青铜器》一书在铜器断代研究上的特色，或许也是今后探讨殷商金文分期断代时应该时刻注意的问题。

经过中外几代学者的共同努力，今天的人们已经能够就殷商金文的相对年代以及各个阶段的特征等问题说出个大体眉目来。尽管还不够细致，但较以前已经有了质的飞跃。

但我们还要看到问题的另一面，例如目前关于商金文的字形演变的探讨还远远不够。一种可行的研究手段就是参照殷墟卜辞，对金文字形的发展规律作出更细致的归纳与总结。而殷商金文分期研究中最大的难题可能依然是对殷周之际铭文的区分上，所以学界又有"殷周式"之说。看来，想彻底解决这个疑题，还有许多工作要做。此外，殷周之际的铭文资料，其族系和族属的判别工作也需要进一步加强，这项工作或许更富有现实性，对史学研究也同样具有重要意义，而开展此项工作的前提是搞清楚商周时期的姓氏制度与称名规律等基本问题。

2. 西周金文相对年代研究体系的逐步完善

西周金文分期断代研究起步较早，从事此项研究的学者也多，所取成绩亦较商金文突出。就目前资料而言，已有六十余件西周铜器铭文可以凭借其完整的纪时文字、用历朔推定的方法求得各自的绝对年代，另有数百件则可以通过与标准器相比较和系联的办法，得出确切的王世。至于其他数以千计的西周金文，绝大多数只能用考古学的方法推断出时代的相对早晚，也即所谓的相对年代。西周金文相对年代的研究是一个十分重要的课题，也是金文研究的基础课题之一。倘若没有相对年代研究为根基，绝对年代的探求往往会出现相当大的偏差。

用形制、纹饰等推测周金文的相对年代，是从郭沫若开始的。此后则有容庚，其《商周彝器通考》一书，有"八百年来铜器研究之总结"之誉[20]，与郭沫若《大系》一起，并称为 50 年代以前两大金文研究著作。容氏对铜器纹饰的分析相当细致，共罗列了七十余种常见的铜器纹饰，并指出各自流行的时间段，为以后相关研究提供了很好的示范作用。但与郭沫若一样，容书所据材料多系传世品，同样缺乏地层叠压关系的验证，与严格意义上的考古学研究法还有一定的距离。而且，类型学在郭、容二氏的金文研究中也是附属性的，并不起主导作用。此外，日本学者樋口隆康于 1963 年撰作《西周青铜器之研究》一文[21]，其研究方法也与郭、容二氏类似，即以铭文为主导，并引入了型式学的方法。

50 年代之后，经过科学考古发掘的金文资料有了一定的积累。在郭、容二氏的影响下，陈梦家发表了他的名著《西周铜器断代》共六篇，开创了西周金文分期断代研究的新阶段，被西方学者誉为"现代考古学的第一个硕果"，认为它与郭沫若的《大系》一起，是研究西周金文的二部"标准指南"，并且在很多方面超越了郭著[22]。《西周铜器断代》与此前的研究著作所不同的地方，就在于它将考古学的方法在青铜器研究领域提升到一个新的高度。陈氏认为，研究西周铜器应该注意器物的组合关系、铜器内部的联系以及与历史研究的有机结合，要搞清楚铜器之间是同地区出土、还是同坑出土或者是同一墓葬出土；而"铜器内部的联系（即铭文的和形制、花文的）在断代上是最要紧的"，"不可以单凭一方面的关联而下判断，应该联系一切方面的关系"；"考古学资料经过科学的发掘、整理和研究以后，必然能得到这些资料本身在发展过程中的位序，而某些器物各种方面的发展（如形制的，文饰的，铭辞的）又一定是相互平行的。器物在发展过程中所显示的某些特征，应该和整个社会发展阶段是相应的。器物本身的研究应处处留意它在诸方面发展平行和一致的关系，而研究器物尤应密切地结合历史社会的研究"[23]。在他看来，铭文、形制、纹饰之间已经没有主次之分，地层关系也成了必须考虑的因素，而与历史研究的关系则尤为密切，所有的要素皆须综合考察。其说较之郭氏的分期断代理论显然有了巨大的进步。而更为难能可贵的是，在陈氏的具体研究中，这一理论能够始终如一得到贯彻。在《西周铜器断代》中，陈氏述归纳周初铜器的七个特征，以及周代铭文内部所体现的九种关系，对以后西周金文的分期断代研究也有相当的指导意义。同时，他还将西周铜器大体分成早、中、晚三期：从武王到昭王，历时约八十年，为西周初期；从穆王到夷王，历时约九十年，为西周中期；从厉王到幽王，历时八十七年，为西周晚期。这个分期框架，直到现在还有很多人遵循。

由于历史的原因，陈梦家的研究成果未能全部发表，陈氏本人也于1966年不幸去世，所以我们对他的理论体系以及具体研究的理解只是片断的，他对西周中晚期金文是如何认识的，我们知之甚少[24]。但有一点可以肯定，陈氏的体系与现今的理论还是有一定差距的，问题的症结依然在于经科学考古出土的材料过于匮乏。另陈氏的某些具体结论尚有可修正之处，需要引起注意。

自70年代中期以来，由于在岐周、宗周、成周及其他地区出土了大量的西周王朝铜器，给西周金文的分期断代研究带来了光明的前景。尤其是利簋、庄白一号窖藏坑微氏家族铜器群、董家村窖藏坑裘卫诸器以及北赵晋侯墓地铜器的出土，为西周各个时代的铜器树立了一系列可靠的标尺[25]。类型学研究也彻底摆脱了铭文的束缚。

自80年代始，很多学者都致力于铜器纹饰与形制的研究。我们知道，鸟纹与兽面纹（也即饕餮纹）、曲窍纹是商周时期最为流行的纹饰，尤其是鸟纹的研究对西周铜器断代意义重大，所以学术界非常重视。如陈公柔、张长寿合作，先后发表了《殷周青铜容器上鸟纹的断代研究》与《殷周青铜容器上兽面纹的断代研究》[26]。其中《鸟纹》选择了相关铜器二百三十三件，在陈梦家的分类体系之上；进一步区分其型式，计小鸟纹九式、大鸟纹九式、长尾鸟纹七式。在划分型式的同时，并对各式鸟纹予以断代与流行时间的判断。《兽面纹》则以考古发掘品为主，辅之以若干年代可靠的传世铜器共一百三十三件，将兽面纹划分为独立兽面纹十二式、歧尾兽面纹六式、连体兽面纹十六式、分解兽面纹六式，也作了相关的断代和时间判断，且较《鸟纹》更为精细。

根据器物形制对西周青铜器进行分期断代的研究成果，可以以李丰《黄河流域西周墓葬出土青铜礼器的分期与年代》[27]为代表。该文主要以关中及其周围地区发掘的一百三十七座铜器墓为考察对象，将之划分为六个时期，对每期的铜器的组合关系、形制特点以及纹饰作出归纳。在分析各期形制特征的过程中，同时也对各种礼器作型式划分，来判定各种式样的青铜器的流行时间。在此基础上，结合共存陶器的时代并参照某些年代较为可靠的有铭青铜器，给出各期器物的具体王世。该文对西周早期的研究比较充分，中晚期则相对简略，为其薄弱之处。另外，早期某些墓葬及某些铜器的年代判定结果尚有可商之处。

在此还应该提及的是卢连成、胡智生《宝鸡弜国墓地》一书中所附的《陕西地区西周墓葬和窖藏出土的青铜礼器》，该文主要依据陕西地区考古发掘资料中较完整的铜器墓葬与窖藏资料，对西周青铜礼器的分期和组合作了研究。鉴于陕西西周铜器之典型性，这一成果对整个西周铜器的分期断代工作无疑具有重要参考价值。作者在对一百三十六座西周墓中出土的七百四十九件容器作了型式分析的基础上，依据铜器的发展序列及共出陶器分期研究的成果，将这些器物分作五期七段，并分别论述各期墓葬中青铜礼器的组合、代表性器物的形制特征，以及各自的年代等等。

而朱凤瀚《古代中国青铜器》一书，用大量的篇幅对考古发掘的西周铜器作了分地区分国别的系统研究。他将宗周与成周地区（也即关中和洛阳地区）出土的青铜容器分为五期六段，归纳了各期器物的主要特征，并对其年代作了推断。与前述商代铜器断代一样，其分期断代注重器物本身的发展规律，而不强求与王世的严格对应。另对西周诸侯国青铜器的研究则是以前学者极少涉及的。该书是目前最全面系统的铜器断代著作，有重要参考价值。

对西周铜器器形、纹饰进行综合研究并以之作为西周金文断代基础的最新研究成果则是王世民、陈公柔、张长寿合著的《西周青铜器分期断代研究》。该书是"夏商周断代工程"的一个子项目，它以西周铜器中铭文可供西周历谱研究者（也即年、月、月相、干支四要素俱全的铜器铭文）为主，"就其形制、纹饰作考古学的分期断代研究，为改进西周历谱研究提供比较可靠的依据"[28]，目的性极强。该书共收集具有典型意义的西周铜器三百五十二件，包括墓葬与窖藏器以及传世品中的成组的铜器群和个别具有代表性的单个铜器，依照类别作分型分式研究，再逐一说明每件标本的形制、纹饰、出土地点、收藏单位、尺寸、铭文内容、与其他器物的关系及大致年代等等。该书将西周铜器的发展谱系分为三期六段，其年代的判断主要是依据作者对铜器的形制和纹饰的研究、并适当联系铭文内容而定的，所以在整体上可以避免作单项研究而造成的偏差。其研究结果对今后西周金文分期断代有参考价值。

在海外，用纹饰、器形作西周铜器断代工作或在相关研究中涉及这个问题的主要有梅原末治《古铜器形态之考古学研究》[29]、罗森《古代中国：艺术与考古学》第三章"西周铜器"部分、林巳奈夫《殷周时代青铜器的研究》、夏含夷《西周史史料：青铜器铭刻》等等。其中罗森在她的专著中以相当大的篇幅对此问题作了比较系统的研究，并将西周铜器分为三个阶段，最后还试图用铜器纹饰中所反映的地域特征来说明周代的政治格局与文化的分合等问题。夏含夷的论著中值得注意的是他对周金文中书体变化的归纳与总结。这也恰恰是目前西周金文分期断代研究中不够理想的地方。

总之，经过中外学者七十多年来的不懈努力，在西周金文相对年代的研究上已经取得了不菲的成就，尤其在方法论上有了一个比较科学的理论体系。但缺憾依然存在，诸如周金文字形的演变之探讨还远远不能和纹饰、形制等方面的研究成就相比拟，这是今后可以努力的方向之一。

（二）标准器比对法、历朔推定法与西周铭文绝对年代的探讨

从史料学的要求出发，对西周金文仅作相对年代的判断是远远不够的。所以，无论是历史学界、考古学界还是古文字学界，都希望能在相对年代研究的基础上，作进一步的绝对年代的推断，使之能够更清晰地反映出西周时期的政治、经济、社会甚至思想文化状况。探讨金文的绝对年代，目前所用方法主要有二，即标准器比对法与历朔推定法。

1. 标准器比对法及其涉及的诸问题

（1）郭沫若、陈梦家、唐兰与标准器比对法的建立与完善

郭沫若在金文研究中取得了很大的成就，这是学界公认的，尤其是他的《两周金文辞大系》（包括 1932 年的初印本及后来出版的《图录》与《考释》）一书，被誉为"关于中

国青铜器研究中的划时代的著作"[30]。郭氏曾讲，金文资料"自北宋以来，零星出土，出土情状多已泯灭，伪器甚多。千余年来虽有不少著录，而体系未能建立。作为史料，遂有不少困难"[31]。郭沫若的贡献，就在于建立了一个比较科学的金文研究体系，从而极大地推动了商周金文的史料化进程。

说郭氏创立了一套比较科学的金文研究体系，主要是指由他创设的标准器断代法，即所谓"专就彝铭器物本身以求之，不怀若何之成见，亦不据外在之尺度。盖器物年代每于铭文透露者……如大丰簋云'王衣祀于王丕显考文王'，自为武王时器；小盂鼎云'用牲禘周王、□王、成王'，当为康王时器，均不待辩而自明。……据此等器物为中心以推证它器，其人名事迹每有一贯脉络之可寻。得此，更就其文字之体例、文辞之格调，及器物之花纹形式以参验之，一时代之器大抵可以踪迹。即其近是者，于先后之相去要必不甚远"[32]。在这种理论框架之下，郭氏对二百五十件西周重要的铜器铭文作了断代研究，从而将我国的金文与西周史探索工作引入了一个崭新的时代。

毋庸讳言，他的方法与思路同样存在着许多不足的地方。比如，他反对运用历日进行青铜器与金文分期研究的态度是不可取的。再如，他的断代工作缺乏系统的考古类型学研究。尽管他曾参考过国外的一些考古学方法，但这些要素在他的研究体系中是处在从属位置的，因此所得结论存在相当大的随意性。

继郭沫若之后，陈梦家在 50 年代连续发表了六篇《西周铜器断代》，论及西周有铭铜器四百件，并对郭氏的标准器断代法作了新的修正，也即是我们在前文中论及的注重考古材料以及将器物类型学等考古学方法提升到一个新的高度，这对铜器研究进一步走上考古类型的科学轨道起到了极大的推进作用。只可惜西周中晚期以后的研究成果未能及时出版。

此后则有唐兰氏，他以"康宫"等问题的深入研究为基础，系统整理了昭王时期的铜器铭文[33]。70 年代中期以后，随着周原、丰镐等地众多西周高级贵族墓葬和青铜器窖藏的陆续发现，年代和组合可靠的西周铜器资料日趋丰富。唐兰以自己毕生的研究心得为基础，再次清理有关资料，着手撰写《西周青铜器铭文分代史征》一书。然则穆王以后部分尚未竣事，唐氏便撒手人寰，同样令人扼腕叹息。唐氏认为金文的研究"应该把大量的材料全部摊开，从其内在联系，从有关文献记载，从出土地点，从器形、装饰、图案、文法、文字、书法等各个方面的比较研究，去粗存精地作耐心地细致的研究"[34]。他对郭沫若以来的标准器断代研究法作了极好的总结与说明，尤其是在与传世文献、历史史实的有机结合方面所作的工作，是此前的学者所无法企及的。

标准器比对法以注重铭文本身所提供的内在证据为其主要特征，同时也能比较充分地联系典籍记载的具体的历史事件、历史人物，并参考器物形制、纹饰、字形等各方面的因素。这种研究手段极大地推动了金文资料史料化的进程，使金文研究服务于先秦古史探讨的目的成为现实，而陈、唐二氏的著作就是这方面的典范。

标准器比对法的运用，倘若没有考古类型学的相对年代之判断为先决条件，倘若不作历谱的推算与验证工作，其结果往往言人人殊。如果将郭、陈、唐三氏在铭文断代上的异同相互对比，结果完全相同的少而又少，尤其是西周早期铭文的王世归属，分歧最为明显。这足以说明此种方法有其自身不能克服的缺陷，对铭文内容的理解因人而异，尤其是关键性的问题如"康宫"含义、"王号生称"等等，往往是一字之差而造成具体断代上的千里之别。

（2）标准器比对法中涉及的诸问题——矢令器组、遹簋、鼓钟、鼓簋、趞曹鼎、五祀卫鼎与"康宫"、"王号生称"诸问题的争论

第一，令彝诸器的发现与"康宫"问题的纠葛。在西周金文断代问题上，唐兰与郭、陈二家之所以会产生如此大的差异，关键在于他们对金文中所出现的"康宫"一词含义的理解上存在着本质性的分歧。

"康宫"一词西周金文习见，如传世器君夫簋盖、网攸从鼎等铭文所示。对于其含义，王国维率先指出为康王之庙[35]。当时的学界对这种说法并无异辞。而作册令诸器的发现，以及具体释读中发生的相互间的辩驳，终于引发了旷日持久的关于"康宫"问题与西周青铜器铭文分期断代标准的大讨论。

20 年代末河南洛阳邙山马坡出土的西周青铜器，主要包括两组器物，即作册令组与臣辰组。其中令彝（图一一）、令簋皆属长篇铭文，内容非常重要。受到广泛的关注。首先是罗振玉于 1929 年 9 月在日本发表了《矢彝考释》一文[36]，曰："予乍读其文，见王所以命周公者至尹三事四方，疑为命公旦摄政。既见成周及康宫字，乃知为成康以后物。文中之周公，盖公旦之后人为卿士者。"文章中，他吸纳了王国维"宫"、"庙"互训的意见，主张"康宫"就是康王之庙。显然，在罗、王二氏的论著中，暗含着一个西周金文的断代标准，也就是以后学界所说的"康宫原则"，即凡铭文内容提及"康宫"

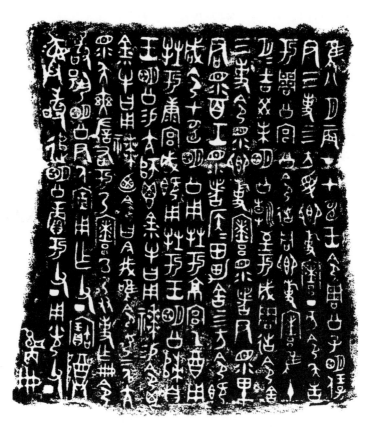

图一一 令彝铭文拓本

的，其时代必在康王之后。

当时旅居日本的郭沫若正在构拟周代金文的分期断代体系，对令彝、令簋这样重要的铭文及罗氏的观点自然十分敏感，当即撰写了《由〈矢彝考释〉论及其他》、《〈矢令簋〉考释》[37]、《令彝令簋与其他诸器物之综合研究》[38]等文，指出令彝、令簋应该是成王时器，试图与罗氏商榷。郭沫若提出的几个证据为：一、铭文中的"王姜"是成王之配。二、铭文中的"炎"与作册睘卣诸器铭文中的"斥"是文献中"奄"地的"异译"。三、周初"楚"的地域在东夷地区。所以"王伐楚伯"之"王"是成王，并以此批评罗氏在断代上的武断，否定"康宫"为康王之庙的观点。郭氏还通过与文献记载的成王伐"熊盈之族十有七国"这一历史事件的系联，收罗了一大批所谓的成王时器，并将这基本认识付诸《大系》一书的具体编撰中。在《大系》里，郭沫若在否认康宫为康王之庙说的前提下，对自己原先的认识稍作改变，承认"京宫"、"康宫"、"华宫"、"般宫"、"邵宫"、"穆宫"、"成宫"、"刺宫"等为周王室宗庙，但同时指出，"京"、"康"等字都是表示美好意义的修饰辞，这样的宫名均为"以懿美之字为宫名，如后世称未央宫、长扬宫、武英殿、文华殿之类"，像康宫、邵宫、穆宫、刺宫等等仅仅是"宫名偶与王号相同而已"[39]。这样的论证显然不够严密，不免牵强附会甚至存在武断之处，如将周初楚国的地望放在东夷地区就是错误的，所以其观点不能使人折服，并遭到以后学者很多尖锐的批评。

首先对郭氏断代意见发难的是唐兰，其《作册令尊及作册令方彝铭文考释》[40]一文，对"康宫原则"以及周代宗庙制度中的"两宫"问题作出了系统阐述。认为西周的宗庙分京、康两宫，其中于"京宫"（也称"京室"）祭祀太王、王季、文王、武王、成王。从康王开始，则另造新宫也即"康宫"，"康宫"就是康王之庙，其后诸王死后，宗庙皆附丽于康宫，曰"康昭宫"、"康穆宫"、"康宫遟（夷）太室"、"康刺（厉）宫"等等，所以"康宫"又成为康王以下诸王宗庙的总名。这个观点是对罗王二氏之意见的极大发展，且对学界聚讼已久的周代昭穆制度、周王昭穆次序的排列等问题作出了很好的解释，有极大的学术价值。

对于唐兰的驳难，郭沫若久久未作回应，倒是陈梦家对郭氏的意见作了进一步地补充和论证。陈氏在《西周铜器断代》中，从两个方面论述"康宫"非康王之庙说。首先，陈氏认为，丹徒所出的宜侯夨簋有明确的时代标识，肯定是成王时期的器物；从族氏名号、世系等内容考察，令方彝、令簋中的"作册夨"也就是宜侯夨，故其年代亦当在成世[41]。其次，陈氏通过对文献与金文中"宫"字词义的分析，认为"宫"、"庙"有别，宫、寝、室、家为生人居所，宗、庙、宗室则是为先祖人鬼而设。因此主张"康宫为时王所居之王宫，亦是朝见群臣之所"[42]。

鉴于郭、陈二氏在学界的影响，其观点自然受到很多人的青睐，所以唐兰继续与之论战，在 60 年代以后继续撰文申述"康宫为康王之庙"的论点，最为著名的文章便是《西周铜器断代中的"康宫"问题》[43]与《论周昭王时代的青铜器铭刻》。在这两篇长文中，唐兰对郭沫若与陈梦家的证据予以逐条批驳，并进一步申述自己的观点。他认为令方彝中的周公是周公旦之子、"周公子明保"则是周公旦之孙，令簋中的王姜为昭王之后，伐楚就是文献中记载的昭王南征，前后共进行过两次，在南征期间，当时的将领伯懋父还征伐了东夷。次外，他还更加系统地论述了先前关于康宫含义与周王室宗庙分两系的主张，明确指出"铜器上有了'康宫'的记载就一定在康王之后"，以此论点为断代标准，将郭、陈二氏所主张的绝大部分成王之器重新归入昭王时期。

但"康宫"问题的争论并未由此终结，80 年代以来，依然有学者对"康宫原则"持否定态度，如刘启益、何幼琦等等在相关文章中或直接或间接地对唐兰的理论作出批评[44]。

第二，遹簋、獣钟、獣簋、趞曹鼎、五祀卫鼎与"王号生称"问题的探讨。标准器比对法中第二个关键性问题就是周代谥法问题。就今日所见的周金文中，带西周王号的诸如文王、武王、成王、康王、昭王、穆王、共王及懿王的铜器铭文共计三十余件[45]。此类名号，如果依据传统文献如《逸周书·谥法解》、《礼记·檀弓》中的说法理解的话，自然属于周王的死称，也就是"谥号"。但近世以来，这种观点受到了挑战。首先是王国维在其《遹敦跋》一文中指出："此敦称穆王者三，余谓即周昭王之子穆王满也。何以生称穆王？曰：周初诸王，若文武成康昭穆，皆号而非谥也。……文武成康之为美名，古矣。……昭穆之为美名，亦古矣。此美名者，生称之，死亦称。……周初天子诸侯爵上或冠以美名，如唐宋诸帝之有尊号矣。然则谥法之作，其在宗周共懿诸王之后乎！"[46]

王氏的见解在学界评价极高。但由于援引材料不够充足，故不妨以假说视之，而其后的徐中舒与郭沫若则进一步发挥了此种观点。

其中徐氏《遹敦考释》一文，列举了盂鼎、毛公鼎、献侯鼎、獣钟、剌鼎及十五年趞曹鼎等十余件铭文，指出在共懿之前诸王之名号生死共现，所以此类王号"非死后谥法甚明"，谥法之起源当在懿王之后，并谓"疑谥法未兴以前，当时王之称号本不限于一名，犹之后世之年号与尊亦时有增改也"[47]，进一步完善了王国维的论点。

而当时正致力于建立西周金文研究体系的郭沫若，当然也不会放过此等或有助于铭文分期断代的重要线索，故在王氏跋文的基础上，补充了有所谓"昭王"之称的默钟、有共王之称的十五年趞曹鼎（图一二）、有懿王之称的匡卣、以及春秋时期的有灵公之称的叔夷钟、有洹（桓）子之称的洹子孟姜壶等金文资料，对周代谥法起源问题作了新的论述。指出两周王号中的"幽、厉、灵、夷、愍、炀、荒、躁，均有善义。它如哀可读爱，悼可读卓，亦未必追思也。殇之一字或是追号，然不足以云谥矣。又周末二王为慎靓、为赧，而《谥法解》无靓、赧二字，则是该文盖作于慎靓以前矣"，所以断定谥法之兴当在战国时期[48]。而更为重要的是，他还以这种所谓的"王号生称"或"王号美称"作为断代依据，用来判别金文的时代。

图一二　十五年趞曹鼎铭文拓本

有了王、郭诸氏的论证，所以"王号生称"或"王号美称"的分期标准几乎成了学术界中的金科玉律。如著名的利簋、长由盉、五祀卫鼎出土后，大家便以铭文中"珷（武王）"、"穆王"等王号为依据，一致断定其年代为武世与穆世。

80年代以来，不少学者对"王号生称"或"王号美称"这一几成定谳的断代标准提出了质疑，代表性的文章主要有黄奇逸《甲金文中王号生称与谥法问题的研究》、盛冬铃《西周铜器铭文中的人名及其对断代的意义》、彭裕商《谥法探源》等[49]。他们皆受屈万里"谥法滥觞于殷代"[50]的启发，指出金文中所谓的"王号生称"实际上仍然是死后之谥，谥法之兴当在商末或周初。

但是，学界中的主流意见并未因此而改变，像此后的许多金文断代方面的论著，依然将"王号生称"或"王号美称"作为西周铜器铭文分期断代标准。另如汪受宽《谥法研究》一书，同样认为谥法这一易名之典始于西周孝世，是对"王号生称"之说的一种修正与补充。

经过近一个世纪的探索，标准器比对法已经有了很好的基础，对其中的关键性问题诸如"康宫"、谥法等亦有了比较充分的认识。目前的意见尽管不太一致，但各家各派都非常关注此类问题的进一步讨论，在金文断代上所取成绩也很喜人。

然而还有一个问题似乎依然不被人重视，也即器铭之间的人物系联。将诸器铭文中所出现的人物进行系联，确有助于金文年代的判别，这种方法在卜辞研究中已经运用得比较纯熟，而金文断代采用这一线索大概就是受甲骨研究的影响。但是，作金文分期断代工作的学者，往往忽略关键的一点，即金文人物群与西周王世的对应关系是相对的，不可能严丝合缝、毫无偏差。这个问题在卜辞研究中已经有了比较深入的、统一的认识，我们可以及时吸取其经验。所以，用人物群、人物组作金文年代判断，只能有一个大体选择范围，除非是铭文本身提供了明确的年代信息，或所涉及的事件在文献中有明确的记载，否则不宜用之作金文绝对年代或准确王世的标准。另外，在周代姓氏制度和人名问题还没有彻底搞清之前，这种方法的使用也应该十分慎重，否则不免张冠李戴。

2. 历朔推定法与"月相"问题的探讨

（1）关于历朔推定法

所谓"历朔推定法"，就是根据金文中所提供的纪时信息、依照某种历谱推算铜器的确切铸造时间这么一种研究手段。此方法肇始于宋儒吕大临，清人如罗士琳、张穆及近代学者王国维等也有过相关的研究[51]，但所做的工作都只是零散的尝试，并不成体系。

20 年代末，吴其昌先后发表《殷周之际年历推证》、《金文历朔疏证》等文章[52]，1936 年又以《金文历朔疏证》为名，由商务印书馆以专著形式出版发行，试图系统恢复西周王年，并将金文资料进行编年。吴氏是清华国学研究院的学生，做这样的工作，显然是受王国维与陈寅恪的影响[53]。他的著作在今人看来似乎存在许多问题，但在时隔七十多年之后，倘若我们能以比较的客观的眼光重新审视，应该说吴氏所运用的这套研究手段，在方法论上有重要意义。从学理上讲，这是一种推断商周历法王年及推算金文资料绝对年代的最为科学的途径与思路。同一时期，日本学者新城新藏也有类似的研究成果[54]，而其作为推算依据的历谱，则是运用当时的天文知识自编的合天历，似乎更具有科学精神。

吴氏的方法，曾受郭沫若、容庚、唐兰等学者的訾议。但学术界并未因此而轻视这种手段，尤其是随着四要素俱全的铜器铭文的不断出土，这一相对而言科学性更强的研究理论越来越受人重视，像董作宾、章鸿钊、荣孟源、周法高、丁骕、何幼琦、谢元震、马承源、赵光贤、刘启益、倪德卫、夏含夷及李学勤等学者皆有相关的论著公开发表[55]。

（2）晋侯苏钟、静方鼎、虞逨鼎诸器的发现与"月相"理论的新进展

对于金文中经常出现的月相或纪时有关的术语，也即"初吉"、"既生霸"、"既望"、"既死霸"等，学术界有很激烈的争论，因为它们直接关系到历朔推定法断代结论的可信度。今日西周王年与周代历谱研究中的是是非非，无不与各自对月相名词的解释有关。目前所见的观点大概有三种，即定点说、四分说和二系说。

月相定点说起源甚早，自汉代以来，许多学者皆如是主张，他们依据先秦文献如《尚书》、《逸周书》中的相关记载，归纳出月相词语所表示的时间是专指每月中的某一天，如刘歆认为"死霸"就是朔、"生霸"就是望（《汉书·律历志》），而俞樾则在继承刘歆主体观点的基础上略作调整[56]。从文献考察，月相定点说有其合理的成分。所以日后的学者，在从事金文或相关研究时，原则上同意金文月相定点之说，惟在月相与时日的具体对应上略有区别，而他们的共同之处在于坚持初吉与既死霸皆为朔，且金文月相与具体时日的对应比较严格，基本上限制在一二日之内[57]。

70年代以后，持定点说者在前人研究的基础上又有新的

发展[58]。人们通过对金文的研究，重新提出每月中的月相范围，其说与传统的定点说已经有了不小的区别：首先是对月相的次序有了正确的认识，其次是吸收了四分说中某些意见、有意识地将定点的范围放宽。

四分说最早由王国维提出，他在《生霸死霸考》[59]中利用金文与传世文献资料，系统阐述了自己的观点，认为"古者盖分一月之日为四分。一曰初吉，谓自一日至七八日也；二曰既生霸，谓自八九日以降至十四五日也；三曰既望，谓十五六日以后至二十二三日；四曰既死霸，谓二十三日以后至于晦也"。这是王氏理论中最为精彩之处，但这个四分体系与文献中所揭示的月相问题有出入。为了调和其间的矛盾，王氏进一步阐述了月相术语既是共名亦为专名的观点，谓"初吉、既生霸、既望、既死霸各有七日或八日，哉生魄、旁生霸、旁死霸各有五日若六日，而第一日亦得专其名……欲精纪其日，则先纪诸名之第一日，而又云粤几日某某以定之，如《武成》、《召诰》是也"。

月相四分说在学界中影响很大，当时新城新藏、吴其昌等人的历朔研究就是以此说为主要依据的，其他像郭沫若、唐兰、容庚等亦崇此说。70 年代以后，很多学者在新出金文材料的支撑下，作了进一步的深入论证，有周法高《论金文月相与西周王年》[60]、《西周年代新考——论金文月相与西周王年》[61]，马承源《西周金文与周历的研究》、《西周金文中月相的研究》[62]，王和《金文月相管见》、《"初吉"简论》[63]，谢元震《西周年代论》（上、下）[64]等等。其中马氏利用的资料主要有两类，即同一器铭中有两个或两个以上月份干支的完整记录，在内容上有必然联系的同一王世的金文组。在材料的选择具有更大的科学性。而王和的文章主要探讨"初吉"含义在西周与春秋金文中的区别，认为自西周晚期以后，由于历术日精，故日干三分之法逐渐取代了原来的四分术。这种求变的思路值得重视。最近几年，李学勤在月相问题上多有论述，其观点大概接近于四分说[65]。

月相二系说盖缘自对"初吉"一词的探讨。黄盛璋最早指出，"初吉"非朔、非朏、非月相，实为"初干吉日"，即为每月初一至初十中的每一天。他还主张中国自古以来所行的是"旬法"而非"四分一月法"[66]。这是一种相当新颖的观点，而且在殷商卜辞中的确有相关的佐证。因此，黄氏的意见后被天文学界采纳。其后，刘雨又引用新出的柬鼎、吴王光鉴诸器铭文，来证明西周亦行"记日用旬"的制度，主张"初吉"就是"首吉"、"大吉"，试图彻底否定王国维以来的"四分一月说"。在该文中，作者还统计了四个月相名词在周金文中的出现频度和流行时代，指出"'初吉'在铜器上出现的次数大大超过了'既生霸'、'既死霸'、'既望'的次数，相当于三者总数的三倍。而且，'初吉'称日法实行的时代从周初到战国初，其他三者则主要限于西周。情况如此差异，我们有理由认为二者可能不是一类事物"。同时也反对前述黄氏"初干吉日"的提法，认为"首吉"、"大吉"之日是根据占卜而定的[67]。刘雨的说法其实是说"初吉"可以是一月之内的任何一天。

而"夏商周断代工程"采纳的则是一种二分一点的二系说，即认为"初吉"不是月相，它出现在初一至初十。而后三个月相术语所表示的时间分别为："既生霸"是指从新月初见到满月（分），"既望"则表示满月后月的光面尚未显著亏缺（点），"既死霸"表示从月面亏缺到月光消失（分）。基于这样的理解，所以"夏商周断代工程"将上述四个词语称为"金文纪时名词"[68]。

以上诸说互为驳难，但新近晋侯苏钟的发现，引起了学界的充分关注，相关的论著也时有所见[69]。全铭共三百五十五字，涉及历日资料七条，意义重大。兹列相关文字如下：

> 唯王卅又三年，王亲遹省东域、南域。正月既生霸戊午，王步自宗周。二月既望癸卯［壬寅］，王入格成周。二月既死霸壬寅［癸卯］，王殿往东。三月旁死霸，王至于莓，分行。王亲命晋侯苏："率乃师……伐夙（宿）夷。"……王唯返归，在成周公族整师宫。六月初吉戊寅，旦，王格大室，即位。王呼膳夫智召晋侯苏，入门、立中廷。王亲赐驹四匹……丁亥，旦，王鄅于邑伐宫。庚寅，旦，王格大室，司空扬父入右晋侯苏，王亲赏晋侯苏巨鬯一卣……

"癸卯"后"壬寅"一日，所以铭文的正确历日次序或为"二月既望壬寅"、"二月既死霸癸卯"。如果此说不误，便可认为"壬寅"是既望的最后一天，而次日"癸卯"则为既死霸的第一天。这就是说，"既望"与"既死霸"都是分段的，故而定点说不能成立。照此推断，与"既死霸"对应的"既生霸"也应该是分段的。"三月旁生霸"不系干支，或可说明"旁生霸"如文献所示，是定点的。"戊寅"、"丁亥"、"庚寅"前后共十三天，倘若皆辖于"六月初吉"，则又显示"初吉"不是四分说所能涵盖的。故"初吉"极可能不是月相术语，但同时也证明了定点说的不可靠。此外，如果"既望"所辖时段在每月的中下旬之说不误，"二月既望壬寅"应该是2月22日或23日，故先"壬寅"四十四天的"正月既生霸戊午"应

图一三　作册魃卣铭文拓本

该是 1 月 8 日或 9 日或 10 日，那么"既生霸"的正确次序应该在"既望"之前。

此外，新发现的静方鼎[70]、虞佐鼎[71]以及传世器中的作册魁卣等金文资料也颇能说明类似问题。如静方鼎"八月初吉庚申至，告于成周。月既望丁丑，王在成周大室，命静曰"云云，"庚申"先"丁丑"十七天，不是定点说所能解释清楚的。对此，学者已多有阐述[72]。而两件虞佐鼎一曰"唯四十又二年五月既生霸乙卯"、再曰"唯四十又三年六月既生霸丁亥"，无论怎样排比，"既生霸"都是非定点的。再如作册魁卣（图一三）云："隹（惟）公大史见服于宗周年，在二月既望乙亥，公大史咸见服于辟王，辨（徧）于多正。于四月既生霸庚午，王遣公大史。""乙亥"先"庚午"五十五天，也同样证明"既望"与"既生霸"无法定点。

从郭沫若建立标准器比对法进行金文断代以来，关于西周金文分期断代的成果不胜枚举，但相互之间总有很多分歧与驳难，足以说明这项工作不是一件轻易便能成功的事情。例如郭沫若的相关研究之所以遭到越来越多的人的责难，主要原因之一就在于经受不住历法的验证。其他某些成果不能被人接受，也是由于研究手法单一所致。看来，多学科交叉研究手段的引入是必然的事情。当然，我们也可以非常乐观地展望，随着考古工作的不断深入，金文分期断代的研究会越来越接近历史的真实。

3. 西周纪时铭文与王年历谱的构拟

王年历谱的构拟，既是一个具体问题的研究，同时也是金文分期断代中的最为基础的工作。故而西周年代学便成了古今学界关注的焦点，而当代的很多西周史方面的论著，包括西方学者如顾立雅、许倬云、夏含夷等，或专节或附录，都要对此问题作出交代[73]。在 20 世纪末启动的"夏商周断代工程"中，西周年代学则占据着最为重要的位置。

关于西周年代学的研究主要集中在两个方面：一是武王克商之年，二是西周诸王的在位年数（此中自然也包括了西周积年问题）。显而易见，这两个问题是紧密联系在一起的，其中武王克商的确切时间是构建西周年代学最为重要的支撑点，同时西周总积年数大致范围的确定，以及诸王年代的合理配置，又将有助于克商之年的探讨。

据彭林等在 1997 年所作的统计，关于武王克商之年，从公元前 1130 到公元前 1018 年，共有四十四种说法，涉及古今中外的学者达六七十位之多[74]。有依据文献关于西周总积年数的记载推断的，有根据人寿常理大致估算的，也有依照天象记录用天文历法的方法推算的，主要的论著已集中收录在《武王克商之年研究》和朱凤瀚、张荣明编《西周诸王年代研究》二书中。由于方法各殊、依据不一，故结论亦不相同。下面，重点介绍铜器铭文在西周年代学研究中的作用，以及学界是如何利用金文资料从事西周王年历谱研究的。

对于西周年代学的研究，金文的作用是巨大的，甚至是传世文献或其他资料所无法取代的。在此，不妨举两个例子：一是利簋与"甲子克商"问题，二则是十五年趞曹鼎与恭王在位年数问题。

武王克商的具体时日，文献多有记载，如"甲子昧爽"（《尚书·牧誓》）、"粤若来三月既死霸粤五日甲子"（《汉书·律历志》引《古文尚书·武成》）、"越若来二月既死魄越五日甲子"（《逸周书·世俘解》）及"胶鬲曰：曷至？武王曰：

将以甲子至商郊"（《吕氏春秋·贵因》）等等，诸家在"甲子"日克商这一点上是一致的。但从 20 世纪 20 年代以来，在疑古思潮的影响下，学界对传世典籍总是心存疑虑，当文献互有歧异之时更是如此。而利簋（其铭文曰："珷征商，隹甲子朝，岁鼎，克昏夙有商。辛未，王在阑自，易又事利金，用乍檀公宝障彝。"）的出土，则证实了"甲子克商"之说的可信，并且为我们提供了新的天象记录（也即铭文中的"岁鼎"）。而这一记录同样证明了《国语·周语》"昔武王克商，岁在鹑火，月在天驷，日在析木之津，辰在斗柄，星在天鼋"等天象记载或渊源有自。

依照文献记载，恭王在位有十年（《通鉴外纪》）、十二年（《今本竹年纪年》、《皇极经世》）、二十年（《帝王世纪》）诸说，十五年趞曹鼎铭文曰："唯十又五年五月既生霸壬午，龚（恭）王在周新宫，射于射庐。"所记之事必属恭世无疑。这就是说，前两种记载已经可以排除了。当然，二十年之说是否确凿仍有待商榷。

金文在年代学研究中的作用由此可见一斑，而前文中关于"月相"理论的阐述也极能说明相同的问题。

随着纪年铭文材料的不断出土、铜器与铭文研究手段的日趋完善，利用金文作西周王年研究的学者也越来越多，今择其有系统研究者，将其结论列表如下（表一）：

表一　西周诸王年代诸说异同表

序号	诸家说	克商年	武王	周公	成王	康王	昭王	穆王	恭王	懿王	孝王	夷王	厉王	共和	宣王	幽王	西周积年	武王至厉王末年
1	新城新藏	1066	3	7	30	26	24	55	12	25	15	12	16	14	46	11	296	225

序号	诸家说	克商年	武王	周公	成王	康王	昭王	穆王	恭王	懿王	孝王	夷王	厉王	共和	宣王	幽王	西周积年	武王至厉王末年
2	吴其昌	1122	7	7	30	26	51	55	15	22	15	16	37	14	46	11	352	281
3	董作宾	1111	7	7	30	26	18	41	16	12	30	46	37	14	46	11	341	270
4	陈梦家	1027	3	—	20	38	19	20	20	10	10	30	16	14	46	11	257	186
5	章鸿钊	1055	3	7	30	26	23	55	16	17	15	7	15	14	46	11	285	214
6	白川静	1087	3	—	25	35	26	31	17	14	19	39	37	14	46	11	317	246
7	荣孟源	1055	3	7	32	29	19	54	16	16	11	12	30	13	45	11	285	——
8	丁骕	1076	6	7	27	20	19	51	16	孝16 懿6		31	37	15	46	11	306	236
9	刘启益	1075	2	7	17	26	19	41	19	24	13	29	37	—	—	—	305	234
10	劳榦	1025	4	6	14	20	16	50	15	17	30		12	14	46	11	255	184
11	马承源	1105	3	—	32	38	19	45	27	17	26	20	37	14	46	11	335	264
12	何幼琦	1039	2	7	17	26	22	14	26	2	20	38	24	14	46	11	269	198
13	周法高	1045	3	7	17	26	19	27	29	9	15	34	18	14	46	11	275	204
14	张汝舟	1106	2	—	37	26	35	55	15	18	25	15	37	14	46	11	336	265
15	夏含夷	1045	3	7	30	28	21	39	18	27	7	8	16	14	46	11	275	204
16	李仲操	1071	3	—	37	26	19	55	15	18	13	23	30	14	46	11	301	230
17	赵光贤	1045	3	7	28	27	19	29	15	24	12	18	30	14	46	11	275	204
18	谢元震	1130	7	—	37	26	20	52	22	29	33	23	40	14	46	11	360	289
19	刘雨	1027	2	—	15	25	19	37	30	13	12	9	24	14	46	11	257	186
20	张闻玉	1106	2	7	30	26	35	55	23	孝12 懿23		15	37	14	46	11	336	265
21	倪德卫	1040	3	7	25	28	21	39	18	27	5	8	18	14	46	11	270	199
22	断代工程	1046	4		22	25	19	55*	23	8	6	8	37**	14	46	11	276	205

说明：＊恭王当年改元，＊＊共和当年改元。

　　显而易见，上述各家观点存在着相当大的差别，而造成差异的原因是多方面的，其一是对西周总积年数的认识有分歧，从而造成在诸王王年配置上的出入。比如依据"三统历"与其他古历推定的克商之年往往是长年说，大致分布在公元前

1122—前 1070 年之间；依据古本《竹书纪年》立论的其结果
则往往是短年说，即大致分布在公元前 1030—前 1018 年之
间；而以文献、甲骨、金文互证的结果则一般分布在公元前
1070—前 1030 年之间[75]。其二则是对金文"月相"、谥法起
源等问题的认识不一，从而造成纪年铭文绝对年代的出入，并
进而影响诸王王年的配置。如主张"时王生称"者，恭王的
王年一般取十五年以上，主张西周行谥法者则取十五年之说等
等。现以各家的研究途径为视角概述如下[76]：

第一，仅依据纪年铭文与文献记载安排王年的相关研究。
不建立或参考任何历表，仅以铜器铭文与文献记载的综合研究
为主要参考依据来推断西周王年，这是少数学者所采用的方
法。具有代表性的就是 1945 年商务印书馆出版的陈梦家《西
周年代考》一书。陈梦家是反对依照某种历表研究西周王年
的做法的。他认为西周年历的重拟，其步骤应该是"首先作
铜器断代的工作，从花纹、形制和出土地寻求某组某群铜器外
在的联系，再从铭文内容寻求其内部的联系；其次有了若干
组、群可以大约断代的铜器，就其所记年月日推求各王在位的
最低年数，从一个王朝的几组铜器排比其年月日的历组；最后
由于各朝历组的排比而得西周历法的大概面貌（历法可以小
小变易的），将前后相连接的王朝的铜器历法组串接起来，在
串接过程中可以参考文献记载的王朝年数"[77]。这种方法合理
的一面在于器物类型学的研究成为先决条件，避免了吴氏以来
在铭文早晚排序上的随意性。但是它缺乏历表的检验，会造成
安排在同一王世的铭文其历日互相排斥的新问题。所以，陈氏
的王年研究不能算成功，很多昭世之器被误置于成世，克器亦
错入夷世，从而得出夷王三十年的不恰当的王年配置，其他如

成王二十年、康王三十八年、穆王二十年等等，与文献记载有较大出入，总之是缺乏严密性。

继陈氏之后使用此方法研究西周王年的学者还有刘雨。他在《金文饔祭的断代意义》[78]一文中，以古本《竹书纪年》西周积年二百五十七年为年代框架，根据沈子也簋等七件铜器铭文中有关"饔祭"的记载，提出这是一种"新死之父祔入宗庙的祭礼"，依据周代礼制推断，凡涉"饔祭"的都应该是新王元年之器，可以与"康宫原则"、"时王生称"一样，作为断代标准。并重新安排了九十二件西周金文的王世，对诸王年代作出配置。但就目前材料看，"饔祭"的确切含义以及是否能作为新的断代标准等问题还有进一步探讨的必要，"时王生称"原则也有同样的问题，某些王年的配置与文献记载亦存在较大的出入，但最重要的是同王世的金文其历日不能有无法兼容的现象出现。这是刘氏论述中的不足之处。

第二，依据某种历谱并结合铜器铭文与文献的综合分析所得的西周诸王王年历谱。自吴其昌创立历朔推定法以来，越来越多的学者清醒地认识到，研究西周年代学必须有可靠的历谱作为依据。至于什么样的历谱称得上可靠则见仁见智，有依据古历或改造古历的、有依据后世某种历法的原则自编历谱的、也有利用现代天文学的知识自编合天历的。

最早吴其昌利用的是刘歆的"三统历"，但这种历法与实际天象有比较大的误差，在西周时期大约先天二至四天，由此探讨西周的金文断代、王年、月相等等显然不太合适[79]。所以，后来的研究者往往用近现代的天文学知识，先对古历进行改造，使之合天，在此基础上，结合金文与文献中的历日资料作综合研究，推断出克商之年与西周诸王王年。比较典型的有董作宾、周法高、丁骕、夏含夷和谢元震等[80]。

其中董氏按照《开元占经》给出的合天时间（即公元前370年）作逆推基点，以分术推步、四分平朔等方法并参校奥伯尔子（Oppolzer）的《日月食典》，将汉代流行的古六历中的殷历改造为平朔历谱：大月（三十天）、小月（二十九天）相间，每隔十四至十六个月安排一个连大月，每三十二至三十三个月插入一个闰月，以符合"十九年七闰"，并采用年中置闰、月正建子，月相则主定点说。在认识上已经超越了吴氏。他还提出"金文组"的设想，认为王年的考定应该是"以后王之元年，断前王之末年"，这对后来的研究很有启发。但他的研究未能收到预期的效果，所排的历谱也存在不合天的纰漏，尤其缺乏器形学研究的先决条件，所犯的错误与吴氏相同。此外，对克商之年的不太确切的判断，也直接影响了他的最终结论的可靠性。

周法高的研究以董氏谱为主要依据，并参考吴其昌、黎东方的历谱对董谱作了修正，使之合天，月相采用四分说。其研究方法与董氏接近，也是先确定克商之年，然后在一个年代框架之内，通过金文与文献历日合谱来确定西周诸王的年代。同时在铜器断代方面有了很大的改进，使得自己的结论日趋合理，有比较重要的参考价值，但对某些文献的理解以及具体的金文王世安排上还有值得改进的地方。

丁骕的研究亦以董谱为依据，采用的月相则近似于四分说。先以《武成》干支、月相为尺度，选择公元前1076年为克商之年，再以厉王元年为支点，分别比对文献与金文中的干支，从而得出一个"可以容纳所列各器的王年谱"。丁氏的贡献不在于其结论，而是他指出了排谱中存在的干支合与不合的周期现象，即"本年不合，过了五年、二十六年、三十一年、五十七年、六十二年、九十三年，甚至一百二十四年必有可合的……所以'合'并非绝对无误"。其说得到了很多学者的认可。他继承劳榦而来的、共和于厉王出奔当年改元的新说也被以后的学者及"夏商周断代工程"所采纳和发挥。

夏含夷的《西周绝对王年表》同样也以董谱为依据，但于月相则采用四分说。他的研究非常重视方法的科学性，提出利用资料的两条基本原则，一是强调在铜器所属王世不能确定的情况下，要首先考虑"历史的标准"（包括器形、书体、铭文内容、人物等等）而不是历法的标准；二则是"以历日资料重构的年表，应该得到其他历史资料的佐证"，也就是说金文历日与文献记载应该并重，不能过分依赖金文历日材料。同时他还强调排谱中应该注意历日周期性重复的现象，以免附会或结论简单化。他的研究十分倚重《今本竹书纪年》，以为它是"当时唯一完整的年表"，故主张根据金文求得的王年应该与之适应。他的年表中有三个重要的支点，即公元前1045年武王克商、公元前899年为懿王元年（据"天再旦"的日食记录测算）、公元前841年为共和元年，在此基础上构拟出了自己的王年体系，有很多合理因素。此外，他进一步申述了倪德卫的双元年制理论。

其他如谢元震的《西周历谱》，所用手段与董氏比较接近，只是他所改造的古历是周历而非殷历。其缺点则在于所需改动的铭文太多，建丑、建寅又不定，过分强调历朔合谱而忽视器物形制，所以其王年体系可能存在较大问题。

上述学者的研究皆是以改造古历为其特点。但也有学者认为，周代究竟使用什么样的历谱现在还无法搞清，而且西周的某一时期内极有可能处于观象授时阶段，所以不如直接利用现代天文学知识、重新编排出合乎当时实际天象的历谱，也就是现在所谓的"合天历"，于此基础上再联系金文与文献中的历日材料，做西周王年研究。持这种观点者可以新城新藏、荣孟源、马承源、赵光贤为代表[81]。

日本学者新城新藏是第一个试图用现代天文方法编制合天历谱的学者，其《西周月朔表》是依据奥伯尔子《日月食典》为基础做出的，它在合天程度有一定的误差，基本上是先天一日[82]，置闰的次序也需要改正[83]，同时也跟早期研究者一样缺乏器形学研究为基础，所以该表已不宜于今天使用。但他在新方法上的开创之功值得肯定，其研究方法对以后的影响很大。

荣孟源《试论西周王年》以新城氏的月朔表为依据，并参考吴其昌与汪曰桢《长术辑要》，月相主四分说，金文所属王世多从郭沫若、吴其昌与章鸿钊诸家之说，并运用董作宾金文组的方法推求王年，使分在同组的、四要素俱全的铭文其历日在同一王世范围内能够排进历谱，使相邻的两组铜器在历日上能够衔接。缺点是没有类型学作先决条件，仅以郭氏等旧说为依据，所以错误较多。

马承源的研究以张培瑜《冬至合朔时日表》为基础，在置闰方面予以改进，月相采四分说，铜器分组则是以自己的研究心得为基础，从厉王向上逐步逆推、尽量结合文献记载而取得的。他的研究方法有较强的科学性，所取铭文历日资料与张表相合程度较高，在学界也有比较大的影响。但对高年器的安排有可以进一步探讨的地方。

赵光贤的研究亦以张表为基础，结合文献与金文历日资料编排而成。其中某些王年与文献记载有较大出入、选取的铜器铭文也并不都是四要素器，存在着缺纪年或缺月相的不足。

其他利用历谱（或合天历或改造其他历谱）作相关研究的还有刘启益[84]、何幼琦[85]等等，有问题，但也皆有可取之处。

第三，关于倪德卫西周诸王年代的新说。自清代以来，对《今本竹书纪年》的真伪问题，学术界的意见比较一致，认为出自明代人伪造。某些西方汉学家却不这样看，如倪德卫即认为该书没有问题、相关的记载皆能作历史研究的素材，夏含夷也有相同的看法[86]。所以，倪德卫《西周的年代》（*The Dates of Western Chou*）一文，便以《今本竹书纪年》为依据，得出周代纪年行"二元制"的结论，他的立论基础就是《公羊传》文公九年所谓的"天子三年，然后称王"。在其后的《竹书纪年解谜》（*The Riddle of the Bamboo Annals*）[87]一书中，又将这种理论作了进一步的发挥。

所谓"二元制"，就是所有的西周天子（孝王或属例外）通常有两个元年，一是新王实际继位后的第一年，二则是"三年之丧"后正式即位之年。这就是说，两个元年之间有一年的间隔。他还指出，战国时期的史家，在整理史料之时对"二元制"作了修改，排除了第二个元年，所以这种制度从此泯灭。以"二元制"为根据，结合文献与金文中的历日资料，倪德卫得出了自己的西周王年体系。

夏含夷在《西周绝对王年表》中对"二元制"作了进一步的发挥，并提出了金文中的一些新证据。从此，这种新的理论在西方汉学界得以流行。

对于这一新说似应谨慎对待。一是《今本竹书纪年》本身以及相关的王年资料究竟应该如何看待还需要作深入研究。二是所谓"天子三年，然后称王"的守丧制度与比较可靠的文献如《春秋》、《左传》中的记载有出入，从后者看，周代行"逾年改元"之制，似乎也更为可信。三是在"二元制"的王年体系下，由于有了两套可供选择的历谱，所以金文与文献历日资料的合谱概率自然会大大增加，故不足以证明新体系更为科学可靠。

第四，"夏商周断代工程"关于西周王年研究的新思路。2000年10月公布的《夏商周断代工程1996—2000年阶段成果报告》（简本），是"断代工程"在王年研究中的初步成果。"断代工程"对西周王年历谱的研究大概遵循这样一种思路：以文献研究为基础，通过考古文化的分期与测年的验证（主要是殷周之际关键性考古遗址），以及对相关历日的天文学计算，建立一个西周年代学始年（也即武王克商之年）的大体范围。同时，选择有代表性的青铜器（以考古出土材料为主）作铜器类型学分析，判断出它们的相对年代。以此为基础，结合几个关键性的支点，如吴虎鼎与宣王十八年、晋侯苏钟与厉王三十三年、"天再旦"与懿王元年、虎簋盖与穆王三十年、鲜簋与穆王三十四年、静方鼎与《古本竹书纪年》中的昭王之年以及《召诰》《毕命》历日与成康之年等，用金文组的方式构建出金文历谱、排出西周诸王之年代。在此基础上，将各种结果进行综合与优选，从而整合出一个最佳的年代框架和西周诸王王年配置。

这种方法，显然照顾到了文献、考古材料、金文资料及天文历法等各个方面，所作的工作也更加全面、系统，涉及的学科也是最完备的，所以它能够最大限度地将文献与金文历日资料排入历谱。其研究手段是我们在今后的探讨中必须坚持的。但是，应当承认，这仅仅是一个阶段性成果，不可能十全十美，很多问题皆有待于更多材料的检验。例如月相"二分一点"是不是科学，岁首"建子""建丑"究竟应该如何取舍，年终置闰是否一定可靠，"时王生称"能不能作为断代标准，文献中关于恭王的历年是否确切、能不能改，"天再旦"的解释是否具有唯一性，金文组历日资料合谱与否呈周期性上下游动、应该如何卡定，测年数据与文献记载是否密合等，都有可供选择的余地。至于对某些金文干支的改动、元年师兑簋与三年师兑簋的次序等细部问题，也有进一步探讨的必要。而最近出土的四十二年与四十三年逑鼎铭文中历日资料不能完全入谱，也说明这个历谱还有完善与修正的必要。如果说宣王谱系有问题，那么宣世以前的诸王历谱也需要作相应的调整，很可能是牵一发而动全身的大问题。

上述关于西周王年、历谱问题所取得的成就，当然离不开考古新发现，在已被用来排谱的六十余件四要素俱全的金文资料中，大概有三分之一的铜器铭文是建国以后通过考古发掘或与之相关的活动中所得的，著名的如三年卫盉、五祀卫鼎、九年卫鼎、虎簋盖、元年师旋簋、五年师旋簋、散伯车父鼎、王臣簋、宰兽簋、逆钟、四年痶盨、十三年痶壶、晋侯苏钟、伯冤父盨、善夫山鼎、此鼎、此簋、吴虎鼎及柞钟等等，这些铜器的重要性在于它们不仅为西周王年历谱的研究提供了更多的文字资料，而且为前期的器形研究提供了具体的实物证据，使得新的研究有了更为可靠的参考标准。倘若没有这些新发现，西周王年历谱的探讨也只能是纸上谈兵。

（三）春秋、战国金文的分域与编年研究

近年来，随着新材料的不断出土，东周金文的分域研究有了飞速地发展，尤其是战国金文的分域与编年，所取成绩令人瞩目，也成为 50 年代以来金文总体研究水平提高的一个重要标志。

1. 春秋金文的分域研究

犬戎入侵，导致了西周的灭亡。平王在无奈中东迁洛邑，从此王室式微，代之而起的则是诸侯争霸的局面。王室沦落之后，王朝与王官再也无力铸造大批量的青铜礼器，其主导地位亦为各国诸侯之器物所取代。春秋时期诸侯国的青铜器，在继承西周王朝风格的基础上，又逐渐发展出各自的区域特色，大体说来可分为四系，即以秦、晋为代表的西北系，以郑、宋为代表的中原系，以齐、鲁为代表的东土系和以吴、楚为代表的南土系[88]。当然，我们还可以利用新的考古材料作进一步的国别区分。

春秋金文的分域研究盖肇始于郭沫若，他在《两周金文辞大系》下编中，以国别为序，将所见的东周铜器二百六十一件分三十二国作了释读。尽管当时资料还不完备，所援引的资料亦多属传世品，很少有明确的出土地点可作直接依据；且郭氏所做工作有略显粗疏之嫌，如所谓的三件卫器其实都有疑问，体例也不甚严谨，不少器物如燕侯旨鼎、沈子也簋、楚公逆铺、季林父簋（郭称"孙林父簋"）等显然是西周时期的。但此举为以后东周金文的分国、分域研究开了个好头。其后如白川静、高明、朱凤瀚[89]等学者也有所论及。

在 50 年代以来的半个世纪里，春秋时期的诸侯国青铜器的大量发现，如山东地区发现的莒、纪、滕、郱、齐、鲁列国之器，江苏、安徽一带则吴、越、徐、舒、蔡之器习见，河南、湖北一带则广见虢、楚、曾、黄、蔡、都诸国之物，陕西则出秦国重器，其他如晋国著名的子犯编钟的发现等，为春秋金文的分国研究提供了相对充足的材料。因此，相关的专门论著也多了起来，如王辉《秦铜器铭文编年集释》、黄锡全《湖北出土商周文字辑证》、董楚平《吴越徐楚金文集释》、施谢捷《吴越文字汇编》等等，皆属这方面的力作。而最为系统的资料书则有马承源主编的《中国美术分类全集·中国青铜器全集》，其中有五册是专门收录东周列国铜器的。当然，上述论著所录铭文多不限于春秋，也包括了一定数量的西周和战国甚至秦代的材料。而这些专著与资料集的出版，为东周金文分国研究打下了比较坚实的基础。

2. 战国金文的分域与编年研究

战国以降，青铜器铭文有了显著的变化，从载体、铭文内容到文字形体，都体现出明显的区域性特征。尤其是字形，有减笔、增笔、借笔、合文、合文后再减省某些部首等各种复杂的现象，而且还存在字体因国而异的情况，所以其研究素称艰难。但随着 20 世纪下半叶以来考古资料的不断发现，各种可资比照的文字资料也多有积累，故释读能力有了显著地提高，分域与编年的研究也进展神速。

早在 20 世纪二三十年代，王国维、唐兰先后提出文字东西两系说的著名观点[90]。虽说当时作此论断其材料依据还相当匮乏，然则导夫先路，功不可没。到了 50 年代，李学勤提出战国文字分为齐、燕、三晋、楚、秦五系之说[91]，较之两系说有了显著进步，为以后战国金文的分域研究奠定了良好的基础。继之则有何琳仪《战国文字通论》，对战国金文及其他文字作了更详尽细致与系统的探讨。在新出考古材料尤其是具有断代意义的战国铜器群不断出土的推动下，各区域文字的研究皆结出了丰硕的果实。

（1）"三晋器"铭文的研究

对三晋器的研究起步甚早，20 年代洛阳金村魏器骉氏编钟和骉羌编钟的出土，便引起了当时学界的注意。70 年代以后，在新出材料的触动下，出现了比较系统的论著，如专门研究兵器铭文的有郝本性《新郑"郑韩故城"发现一批战国铜兵器》、《新郑出土战国铜兵器部分铭文考释》、黄盛璋《试论三晋兵器的国别和年代及其相关问题》[92] 等等，关于三晋青铜容器铭文的系统论述则有黄盛璋的《三晋铜器的国别、年代与相关制度》[93]。其他如李学勤《东周与秦代文明》一书中也有专章涉及。

战国时期的三晋铜器铭，主要包括青铜容器与兵器两大宗，还有少数则是可以与容器作配套研究的衡器。

传世及考古发掘出土的有铭容器与衡器有四十余件，而魏器所占比重最大，有近二十件，其余韩赵之器各五六件，未能判别国属的三晋器则有十余件。其中比较著名的器物有梁十九年鼎、梁二十七年四分鼎、梁二十七年半䅅鼎、梁上官鼎、安邑下官锺、私官鼎[94]、三十五年安令鼎、平安君鼎、宁鼎、宁皿、梁阴鼎、郑东仓铜器、春成侯锺、贵厨鼎、右厨鼎、少府盉、土军壶[95]、原氏壶、昌国鼎、十一年库鼎、中私官鼎、司马成公权等等，以传世为主。容器多记容量、少数记有重量，权则仅记重量；此外就是"物勒工名"，有监造、主造与制造者之名号，作为考绩的依据。而一件完整的铭文一般包括五项内容，即造器的时间、造器的地点、造器之人（监造、主造、制造）、铜器的容量与重量以及置用地点。如三十五年安令鼎铭云："卅五年安令周共、视吏秋、冶期铸，容半齋，下官。"但多数铭文所含内容只有二到三项。这些材料对研究当时的官制、历史地理、工官监造制度、度量衡制度等等皆有重要价值。

三晋兵器以1971年新郑"郑韩故城"所出的韩国兵器为大宗，有铭文者达一百七十余件，但资料公布并不完整。其他传世的韩国兵器铭文，多散见于各种著录书中，如黄盛璋整理的就有十件[96]。赵国兵器铭文有四十余件，以传世器为主；魏国兵器铭文有近二十件；其他无法分国的三晋器也有十来件[97]。总数在二百五十件以上。这是相当可观的，也非常可贵。铭文多记造器的时间与造器之人（包括监造者、主造者与制造者），并涉及地名、库名与职官名，如"廿年，郑令韩恙、司寇吴裕、左库工师张阪、冶赣"[98]，是研究当时官制、历史地理及工官监造制度的重要资料，而制造者称"冶"则是三晋器的特征。

（2）秦金文释读与编年

秦金文的著录始自北宋，而1914年刊行的罗振玉《秦金石刻辞》、1931年刊行的容庚《秦汉金文录》等著作，则是综合研究秦系文字的早期成果。自王国维提出文字东西两系说以来，秦金文更引起了学者的兴趣。但限于材料不足征，研究只能笼统为之。李学勤《战国时代的秦国铜器》[99]一文，可算是该领域比较系统的奠基之作。伴随着考古资料的积累，才有了对秦金文尤其是战国秦铭文作细致的编年研究的可能。

目前所知可以确定的最早秦器铭文是西周晚期的不娶簋，其器盖为传世品，器身则于 80 年代在山东出土。器铭记录了不娶征伐猃狁、得胜献捷诸事，有很高的史料价值。李学勤认为不娶即秦庄公，是宣王命庄公兄弟伐西戎的历史记录，故其年代当在公元前 820 年左右[100]。此说已为大多数学者所接受。春秋早期的秦器主要有 70 年代在宝鸡太公庙村发现的秦公钟和秦公镈，80 年代陇县边家庄出土的卜淦戈，以及 90 年代甘肃礼县秦公大墓盗掘出土的秦公鼎、壶、簋等等。春秋中期的秦器铭文尚不易确定，至于晚期器铭则有传世的秦公钟和民国初天水出土的秦公簋等，对于其器主学界争议很大，有成、穆、康、共、桓、景诸说[101]。目前尚无定论，可以继续讨论。当然，战国之前的秦金文只能是大略地断代，系统的编年研究还有待于新材料的进一步发现。

战国时期的秦金文主要包括三项，即量权、兵器与虎符。其中量权与兵器铭文是其大宗。这或许就是商鞅变法之后秦国重视耕战风气的折射[102]。

秦孝公即位不久，即令商鞅变法，以消弭内忧外患，其中一项重要的变法内容就是对度量衡制度的改革，即《史记·商君列传》所谓"平斗桶权衡丈尺"。今日能见到的最为著名的量器就是孝公十八年（公元前 334 年）的商鞅方升，规定以"十六尊（寸）五分尊（寸）为一升"。秦公簋原本是春秋时期的标准礼器，传到了战国，它竟然成了量器，其上被补刻了"西元器一斗七升膡，簋"、"西一斗七升大半升，盖"等纪量铭文，这也反映了变法以后秦人对度量衡制度的重视程度。嬴政统一天下之后，将秦的度量衡标准推向全国，推行所谓的"一法度量石丈尺"的经济措施，并制发了大批度量衡标准器，甚至在商鞅方升上也被再次加刻诏文，曰"廿六年，皇帝尽并天下诸侯，黔首大安，立号为皇帝。乃诏丞相状、绾：法度量，则不壹；歉疑者，则明壹之。"秦人的务实精神及对度量衡的重视由此而能见其一斑。50年代以来，陕西、甘肃一带常有战国量衡器出土，如咸阳鼎[103]、私官鼎、中敢鼎[104]、安邑下官铜锺等等，尽管如安邑下官铜锺者原本是三晋之器，但这些器物入秦之后，又经重新较量、继续使用。从铭文看，其容量单位有"斗"、"升"等，重量单位有"斤"、"两"、"铢"等，长度单位有"尊（寸）"，很有地方色彩。量权铭文一般记有监造人、主造人、制造人、时间、地点、容积及重量等内容，成为研究战国经济史及多级监造制度的重要资料。

战国早期的秦兵器十分罕见，至中期以后则大盛，仅纪年兵器铭文一项，已刊发者就达四十余款。如大良造鞅戟、大良造鞅矛镦、十三年相邦仪戈、相邦张仪戟、王五年上郡守疾戈、七年上郡守间戈、十四年相邦冉戈、五年相邦吕不韦戈、十九年寺工铍等等，其铭文格式一般由监造者、主造者、铸造者的名号构成，已经从此前的"物勒主名"发展到了"物勒工名，以考其诚"。对于秦国兵器铭文，很多学者作过研究，其中最系统的论著主要有袁仲一《秦中央督造的兵器刻辞综述》[105]、陈平《试论战国型秦兵的年代及有关问题》[106]与黄盛璋《秦兵器分国、断代与有关制度研究》[107]等，收罗材料极为详备，分析也十分精细。

已知秦虎符有1975年西安北郊发现的杜虎符[108]，以及传世的新郪虎符和阳陵虎符等三器。其中阳陵虎符旧有汉器之说，经王国维考证，始知为秦嬴政时器[109]。铭文中有"皇帝"之称，所以应该是秦统一之后的兵符。新郪虎符有铭文四行四十字，云：“甲兵之符，右在王，左在新郪。凡兴士披甲、用兵五十人以上，必会王符乃敢行之。燔燧事，虽无会符行殹。”对其年代，王国维首创“此符当为秦并天下前二三十年间物”之说[110]，唐兰则以为在秦嬴政十七年至二十六年间（公元前230年—前221年）[111]，侯锦郎以为在昭王四十一年（公元前266年）秦拔魏之郪之后[112]。杜虎符（图一四）有铭文四十字，云：“兵甲之符，右在君，左在杜。凡兴士披甲、用兵五十人以上，必会君符乃敢行之。燔燧之事，虽无会符行殹。”称“君”而不称“王”及“皇帝”，故有学者以为其年代当在秦惠文称王之前的十三年间，也即公元前337至公元前325年[113]。但杜虎符的文辞、形制与新郪符极类，说明二者年代接近。有学者指出“君”是“君臣”之“君”，不能作为断代的标尺[114]，应该可信。杜虎符字体与始皇帝统一六国后所铸的诏版文字接近，将其年代定为昭王之世[115]，或更可靠些。

　　另王辉依据秦国纪年铜器撰成《秦铜器铭文编年集释》一

图一四　杜虎符铭文拓本

书，是秦铭研究中很有代表性的成果，有较高的学术价值。

（3）楚系铭文的研究

楚器的研究始于30年代，安徽寿县李三孤堆楚墓的发现成为研究展开的契机。50年代鄂君启节的出土以及70年代末曾侯乙墓的发掘，则引起了学界的震动，从此楚器铭文的研究步入了鼎盛，其研究状况在第三章中已有比较详细的介绍，故不赘言。

楚系文字中还有一类有"鸟书"之称的独特兵器铭文，这些文字在历史上曾被误认为夏代文字。为纠正其谬，容庚从30年代便致力于相关研究，颇有建树。陈直亦撰有专文[116]，对鸟书的产生与灭绝、地域之分布、鸟书之载体等问题作出综论，可以补容氏之不足。另马国权《鸟虫书论稿》[117]一文，也对鸟书的方方面面作了综论与考释，有相当的学术价值。近几十年，此类文字也时有发现，如楚王孙渔戟、艾君凤戈、番仲戈、许戈、新邥戟及楚王戈等，为进一步研究增添了新材料。而曹锦炎《鸟虫书通考》一书，则是研究鸟书的最新力作。其中有二十余器属新刊布材料，有较高的学术价值和资料价值。

楚系文字涵盖广泛，学界通常将江汉流域、随枣走廊一带的诸姬封国之文字，以及江淮流域下游的吴、徐、舒文字，乃至于江浙地区的越国文字都归属于此。随着考古新资料的不断积累，吴越地区的战国金文也逐渐成为学界单独研究的对象，如曹锦炎《吴越青铜器铭文述编》、董舒平《吴越徐舒金文集释》、施谢捷《吴越文字汇编》等等，就是这方面的代表性成果，对今后建立更细致的文字区系框架当有裨益。

其他像李零的《楚国铜器铭文编年汇释》、《东周时期的典型楚国铜器群》[118] 和刘彬徽的《楚系青铜器研究》等等，都是关于楚系文字的综合性研究成果，有重要参考价值。

（4）燕、齐金文的研究

燕金文中礼器与容器铭文较少，目前所见共计不到二十件。其中传世者有燕侯载簋、燕侯载豆、王后鼎、武坪君钟、丙辰方壶、重金方壶及襄安君铍等；考古发现者又有十余件，如西宫壶、左遟壶、右遟尹敦、楚高罍、安阳鼎、王太后鼎、廿五重斤罍、郭大夫甗和永用札涅壶等等。对于这些青铜器铭文，学者如李学勤、郑绍宗、李家浩、吴振武、王辉[119] 等间有探讨，但在释读上时有分歧。冯胜君《战国燕青铜礼器铭文汇释》[120] 一文集中考察了上举燕器，最为系统，但某些文字的释读略有不足。

燕金文以兵器铭文为其大宗，兵器刻辞之富可列诸国之首。除大量的传世器外，考古发掘中亦时有重大发现，如1973 年河北易县燕下都 23 号遗址就曾出土一百零八件铜戈，其中有近一百件铸刻匽王之名号，如燕王职、燕王𣄼、燕王喜等，结合传世及其他地方出土的燕王兵器铭文，如燕侯载戈、燕王朕戈、燕王戎人戈等等，可以考证《史记·燕世家》中的燕王世系与名号等问题，素为历史、考古学界所重视。燕国兵器铭文中往往记录职官（如御司马、行仪、桦旅、将军、右马工尹、乘马大夫）、兵车（王萃、黄卒、巾萃、霓萃）、兵器（锯、镂、铈）及其相关的特殊用语。兵铭对监造制度也有所体现，监造者由燕君亲自担任，很有特色。地方所造者多记地名。如此种种，对研究相关历史问题极富价值。系统研究燕兵铭文的文章有石永士《郾王铜兵器研究》[121]、黄盛璋《燕、齐兵器研究》[122]、沈融《燕兵器铭文格式、内容及其相关问题》[123] 及冯胜君《战国燕王戈研究》[124] 等，其中黄氏的文章所揭示的问题很多，为进一步研究打下了较好的基础。但燕兵器铭文有其不易解决的难题，比如燕王脮、燕王𩅊、燕王戎人究竟可与文献中的哪些燕王相对应的问题，目前尚无定论，学界提出过种种意见，但依据仍然不足。燕系金文研究中还有一个很主要的问题是其铭文难释，诸多争论也由此而来。

春秋中叶以来，齐国逐渐成为东方第一大国，受其政治势力的影响，周围的诸侯国如鲁、邾、倪、滕、薛、莒、杞、纪、铸等等，其文化慢慢趋同于齐，其中的铜器铭文就是表征之一。这些国家的文字，学界通称之为齐系文字。

战国时期的齐系金文以田齐为代表，主要有铜器铭文（包括礼器与量器）和兵器铭文两大类。其中有代表性的战国铜器主要有传世器陈逆匜、陈逆簠、陈曼匜、十年陈侯午敦、十四年陈侯午敦、陈𦛗簋、陈侯因𩇢敦、陈璋壶以及考古出土的陈喜壶、国子鼎等等。其中"陈逆"之名见于《左传》哀公十四年。"陈曼"即田襄子盘，见于《史记·田敬仲完世家》。陈侯午为太公和之子齐桓公，所以二敦分别为公元前365 年与公元前361 年田齐标准器。陈𦛗自称"釐叔和子"，故陈𦛗簋也应是齐桓时器。陈侯因𩇢敦器主"因𩇢"可读为"因齐"，即齐威王。陈侯午等四器徐中舒有专文研究[125]。陈璋壶记录伐燕之事，其器主"陈璋"也即是齐将田章[126]。陈璋壶铭文中所提到的"陈得"，又见于子禾子釜及陈得陶文，故其年代似在威、宣之际[127]。陈喜壶铭文的出土曾引起学界广泛关注，60 年代有一批成果出现[128]，但如铭文是否后来镶嵌等问题，尚须作进一步的探讨。其他齐系诸侯国战国时期的青铜器主要有邾伯鼎、莒侯簋等，学界亦有专文论述。

　　清咸丰年间出土于山东胶县灵山卫的子禾子釜、陈纯釜及左关铜（窓斋24·6），是三件有名的齐国量器，也是研究齐国度量制度的重要器铭，有很高的史料价值。

　　齐系兵器铭文多见于传世器，其文字形式与三晋不同，多系铸造。铭文内容亦有个性，通常是"物勒主名"而非"工名"，这种现象值得进一步研究。其他像自铭"徒某"、"散某"、"戈"作"钱"、"造"作"艁"与"窹"等等，皆有地方色彩，有助于兵器铭文的国别判断。关于齐系铭文的系统性专门性论著还不多见，黄盛璋《燕、齐兵器研究》则是目前最为系统的研究成果，其他如何琳仪《战国文字通论》"齐系文字"节亦称完备。

　　相对而言，燕、齐金文研究还显薄弱，很多问题只能有待于今后的考古新发现。同时，对其他古文字材料，诸如玺文、陶文等，应该充分利用，互相考校。

　　总的看来，东周青铜器铭文的分域与编年有了长足的进步，尤其是战国金文的相关研究，已经构建了良好的体系。但有些地区的研究还相对薄弱，在分国和编年上也存在一定的缺环。而今后可以用力的方向盖在于尽量借鉴西周铜器铭文研究中比较成熟的相关理论与手段，并且充分利用同时代的其他文字资料作横向比较。当然，有些关键性问题还需要依靠今后的考古新材料始能解决。

注　释

［1］ B. Karlgrin, " Yin and Chou in Chinese Bronzes", *Bulletin of the Museum in Far Eastern Antiquities*, No. 8, 1936.

［2］王献唐《黄县曩器》，《山东古国考》第78页，齐鲁书社1983年版。

［3］杨宝成《殷墟文化研究》第153页，武汉大学出版社2002年版。

［4］中国社会科学院考古研究所《殷墟青铜器》"前言"，文物出版社1985年版。

［5］分别参见安阳市博物馆《殷墟戚家庄269号墓发掘简报》，《中原文物》1983年第3期；安阳市文物工作队《殷墟戚家庄东269号墓》，《考古学报》1991年第3期；中国社会科学院考古研究所安阳工作队《安阳殷墟西区一七一三墓的发掘》，《考古》1986年第8期；中国社会科学院考古研究所安阳工作队《安阳郭家庄160号墓》，《考古》1991年第5期；中国社会科学院考古研究所安阳工作队《1980年河南安阳大司空村M539发掘简报》，《考古》1992年第6期；中国社会科学院考古研究所安阳队《1991年后冈殷墓的发掘》，《考古》1993年第10期；中国社会科学院考古研究所安阳工作队《河南安阳市郭家庄东南26号墓》，《考古》1998年第10期。

［6］《安阳殷墟花园庄东地54号墓》，国家文物局主编《2001中国重要考古发现》第29页，文物出版社2002年版。

［7］王世民《郭沫若同志与殷周铜器的考古学研究》，《考古》1982年第6期。

［8］郭沫若《彝器物形象学试探》，收录于《两周金文辞大系图录考释》，上海书店出版社1999年版。

［9］收录于历史语言研究所研究员、外国通讯员、编辑员、助理员共撰《蔡元培六十五岁庆祝论文集》第73—104页，1932年。

［10］朱凤瀚《古代中国青铜器》第37页，南开大学出版社1995年版。

［11］同［10］。

［12］刊于《考古学报》第7册（1954年）。

［13］以上二文分别刊于《北京大学学报》1964年第4期；《考古学报》1979年第3期。

［14］以上二文分别刊于《殷墟青铜器》第27—78页、第79—102页，文物出版社1985年版。

［15］具体研究成果可参考罗森 *Ancient China：Art and Archaeology* 一书中所附的参考书目及张维持《中国青铜器外文著述》（载《中山大学学报》1965年第3期）。

［16］Edward L. Shaughnessy：*Source of Western Zhou History：Inscribed Bronze Vessels.* pp30 - 34，Berkeley：University of California Press，1991.

［17］Edward L. Shaughnessy：*Source of Western Zhou History：Inscribed Bronze Vessels.*

p31.

[18] In *Archives of the Chinese Art Society of America.* VII, 1953.

[19] Edward L. Shaughnessy: *Source of Western Zhou History*: *Inscribed Bronze Vessels.* pp27—30.

[20] 孙稚雏《青铜器论文索引》第 198 页，中华书局 1986 年版。

[21] 收录于樋口隆康主编，蔡凤书翻译《日本考古学研究者中国考古学研究论文集》第 39—134 页，香港东方书店 1990 年版。

[22] Edward L. Shaughnessy: *Source of Western Zhou History*: *Inscribed Bronze Vessels.* pp17—18.

[23] 陈梦家《西周铜器断代》（一），《考古学报》第 9 册（1955 年）。

[24] 中华书局 2004 年整理出版的陈梦家《西周铜器断代》一书，除收录《考古学报》上发表的六篇文字之外，还汇集了其他诸多未定稿，这对我们理解陈先生的相关观点颇有助益。

[25] 刘启益《微氏家族铜器与西周铜器断代》，《考古》1978 年第 5 期。李学勤《西周中期青铜器的重要标尺——周原庄白、强家两处青铜器窖藏的综合研究》，《中国历史博物馆馆刊》1979 年第 1 期。朱凤瀚《关于北赵晋侯墓地年代和墓主人的探讨》，北京大学中国传统文化研究中心编《文化的馈赠——汉学研究国际会议论文集》（考古卷）第 192—198 页，北京大学出版社 2000 年版。

[26] 分别刊于《考古学报》1984 年第 3 期；《考古学报》1990 年第 2 期。

[27] 刊于《考古学报》1988 年第 4 期。

[28] 王世民等《西周青铜器分期断代研究》"前言"，第 1 页，文物出版社 1999 年版。

[29] 收录于《京都大学东方文化研究所研究报告》第 15 册（1940 年）。

[30] 夏鼐《郭沫若同志对于中国考古学的卓越贡献》，《考古》1978 年第 4 期。

[31] 郭沫若《金文丛考》"重印弁言"，《金文丛考》，人民出版社 1954 年版。

[32] 郭沫若《两周金文辞大系图录考释》"初序"，《两周金文辞大系图录考释》第 3 页，上海书店出版社 1999 年版。

[33] 唐兰《论周昭王时代的青铜器铭刻》，《古文字研究》第 2 辑，中华书局 1981 年版。

[34] 同[33]第 13 页。

[35] 王国维《明堂庙寝通考》，《观堂集林》第 123—144 页，中华书局 1959 年版。

［36］初刊于《支那学》第 5 卷第 3 号（1929 年），后又收录于罗振玉《辽居杂著》，1929 年石印本。

［37］郭沫若《中国古代社会研究》"附录"，上海联合书店 1930 年版。

［38］郭沫若《殷周青铜器铭文研究》，1931 年影印本。

［39］郭沫若《两周金文辞大系图录考释》第 8 页，上海书店出版社 1999 年版。

［40］刊于《国学季刊》第 4 卷第 1 册（1934 年）。

［41］同［23］。后又改从康王说。

［42］陈梦家《西周铜器断代》（二），《考古学报》第 10 册（1955 年）。

［43］刊于《考古学报》1962 年第 1 期。

［44］刘启益《西周金文中所见的周王后妃》，《考古与文物》1980 年第 4 期。何幼琦《论康宫》，《西北大学学报》1985 年第 2 期。

［45］杜勇、沈长云《金文断代方法探微》第 3 页，人民出版社 2002 年版。

［46］王国维《观堂集林》第 895—896 页，中华书局 1959 年版。

［47］刊于《历史语言研究所集刊》第 3 本 2 分第 279—293 页（1931 年）。

［48］郭沫若《谥法之起源》，《金文丛考》第 89—101 页，人民出版社 1954 年版。

［49］分别刊于《中华文史论丛》1983 年第 1 辑，上海古籍出版社 1983 年版；《文史》第 17 辑第 27—64 页，中华书局 1983 年版；《中国史研究》1999 年第 1 期。

［50］屈万里《谥法滥觞于殷代论》，《历史语言研究所集刊》第 13 本第 219—226 页。

［51］罗士琳《周无専鼎铭考》，《丛书集成》本。张穆《虢季子白盘文跋》，《月斋文集》第 4 卷，《山右丛书初编》本。王国维《兮甲盘跋》，《观堂集林》第 1206—1209 页，中华书局 1959 年版。

［52］分别刊于《国学论丛》第 2 卷第 1 期；《燕京学报》第 6 期。

［53］陈寅恪当时在清华国学研究院中所承担的指导学科有年历学。参考桑兵《晚清民国的国学研究》第 142—148 页，上海古籍出版社 2001 年版。

［54］新城新藏《中国上古金文中的历日》，《东洋天文学史研究》，《支那学》第 5 卷第 2 号（1928 年）。

［55］具体研究成果参考朱凤瀚、张荣明编《西周诸王年代研究》（贵州人民出版社 1998 年版）一书，兹不具列。

［56］俞樾《生霸死霸考》，《春在堂全书·曲园杂纂》第 10 卷，光绪十五年刊本。

[57] 主要论著有刘师培《周代吉金年月考》，《刘申叔先生遗书·左庵外集》第
1623—1625 页，江苏古籍出版社 1997 年版。董作宾《四分一月说辨证》，
《中国文化研究所辑刊》第 2 卷（1943 年）。同［42］。张汝舟《西周考
年》，《二毋室古代天文历法论丛》第 155—188 页，浙江古籍出版社 1987
年版。张闻玉《西周铜器断代研究三题》，《西周王年论稿》第 26—44 页，
贵州人民出版社 1996 年版。黄彰健《释〈武成〉与金文月相》，《历史研
究》1998 年第 2 期。

[58] 劳榦《周初年代问题与月相问题的新看法》，香港中文大学《中国文化研究
所学报》第 7 卷第 1 期（1974 年）。刘启益《西周金文中月相词语的解
释》，《历史教学》1979 年第 6 期。

[59] 同［46］第 19—26 页。

[60] 收录于常宗豪主编《古文字学论集初编》第 309—349 页，香港中文大学
1983 年版。

[61] 刊于《大陆杂志》第 65 卷第 5 期。

[62] 收录于吴泽主编、袁英光选编《王国维学术研究论文集》第 1 辑第 62—99
页，华东师范大学出版社 1983 年版。

[63] 分别刊于《中国史研究》1987 年第 1 期；《史学月刊》1988 年第 5 期。

[64] 分别刊于《文史》第 28 辑第 29—47 页，中华书局 1987 年版；《文史》第
29 辑第 43—87 页，中华书局 1988 年版。

[65] 如《晋侯苏编钟的时、地、人》、《晋侯苏编钟历日的分析》、《静方鼎与周
昭王历日》、《月吉、初吉、既吉》、《由蔡侯墓青铜器看"初吉"和"吉
日"》，皆收录李学勤《夏商周年代学札记》，辽宁大学出版社 1999 年版。

[66] 黄盛璋《释初吉》，《历史研究》1958 年第 4 期。

[67] 刘雨《金文"初吉"辨析》，《文物》1982 年第 11 期。

[68] 夏商周断代工程专家组《夏商周断代工程 1996—2000 年阶段成果报告》
（简本）第 35—36 页，世界图书出版公司 2000 年版。

[69] 主要论著有马承源《晋侯稣编钟》，《上海博物馆集刊》第 7 辑，上海书画
出版社 1996 年版。王恩田《晋侯稣钟与周宣王东征伐鲁》，《中国文物报》
1996 年 9 月 8 日。王占奎《晋侯稣编钟年代初探》，《中国文物报》1996 年
12 月 22 日。冯时《晋侯稣钟与西周历法》，《考古学报》1997 年第 4 期。
李学勤《晋侯苏编钟的时、地、人》、《晋侯苏钟历日的分析》，收录于
《夏商周年代学札记》，辽宁大学出版社 1999 年版。

[70] 徐天进《日本出光美术馆收藏的静方鼎》，《文物》1998 年第 5 期。

[71] 陕西省文物局、中华世纪坛艺术馆《盛世吉金——陕西眉县青铜器窖藏》，北京出版社出版集团、北京出版社 2003 年版。

[72] 王占奎《关于静方鼎的几点看法》，《文物》1998 年第 5 期。李学勤《静方鼎与周昭历日》，《夏商周年代学札记》第 22—30 页，辽宁大学出版社 1999 年版。

[73] Herrlee G. Creel: *The Origins of Statecraft in China*（*Volume one*）: *The Western Chou Empire*. Chicago: the University of Chicago Press, 1970. Cho – Yun Hsu and Katheryn M. Linduff: *Western Chou Civilization*. New Haven and London: Yale University Press, 1988. Edward L. Shaughnessy: *Source of Western Zhou History*: *Inscribed Bronze Vessels*. Berkeley: University of California Press, 1991.

[74] 北京师范大学国学研究所《武王克商之年研究》附录"武王克商之年研究论著要目"第 687 页，北京师范大学出版社 1997 年版。

[75] 同 [68] 第 38—39 页。

[76] 以下论述主要参考朱凤瀚、张荣明《西周诸王年代研究述评》一文，载于《西周诸王年代研究》第 388—431 页，贵州人民出版社 1998 年版。

[77] 陈梦家《西周铜器断代》（六），《考古学报》1956 年第 4 期。

[78] 收录于朱凤瀚、张荣明《西周诸王年代研究》第 358—366 页，贵州人民出版社 1998 年版。

[79] 张培瑜、卢央《有关天文年代学的几个问题》，《中国天文学史文集》编辑组编《中国天文学史文集》（第 5 集）第 56—72 页，科学出版社 1989 年版。

[80] 董作宾《西周年历谱》，《史语所集刊》第 23 本下册（1952 年）。周法高《西周年代新考》，《大陆杂志》第 65 卷第 5 期（1984 年）。丁骕《西周王年与殷世新说》，《中国文字》新 4 期（1981 年）。夏含夷 *The Absolute Chronology of the Western Zhou Dynasty*（《西周绝对王年表》），*Source of Western Zhou History*: *Inscribed Bronze Vessels*（《西周史史料学》）"附录三"。谢元震《西周年代》（上），《文史》第 28 辑第 29—47 页，中华书局 1987 年版。谢元震《西周年代》（下），《文史》第 29 辑第 43—87 页，中华书局 1988 年版。

[81] 新城新藏《西周月朔表》，《东洋天文学史研究》，1928 年。荣孟源《试谈西周纪年》，《中华文史论丛》1980 年第 1 辑第 1—21 页，上海古籍出版社 1980 年版。马承源《西周金文和周历的研究》，《上海博物馆集刊》第 2 辑第 26—74 页，上海古籍出版社 1983 年版。赵光贤《武王克商和西周诸王年

代考》，《北京图书馆馆刊》1992 年第 1 期。

[82] 同 [79] 第 56—72 页。张培瑜《西周年代历法与金文月相纪日》，《中原文物》1997 年第 1 期。

[83] 马承源《西周金文和周历的研究》《上海博物馆集刊》第 2 辑第 26—74 页，上海古籍出版社 1983 年版。

[84] 刘启益《西周纪年铜器与武王至厉王的在位年数》，《文史》第 13 辑第 1—24 页，中华书局 1982 年版。

[85] 何幼琦《西周的年代问题》，《江汉论坛》1983 年第 8 期。

[86] David S. Nivison: "The Dates of Western Chou", *Harvard Journal of Asiatic Studies*, 43 (2), 1983. Edward L. Shaughnessy: " On the Authenticity of the *Bamboo Annals*", *Harvard Journal of Asiatic Studies*, 46 (1), 1986.

[87] 该书是否已经公开出版目前尚不清楚，但其中的第九章已以《克商以后西周诸王之年历》为题发表在《西周诸王年代研究》一书中。

[88] 白川静《金文的世界》第 207 页，联经出版事业公司 1989 年版。

[89] 同 [88] 第 207—221 页。高明《中国古文字学通论》第 333—417 页，北京大学出版社 1996 年版。同 [10] 第 452—491 页。

[90] 王国维《战国时秦用籀文六国用古文说》，《观堂集林》第 305—307 页，中华书局 1959 年版。唐兰《古文字学导论》第 165 页，齐鲁书社 1981 年版。

[91] 李学勤《战国题铭概述》，《文物》1959 年第 7—9 期。

[92] 分别刊于《文物》1972 年第 10 期；《古文字研究》第 19 辑第 115—125 页，中华书局 1992 年版；《考古学报》1974 年第 1 期。

[93] 刊于《古文字研究》第 17 辑第 1—66 页，中华书局 1989 年版。

[94] 咸阳市博物馆《陕西咸阳塔儿坡出土的铜器》，《文物》1975 年第 6 期。

[95] 胡振祺《太原检选到土匀镈》，《文物》1981 年第 8 期。

[96] 黄盛璋《试论三晋兵器的国别和年代及其相关问题》，《考古学报》1974 年第 1 期。

[97] 同 [96]。

[98] 郝本性《新郑"郑韩故城"发现一批战国铜兵器》，《文物》1972 年第 10 期。

[99] 刊于《文物参考资料》1957 年第 8 期。

[100] 李学勤《秦国文物的新认识》，《文物》1980 年第 9 期。

[101] 李零《春秋秦器试探》，《考古》1979 年第 6 期。

[102] 何琳仪《战国文字通论》第 155 页，中华书局 1989 年版。

［103］钟侃《宁夏固原县出土文物》，《文物》1978 年第 12 期。

［104］咸阳市博物馆《陕西咸阳塔儿坡出土的铜器》，《文物》1975 年第 6 期。

［105］刊于《考古与文物》1984 年第 5 期。

［106］收录于《中国考古学研究论集》编委会编《中国考古学研究论集——纪念
夏鼐先生考古五十周年》第 310—335 页，三秦出版社 1987 年版。

［107］刊于《古文字研究》第 21 辑第 227—285 页，中华书局 2001 年版。

［108］黑光《西安市郊发现秦国杜虎符》，《文物》1979 年第 9 期。

［109］王国维《秦阳陵虎符跋》，《观堂集林》第 904—908 页，中华书局 1959 年
版。

［110］王国维《秦新郪虎符跋》，《观堂集林》第 903—904 页，中华书局 1959 年
版。

［111］唐兰《中国文字学》第 156 页，开明书店 1949 年版。

［112］侯锦郎《新郪虎符的再现及其在先秦军事、雕塑及书法研究上的重要性》，
《故宫季刊》第 10 卷。

［113］马非百《关于秦国杜虎符之铸造年代》，《文物》1982 年第 11 期。

［114］戴应新《秦杜虎符的真伪及其有关问题》，《考古》1983 年第 11 期。李学
勤《秦孝公、惠文王时期铭文》，《中国社会科学院研究生院学报》1992
年第 5 期。

［115］戴应新《秦杜虎符的真伪及其有关问题》，《考古》1983 年第 11 期。

［116］陈直《读容庚〈鸟书考〉书后》，《古文字论集》（一）（考古与文物丛刊
第 2 号）第 141—142 页（1983 年）。

［117］刊于《古文字研究》第 10 辑第 139—176 页，中华书局 1983 年版。

［118］分别刊于《古文字研究》第 13 辑第 353—397 页，中华书局 1986 年版；
《古文字研究》第 19 辑第 136—178 页，中华书局 1992 年版。

［119］李学勤、郑绍宗《论河北近年出土的战国有铭青铜器》，《古文字研究》第
7 辑第 123—138 页，中华书局 1982 年版。李学勤《谈文水出土的错银铭
铜壶》，《文物》1984 年第 6 期。李家浩《盱眙铜壶刍议》，《古文字研究》
第 12 辑第 355—362 页，中华书局 1985 年版。吴振武《释"受"并论盱
眙南窑铜壶和重金方壶的国别》，《古文字研究》第 14 辑第 51—60 页，中
华书局 1986 年版。王辉《"富春大夫"甗跋》，《考古与文物》1994 年第 4
期。

［120］吉林大学古文字研究室《中国古文字研究》第 1 辑第 183—195 页，吉林
大学出版社 1999 年版。

［121］ 收录于中国考古学会编《中国考古学会第四次年会论文集》第98—107
页，文物出版社1985年版。

［122］ 刊于《古文字研究》第19辑第1—65页，中华书局1992年版。

［123］ 刊于《考古与文物》1994年第3期。

［124］ 刊于《华学》第3辑第239—246页，紫禁城出版社1998年版。

［125］ 徐中舒《陈侯四器考释》，《中央研究院历史语言研究所集刊》第3本4分
（1933年）。

［126］ 陈梦家《六国纪年》第95页，上海人民出版社1956年版。

［127］ 同［102］第79页。

［128］ 主要论著有马承源《陈喜壶》，《文物》1961年第2期。于省吾《陈喜壶
铭文考释》，《文物》1961年第10期。陈邦怀《对〈陈喜壶〉一文的补
充》，《文物》1961年第10期。黄盛璋《关于陈喜壶的几个问题》，《文
物》1961年第10期。石志廉《陈喜壶补正》，《文物》1961年第10期。
安志敏《"陈喜壶"商榷》，《文物》1962年第6期。张颔《陈喜壶辨》，
《文物》1964年第9期。

五　铜器铭文中所反映的商周政治与社会

　　自有商到战国末年，金文的发展历史就其形式和内容看，大体可分成三大阶段。而各个阶段的金文资料皆有其相应的时代特征，所能反映的历史问题也不尽相同。

　　在青铜器上铸刻铭文自二里冈文化期就已开始，但真正的普及是在殷商时期。殷墟铜器铭文大致又可分为三个小阶段，即从武丁晚期到祖甲（或可延伸至廪辛）时期为第一阶段，从廪辛到文丁（也可延伸到帝乙）时期为第二阶段，帝乙、帝辛时期为第三阶段。其中第一和第二两个小阶段间的细微区别则体现在字形上，其余方面则大同小异，铭文皆十分简短，一般只有短短的三至五个字，甚至只有一至二个字。其内容通常是表示器物归属的族氏铭文或受祭对象也即死者的日名，稍微完整的形式则为二者的结合。故有学者认为，此中体现了商人极强的宗教意识，当时的贵族通常将铜器视作单纯的祭器或礼器[1]。

　　到了殷商时期晚段，也就是帝乙帝辛时期，才有了文字较多的纪事铭文出现。所谓长铭，其实也不过二三十字，字数在四十以上者极少，目前这样的长铭总共也不到二十件。如传世器中的小子虧卣、四祀邲其卣、我方鼎、二祀邲其卣、六祀父丁彝、十五祀万巤彝、廿祀辪簋、小子𫚭簋、廿祀宰椃角、六祀作册䚲卣（旧称"六祀邲其卣"）、十五祀小臣艅尊、六祀小臣邑斝、九祀舊𦥑卣、小子𫮃鼎、小子省卣及小臣缶鼎等。

考古发掘所得的则有戍嗣子鼎、廿祀寝孳鼎、七祀亚鱼鼎等，总之极为罕见。这些长铭，其内容一般都是讲器主因有功于王室而受赏赐，乃记其荣宠、祭告祖灵。此类铭文还有一个很重要的特征，即大多具有明确的周祭纪时形式，对研究商晚期的周祭制度与王年、历法问题帮助很大。有些铭文采用大事纪时法，主要涉及对东夷的战争，有相当重要的史料价值。

青铜器铭文从无到有、从简到长，可能不是技术问题，或有其特殊的含义。有学者认为："祖灵与祭祖者之间，是一种绝对而自然的关系，原本不须假借甚么事由。所以，最古的彝器都不纪录作器之缘由与目的。而到了殷末，这些铭文的出现，实意味着已在祖灵与祭祀其祖灵的氏族之间，开始加强媒介的作用来促进王室与氏族间的政治关系。祭祖，变成是依王室与氏族之关系而在其政治秩序之下进行了。彝器铭文所以纪录这种事情，乃直接显示政治的关系已强力地支配了氏族的生活。"[2]

随着武王伐商的军事胜利，殷商王朝的史官相继归周，这在史墙盘中有很好的体现。同时，前代的青铜器工匠也逐渐为周人所用。于是，姬周在商代青铜文明的基础上，建立了自己的青铜文化。西周早期（武、成、康、昭）青铜器，除了新型的方座簋的出现，其他铜器器种和形制，基本上是继承殷商而来的。纹饰上也有所发展，但最大的变化主要体现在铜器铭文上。像天亡簋、何尊、大小盂鼎、宜侯夨簋、麦尊、令尊、令彝等，都是铸有长篇铭文的重器。数十字的铭文已属寻常之事，数量远远超过殷商晚期，从而体现出与前代的不同和文化的进步。这极有可能是周人对礼仪制度大力提倡的结果[3]，也是周初统治者欲在政治和文化上超越商代雄心大略的具体表现[4]。周人喜欢通过铜器铭文来宣扬器主个人或家族的荣誉和地位，而这种荣誉和地位经常是与政治事件联系在一起的。当时的铭文"多以克商建邦、平乱、分封、方国征伐、巩固统治种种政治事件或政治活动为背景"[5]，具有"书史"的性质，对周初史实的勾勒有极其重要的价值。

西周中期（穆、恭、懿、孝）的铭文，长铭居多，一般以册命和追孝祖考为主，有比较固定的格式，其内容主要为封官、世袭等事宜。但也出现了一些反映新的社会现象的铜器铭文，如土地的交换、法律的诉讼、家族世系的追述，以及穆王时期的一些作战纪功。此外纪年铭文的大量涌现，也是该时期的一个特色。

西周晚期（夷、厉、宣、幽）铭文颇多长篇巨著，如毛公鼎、散氏盘、禹鼎、颂鼎、多友鼎等，都是国之重器。其内容除一般的册命文字之外，对猃狁入侵的抵御，对淮夷的控制（职贡问题）与征伐等都有突出的表现。但多数是流于形式的为追孝祖考而自作礼器的铭记。

犬戎入侵，导致了西周的灭亡。平王东迁，王室沦落。春秋早期的标准器多为诸侯之物，长篇铭文甚少，内容以诸侯、卿大夫之间的婚姻和自作用器的记录为主。对研究当时的婚姻形态及妇女社会地位等问题有一定的作用。

春秋中晚期的青铜器依旧是诸侯国的天下，其铭文以自作用器为多，铭辞或长或短，大体上有一定的格式，并喜用韵文，内容以显彰器主本人的家世、地位和身份，以及自诩品德之美为主，记载婚姻情况的铭文也不在少数。铭文中出现的大量贵族名号，可以与史籍互相印证，也可补充典籍记载之不足。但真正关涉史料的内容已经不多，"其书史的性质变而为文饰"[6]。这是因为青铜器的社会功能因时代的不同而有所改变的缘故。

战国金文除个别国家如田齐之外，已很少见到以前那些颂扬先祖、祝愿家族团结昌盛之类的套语，列国铜器上一般只有简单的铸器事由与器主名号。战国中期以后，随着集权政治的进一步发展，政府对与兵器、度量衡有关的手工业加强了控制，使铭文载体大为扩展，出现了"物勒工名"的内容，在兵器和量器上记载着负责青铜器监造者的职官名号、工长名号以及直接作器的工匠之名号。此外，还有在酒器、食器上铸刻器物置用地点与掌管者的官职，在量器上记录容量、重量以及使用地点的习惯[7]。此类铭文对研究当时列国的军事、手工业和度量衡等问题有重大意义。

既然各个阶段的金文在内容上有较大的区别，从金文中所能见到的政治与社会问题自然不可能是千篇一律的，且受篇幅的限制，以下的叙述也只能是各有侧重、有所选择地展开。

（一）商金文中所反映的殷商政治与社会

利用商金文探讨殷商历史，在近年来有了很大的进展，所取成绩主要表现在家族形态与家族结构、日名制与庙号、殷商晚期的王年及其相关问题、周祭制度和政治等级制度一系列课题上。尤其是在出土新材料的推动下，使得相关的研究越发深入细致。

1. 族氏铭文的研究整理与殷商时期家族形态、政治等级制度的探讨

从今天的研究结果看，说商周时期已经迈进了国家的门槛是不成问题的，但中国早期国家的形态显然带有浓郁的血缘色彩。如殷商时期的社会基础是族氏组织，从文献上看，族氏组织的结构比较复杂，如《左传》定公四年在陈述周初封建时讲道，封鲁公以殷民六族，"使帅其宗氏，辑其分族，将其类丑"，呈现出一种多层次的组织结构。这种记载是否真实反映了殷商时期的家族形态？我们能否在众多的考古遗存中找出相应的证据？20 世纪以来，中外学者们为寻找答案，付出了大量的心血，也取得了很多成就。其中比较显著的一项便是对族氏铭文的系统整理与研究，并在许多问题上有了明确的新认识。

早期铜器铭刻尤其是殷商器铭大多只有短短三至五字或者一字，其表现形式主要有以下六种：第一种为仅有日名或亲称加日名，其含义相对明确，表示该器为祭祀某人而作；第二种形式则为仅铸一种象形意味十足的文字；第三种形式则是第一、二两种形式的组合；第四种类型比较少见，主要是由祭名加日名构成，表示该器具体的用途（尤其是表示该器是专门用于某种祭祀的）；第五种类型就是个人名号加亲称与日名，表示该器由某人制作并专门用于祭祀某位先祖；最后一种就是表明该器物在祭祀场所中的摆放位置，但极其罕见。

第二和第三两类铜器铭文，据张亚初、刘雨等学者的初步统计，达四千几百件[8]，其数几乎占《殷周金文集成》所收器铭总数之半。对于这些象形意味极浓的铭刻之含义，早在 20 世纪 30 年代便有学者试图作出解释，到了 80 年代，相关的讨论得以更为深入的展开。鉴于此类铭文的风格与同时代的甲骨刻辞反差显著，故有些学者将之归属于不可释读的文字画（或称图画文字）[9]、图形文字[10]、图象记事符号[11]。但也有学者不同意诸如此类的说法，于是又有了族徽[12]（西方学者多称之为 clan - sign[13]）、族氏铭文[14]、记名铭文[15]之类的观点。其中最为重要的论著就是郭沫若《殷彝中图形文字之一解》、林沄《对早期青铜器铭文的几点看法》等文章。郭氏非常敏锐地将之与古代血族组织相联系，认为此类文字是"古代民族之图腾或其孑遗"。而林氏则在于省吾《释"骔"》[16]一文的影响下，主张此类金文是能够释读的文字，虽"仍赞同叫做'族徽'，但依据组成'族徽'的文字符号是可以读出氏名来的"。林氏还指出，象形族氏名号中的复合"族徽"表示氏族的分衍关系。此说对以后的研究影响甚大，也是目前学术界比较认同的一种观点。

从现有资料看，殷商时期的族氏铭文共计一千余种。此类铭文一般又可以分作单一族名与复合族名两种类型。所谓单一族名，就是某一族氏组织所用的族氏名号是用来显示自己的族氏为单纯的一级族氏组织，一般情况下，其名号只用一个字来表示。当然，某些单一族氏铭文还附缀上属于职官标志或居住地性质的文字。而复合族名则是由两个或两个以上的单一族名组成的，这种族氏名号的一大特点就是存在着不同的组合形式[17]。初步估算，金文中的单一族名大概在六百种左右，由单一族名组合而成的复合族名也有三四百种。从时间上看，殷商早期单一族名多见，晚期则复合族名大量涌现，并一直延续到西周早期，个别族氏名号如"朿"在西周中晚期还依然在使用。

与殷商家族形态、家族结构关系最为密切的当然是复合族氏名号问题。对于复合族名的含义，中外学者或专论、或兼及，多有程度不同的论述，意见不尽相同。如白川静认为，多数复合族名是表示两个或两个以上族的结合，是由几个族氏结合而成的族的标识[18]。这一观点直至现在还有少数学者支持。汪宁生则从图象记事的角度对此问题作出考察，认为这些复合族名大概是记祖先之功业或表示该族之特征[19]。但诸如此类的见解有许多解释不通的地方，与复合族名所反映的实际情况或有抵牾。还有一种在学界影响极大的重要的观点则是在60年代末由日本学者林巳奈夫率先提出的，他主张复合族名表示族的分支[20]。这一观点在80年代之后得到了国内很多学者的认同，如张政烺[21]、李学勤[22]、林沄等人皆有类似的意见。而朱凤瀚则专门撰作《商周青铜器铭文中的复合氏名》一文，对此类名号作了更深入细致的研究，对其含义、构成规律及其之所以存在的社会根源进行剖析，并用之释读部分早期器铭。文章支持林巳奈夫与林沄的观点，并进一步明确提出复合族名表示一个族的分支，这种形式的族名所采用的方式是将新族氏名号附于所自出之族的族名之下，以与所自出之族氏的名号相区别。

在复合族名理论的支撑下，并联系相关的考古资料与民族学材料，中外学者对殷商家族形态、家族结构以及家族组织与殷商政治的关系、早期国家中血缘与地缘的关系等重大历史问题作出了非常深刻的分析，主要成就体现在白川静《殷の族形态——いはゅみ亚字形款识につぃて》、《殷の基础社会》以及朱凤瀚《商周家族形态研究》等论著中。

在族氏铭文的探讨过程中，还有一个大家比较关心的话题，即族氏铭文能否体现社会或政治等级身份问题。也就是说，某些族氏铭文是否专门为那些有特殊身份之人而设。之所以为人关注，可能就像白川静所说的那样，"如果我们相信殷代铜器上的图像是在表示身分或职能，那么我们必可利用这些图像所显示彼此关系的全体观来设定殷王朝的秩序"[23]。而相关的讨论主要集中在"子某"、"亚某"和"册"上。

商金文中有"子某"类族氏铭文近五十个，尽管有个别学者以私名视之[24]，但更多学者主张，"子某"所指的族氏组织应该具有相同的社会等级与地位。如白川静认为："子字形是表示某种特定身分的标识……若据甲骨文，'子'是表示称作'多子'的王子身分；在金文里，这'子'下还添属其他图像，大概就是后来称作'子某'的吧！这个图像可能是王子领地的名称，把它添属上去作为名号的。"[25]最后，他非常明确地指出："子与𤔲，都是表示王族或王族遗裔的身分性标识。"[26]尽管有的学者否定族氏名号说，但有一点跟白川静的意见一致，即认为金文中的"子某"其身份是王室贵族成员。甚至某些学者还直接指出，"子某"之"子"就是商王族的姓[27]。涉及身份问题，其推断的结果自然与白川静等相似。另有一种极具影响的观点就是林沄所提的"子"是与商王同姓之贵族的尊称[28]。其他如汪宁生认为"子"字表示长幼等级[29]；而葛英会的说法与汪氏有相通之处，以为"子某"就是与"王某"相对应的新的族氏组织，也即"子族"，其中"王族"是一批有着悠久历史的世袭部落王的老氏族，而"子族则应该是由王族繁衍派生的子辈氏族"[30]。这算是一种新说，但与当时的国家形态似乎相悖。

上述学者对金文中"子某"类族氏名号的探讨，往往是与甲骨文中的"子某"一并考察的，所以难免要受到"多子"、"多生"对贞卜辞的影响。但"多子"之"子"应该是亲称，与"子某"之"子"的性质未必相同。而从最近的研究结果看，卜辞中的"子某"并不都是所谓的王族或王族分支，还包括了一部分商王族的姻亲[31]。金文中以"子某"为族名者也不一定就是"子"姓族氏，像"子韦"之族便属"改"姓[32]。所以，说"子"是商代贵族的尊称不误，但说必定是王族或从王族中分离出来的就难保准确。故"子某"类族氏是否有特定的社会身份或社会地位，还可以再探讨。

族氏铭文中还常见有系"亚"为称者，其数大约在八十个以上，如"亚疑"、"亚羌"、"亚獏"等等。此类名号也是学术界关注的重点，大家集中争论的焦点问题就是"亚"的含义。自宋代以来，"亚"形就是古代宗庙或宗庙建筑墙垣四周平面图形的说法，成了学界解释"亚"形的主流意见[33]。但考古发掘中缺乏"亚"字形建筑基址遗存，所以近现代的许多学者对这一传统的看法不甚满意，纷纷另寻新解。新说中有一种重要的观点，便是"亚"为特定人员的身份性标志。如唐兰主张"亚"是爵称，他根据金文"诸侯大亚"（籲簋）、"王饮多亚"（京彝）及卜辞中的"多亚"等词，并联系传世文献《牧誓》、《酒诰》、《立政》、《诗·载芟》诸篇中的相关记载，提出"亚"与诸侯之称相似，金文中的亚形，是作器者自署爵称。另如陈梦家则主张武官职称说[34]。白川静认为，"亚"形似陵墓之玄室，"凡以此为标识之图象，可能均职掌送葬之礼仪"[35]。王献唐也主张特殊身份标志说[36]。张光直在重新分析殷墟西北冈大墓资料后，联系秦汉以后的某些宗庙遗址、青铜镜图案、楚缯书以及玛雅文明的一些遗存，认为殷商的"亚"形必定是宗庙明堂类建筑，从"玛雅、中国文化连续性"这个角度看，"殷代的亚形代表一项非常古老的信仰观念"，是一种沟通天地的手段[37]。此外，还有许多其他意见，比如押记、印章的边栏及铭文的边栏性装饰等等[38]。

族氏铭文中所缀之"亚"形究竟是什么含义，这个问题尚可以进一步探讨。

就目前材料而言，比较能反映特定身份问题的就是族氏铭文中所缀之"册"字。此种类型的族氏铭文大概有二十多个，像"册羊册"、"册先册"、"册SЗ册"、"册膚册"、"陆册"、"大册"、"束册"、"韦册"等等。此类铭文尽管都带有"册"或"册册"的符号，但并不表示它们之间有共同的血缘关系，现在能够判别的像"韦册"为改姓族氏、"册羊册"与"束册"为子姓族氏、"陆册"为妘姓族氏[39]。所以，这些族氏不可能是"册"的分支，事实上，殷商时期也没有所谓的"册"族。依据卜辞及西周铜器铭文推断，族氏铭文中所缀之"册"或即为"作册"这一史官名号的标识，由于相关家族的族长在商王朝中任职"作册"这样的职务，所以在族氏铭文中缀上"册"字以示身份。白川静认为，这种"图象标识，大概也用以表示特定的职掌。这个图象与亚字形不同的是，它几乎不与其他独立的图象结合，所以它不该是各氏族内共通的职掌，而当视为全体礼仪中专掌某职之标识。……金文所称的'作册'，就是这种官职"[40]。而李伯谦则称之为"职官徽号"，指出"族徽与职官徽号是既有联系又有区别的两个不同的标记。有些仅署族徽不署职官徽号……有些则二者合署……显然，二者均有自己的独立性，职官徽号的有无甚至变化并不要求族徽也有相应的改变"[41]。这种说法应该是中肯的，所以"册"或"册册"，只能算作是族氏铭文的附加成分，而并不等于族氏名号本身。

对族氏铭文的研究，目前的成绩主要体现在上述两个方面。但与此类铭刻材料相关的问题还有一些，尤其是现今许多族氏铭文资料都是经科学发掘发现的，有明确的出土地点。因此综合利用这些材料，对理解当时各个族氏组织的迁徙、演化与发展有很大的意义，也有助于我们理解殷商时期以及商周之际的政治、军事、民族关系等问题。

2. 商金文中的日名制（庙号）及其相关问题

贵族死后以十天干（也即甲、乙、丙、丁等等）相称，是商民族的习俗。最早涉及这一问题的是东汉的《白虎通》，其《姓名篇》云："殷以生日名子何？殷家质，故以生日名子也。以《尚书》道殷家太甲、帝乙、武丁也。于民臣亦得以甲乙生日名子何？不使亦不止也。以《尚书》道殷臣有巫咸、有祖己也。"宋代学者如吕大临，则以金文中有无日名作为铜器断代标准，他在《考古图》"庚鼎"、"辛鼎"、"癸鼎"下提到："按《史记》夏商未有谥，其君皆以甲乙为号，则此三器疑皆夏商之器。"待及民国，罗振玉又作申论，他在《殷文存·序》中说："考殷人以日为名，通乎上下，此编集录，即以此为埻的。其中象形文字，或上及于夏器；日名之制，亦沿用于周初，要之不离殷文者近是。"用有无日名作为商周青铜器的断代标准，自然是没有道理的，因为姬周在取代殷商之后，商代的王官贵族纷纷归顺于周。所以，一直到西周中晚期，某些殷遗依然保留着用日名的习俗。这在考古发掘出土的西周铜器铭文中有充足的证据。但凡说日名制是商民族及其后裔的名号制度则是事实。对此，董作宾《论商人以十日为名》[42]、张懋镕《周人不用日名说》[43]等文章有比较充分的论证。

关于日名制的来历，自东汉以来，学界多以《白虎通》

为据，一般用生日说释之。个别学者如谯周则以为是"死称庙主"（《史记·殷本纪》索隐），也就是说日名是死后才定的。一直到民国初年，王国维依据卜辞资料，结合《白虎通》与谯周之说，对殷人日名制的由来，作了比较详细的说明，谓"然则商人甲乙之号，盖专为祭而设。以甲日生者，祭以甲日，因号之曰上甲，曰大甲，曰小甲，曰河亶甲，曰沃甲，曰羊甲，曰且甲。以乙日生者，祭以乙日，因号之曰报乙，曰大乙，曰且乙，曰小乙，曰武乙，曰帝乙。盖出子孙所称而非父母所名矣。上甲之名曰微，大乙之自称曰'予小子履'，周人称辛曰商王受、曰受德。可知商世诸王皆自有名，而甲乙等号自系后人所称。而甲乙上所冠诸字，曰上，曰大，曰小，曰且，曰帝，尤为后人追称之证矣。"[44]王氏日名制乃死称之说实为不刊之论。但其死称或庙号缘自生日之新说（学界通常简称为"庙号生日说"）则引发了后人的争论。

1951 年，董作宾亦依据卜辞资料撰《论商人以十日为名》一文，对王氏的观点予以修正，提出庙号是后人根据先祖卒日而定。董说可以简称为"庙号死日说"。其后陈梦家也同样以卜辞材料为依据，提出商王的庙号其实是一种致祭次序，这种次序是根据商王的世次、长幼、及位先后、死亡先后，顺着天干排定的[45]。其说一般简称为"庙号次序说"。1957 年，李学勤依旧援引卜辞为据，提出"庙号卜选说"，以为商王庙号是死后通过占卜选定的[46]。

庙号本身算不上热点问题，所以在当时并未引起大多数学者的注意。直到 1963 年，张光直发表《商王庙号新考》[47]一文，将庙号问题引申到商王室继统法、王室亲属制度、婚姻制度、殷礼新旧二派问题的实质及昭穆制度的由来等等，遂触发了研究中国古史的中外学者之兴致，从而使得庙号问题受到广泛关注。

张氏认为，传统的说法与当代学者的意见皆有无法说通的地方，商王庙号在世系中的出现是有规律可寻的：即十干之中的五个（甲、乙、丁、庚、辛）占六分之五；甲或乙与丁隔世出现；同世兄弟诸王间，甲或乙与丁或辛不同时并存；祀典中先妣与其配偶先王庙号不同。据此，张氏提出了一种全新的解释，认为日名制跟生日、死日皆无关系，而是死后庙主的分类体系。庙主的分类，反映活人的社会身份地位的分类，商人的庙号可以当作研究商代王制的一把钥匙。细言之，即商王室虽同为子姓，却可在内部分成两大组和若干小组，大组之一包括甲、乙、戊、己，以名甲乙者最多；另一组包括丙、丁、壬、癸，以名丁者最多；此甲乙组和丁组为子姓王室内政治势力最强盛的两支，隔代轮流执政。并认为先妣与其配偶先王庙号不同，是商王室实行内婚制的具体的证据，每隔一世行父方交表婚制，以保证王位能在舅甥之间得到顺利传递。

张氏新说甫出，便在学界激起巨浪。如丁骕《再论商王妣庙号的两组说》[48]、陈其南《中国古代之亲属制度——再论商王庙号的社会结构意义》[49]等文，都是在张氏的启发下，将庙号之日干重新分组，并对商王世系日名十干分布现象重作解释，以期补充和发挥张氏的观点。而许进雄《对张光直先生〈商王庙号新考〉的几点意见》[50]、杨希枚《联名制与卜辞商王庙号问题》[51]等文，则是直接批驳张氏新说的。当然，以上论著主要是依据文献、卜辞以及民族学资料作出的。随着争论的不断深入，涉及内容从王室、王族推演到商民族共同体的普通贵族。金文日名资料也逐步进入研究范围，其史料价值亦渐渐显露出来。

为回应持不同意见者的诘难，十年之后，张光直依据一千二百九十五件日名铜器资料（张氏估算其中有商器一千一百零二件，西周器一百九十一件，时代不明者二件）及 1973 年耶鲁大学医学院附属医院新生儿出生日期材料，发表《谈王亥与伊尹的祭日并再论殷商王制》[52]一文，对商王庙号含义与商代王制问题作了进一步深入论证，重申自己的观点。其后，周法高依据《金文诂林》所涉及的三千一百六十七件铜器铭文中的日名资料做出统计，发表《殷商金文中干支纪日和十干命名的统计》[53]一文，其结果也与张氏同，即十干命名不平衡，偶日命名者居多。但周氏并未据此申论十干庙号的含义问题。

张光直等学者对金文日名分布情况的统计，足以推翻流行已久的庙号生日说与庙号死日说。但这种日名奇偶分布不均的所谓规律性，是否与商代王位传承制、婚姻亲属制、昭穆制等政治与家族制度有必然的联系，则须认真对待。也就是说这种现象是确实存在的，但究竟是什么原因造成的，是否有某种特殊的含义等等，尚有待进一步探讨。张氏的观点只能说是一种有意义的假说，也确实推动了相关制度研究的深入，但还不能算是不刊之论。

20 世纪八九十年代，关于金文中的日名问题的讨论还在继续进行，学者更为关注的是现象背后的意义或含义问题，所以又提出了各种新的意见。如美国学者吉德炜在《中国古代的吉日与庙号》[54]一文中指出，庙号的性质当与祭祀有关，死后干名的选择，一是取某些吉日以示吉祥，二是这些吉日要适合负责祭祀活动的官员在作业上的方便。商人对于偶数干名的偏好，可用祭祀活动中"双日工作、单日休息"的作息时间来解释。而日本学者井上聪《商代庙号新考》[55]一文，则以阴阳学说对日名奇偶不均现象做出的新诠释，他利用《左传》等文献，提出了庙号葬日说的观点，认为干名中偶日多见是殷人实行阴日（就是偶日）埋葬的原则造成的，一旦埋葬之日由于天气或其他特殊原因不能在阴日进行的，则只能改在阳日（也即奇日）。此观点在其博士论文中又有进一步的发挥[56]。朱凤瀚《金文日名统计与商代晚期商人日名制》[57]一文，则以邱修德《商周金文集成》中的日名材料为研究对象，对其中比较常见的三十二个族氏组织的日名使用情况，按祖、父、妣、母等亲称作分门别类的统计，从而否定了张光直等人主张的日名与婚姻组及婚姻制度的关系问题。这其实就是否定了张氏"庙主的分类反映活人的社会身份地位的分类"的核心理论。朱氏以典籍所记载用日刚柔的制度，联系相关卜辞与金文资料，提出了另一种假说，即以偶奇区分嫡庶。在奇偶生前既定的情况下，再通过卜选的方式选择吉日。由于晚商周祭制度的渐次形成，所以相邻两王吉日不同。同样，王妣吉日的选择也要避免与先王重叠，所以其干名无乙、丁。

现在看来，关于日名制的来历与含义还属于悬而未决的问题，孰是孰非还有待进一步探讨。以上诸家意见中，张光直的日名身份说具有开创之功，它促使了相关研究的逐步深入。李学勤的卜选说、朱凤瀚的嫡庶说以及井上聪的葬日阴阳说皆有新意，并有相关的事实依据，应该引起充分重视。

3. 寝孳鼎、亚鱼鼎、卼其觯诸器的出土与殷商王年及其相关问题研究

在两宋以来的诸多传世器中，有不少铭文带有周祭形式的纪时文字，如狐其三卣、父丁彝、小臣邑斝、小臣餘尊、辥簋、宰㭒角等等，无疑都是探讨晚商王年问题的最有价值的原始资料之一，弥足珍贵。毋庸讳言，此类铭文也存在着诸多问题，如宋代著录的铭文由于来历不明、临摹不精，后世的学者对其真伪、年代等皆心存顾虑。再如三四十年代传出于安阳的著名的狐其三卣（六祀卣严格说来应该称为"作册彝卣"），由于是盗掘品，又经商贾的辗转贩卖，连真伪都成了学界争论的焦点[58]。所以，能否直接引用这些器铭作殷商王年研究，成了见仁见智的问题。80 年代以来，伴随着殷墟卜辞分组分期、商末周祭制度以及殷商王年历法等问题研究的深入，这些传世铭文重新受人关注。而其中还有一个重要诱因，就是寝孳鼎、亚鱼鼎、狐其斝诸器经由考古发掘相继出土，为上述传世器的真伪判别提供了可资比对的依据。

寝孳方鼎是在 1981 年于山西曲沃县曲村的一座西周墓葬中出土的，从器形、纹饰、铭文书体及纪事程式等方面综合判断，肯定是商器[59]。该鼎有铭文二十九字（图一五），是考古发掘所得的殷商时期的第二长铭器，且内容的重要性还远胜于殷墟所出的戍嗣子鼎。其铭文云：

> 甲子，王赐寝孳商（赏），用作父辛障彝。在十月又二，遘祖甲鲁日，隹（惟）王廿祀。盾偁。

其大意是说在某王二十年十二月甲子这一天，寝孳受到商王的赏赐，于是铸了一件祭祀父辛的宗庙之器，此日恰好是商王室"鲁"祭先王祖甲的那一天。其中器主寝孳是"盾偁"族氏的成员，在商王朝任相当于周代"宫伯"之职的"寝"官。铭文用了"干支加周祭纪日"的纪时形式，且有"惟王廿祀"的年祀记录，这也就是该器重要性之所在。这种纪时方

图一五　寝孳方鼎铭文拓本

式在殷墟黄组卜辞及传世商金文中还算常见，此类材料是研究黄组卜辞的王世年代、殷商晚期诸王王年以及商末周祭制度、周祭祀谱的重要资料。

　　关于殷商王年问题，过去文献上有零星记载，八世十二王的总历年数有二百七十三年、二百七十五年、七百七十三年（按：应是"二百七十三"之误）等各种异辞。至于诸王在位年数的记录更是缺乏，其中像《尚书·无逸》说到，高宗（武丁）享国五十九年（《史记·鲁史家》引作五十五年），祖甲享国三十三年，以后各王沉溺于游逸享乐，"罔或克寿，或十年，或七八年，或五六年，或四三年"，总之享国极短。

而这样的年代学材料，对历史研究而言是远远不够的。过去学者如董作宾、陈梦家等曾以黄组卜辞为主，并联系传世铭文，对殷商的王年问题作过比较深入的研究，得出帝乙、帝辛的及位年数都应该在二十年以上的结论[60]。这对认识殷商王年问题推动极大。80 年代以后，常玉芝通过对殷商周祭制度的研究与周祭祀谱的排比，又得出了一个全新的认识，以为黄组卜辞分属三世，而且帝乙之父文丁的及位年数也应该在二十年以上[61]。这自然引起了学术界对商末诸王王年问题的研究兴趣。而寝孳鼎铭文中的纪年文字，不仅为相关问题的研究提供了新材料，同时也成了检验上属诸说准确与否的利器。

1997 年，李学勤撰写《寝孳方鼎与肄簋》[62]一文，将寝孳方鼎中纪时资料与常氏的三个"廿祀祀谱"作了比对，发现了二者之间无法兼容。随之而来便有几种新的可能，其一《商代周祭制度》一书中所拟定的三个"廿祀祀谱"有误，或根据有误；其二商末最后四王其及位年数都在二十年或二十年以上，或者说黄组卜辞乃商末四个王世的遗物。后一种可能性显然有些"令人骇异"。所以，李氏以为问题出在传世器肄簋（也即李氏所谓的"肄簋"）上，他提出肄簋中的"十月一"应该是"十二月"的合文形式。如此一来，便可弥合它与寝孳鼎铭文之间所存在的矛盾，这不失为解决问题的一种方法。李氏还提出另一种可能，即不改动肄簋铭文，其中"戊辰所遭为祭妣戊一飨，并非卯日的常典。这样，十一月戊辰为月初，十二月甲子可在月末"[63]。

对于寝孳方鼎无法入谱的问题，常氏本人当然不可能视而不见，所以，在以后的文章中她修改了自己的某些观点，并以寝孳鼎铭文为准，重排了一个"廿祀祀谱"，将肄簋打入了另册[64]。窃认为，簋中所反映的某些问题还需要认真对待，武乙之配妣戊（当然也包括武乙、文丁）究竟属于周祭对象或者是特祭对象这一基本问题有必要再作探讨[65]，轻易否定或改动犅簋铭文并不是万全之策。

1984 年，在殷墟西区墓地 1713 号墓中出土了一组青铜器，比较重要的器物有寝鱼簋、寝鱼爵及亚鱼鼎，分别有铭文十二字、十四字与二十一字[66]。其中亚鱼鼎是殷墟地区发掘出土的第二长铭。这批器物出土以后，曾引起学者对商代姓氏制度的探讨，如李学勤撰作《考古发现与古代姓氏制度》[67]一文，对殷商时期的姓氏问题作了建设性的勾勒。当然，李氏的某些观点也引来了反对意见[68]。但寝鱼诸器铭文的意义还不尽于此，其"壬申……在六月，惟王七祀翌日"等等的纪时文字对周祭制度、王年问题、纪时制度等问题的探讨都有促进作用，尤其对校验各家所拟的"七祀周祭谱"及黄组卜辞的分期问题作用巨大。

𠭯其三卣是殷代罕见的长篇铭文资料，自三四十年代在厂肆面世以来，学界多予关注，研究考释不断，如丁山《𠭯其三卣铭文考释》[69]、叶慈《一首殷商有年代可考的彝铭》[70]、李棪《晚殷𠭯其卣三器的考释》[71]、李学勤《𠭯其三卣与有关问题》[72]等等。其他像李泰棻《痴庵藏金》、容庚《商周彝器通考》、于省吾《双剑誃殷契骈枝三编》、董作宾《殷历谱后记》等亦纷纷引述。这些器铭有明确的王年与周祭纪时文字，所以专门从事殷商王年历谱研究的学者则用之排比周祭祀谱，如常玉芝《商代周祭制度》、许进雄《第五期五种祭祀祀谱的复原》[73]等等。但三卣的真伪问题始终是学界的一块心病。经过多次大的讨论以后，其真实性才被大家认可，作伪者学识再高，如果没有像《殷历谱》这样的论著为依据，是无法造出如此严密的纪时文字的。当然，对其真伪、年代以及释读等问题，考古发掘品中的卿其斝也是可以作为旁证之一的。该斝是陕西岐山出土的，其铭文作"亚卿其"，虽只有短短三字，但有相当的学术价值。从形制上看，卿其斝与晚商的小臣邑斝及庄白出土的西周早期器旂斝相似，所以，其年代应该定在殷周之际或西周早期。"卿其"在斝铭中作为族氏名号使用，先秦时期又有以王父或父字为氏的命氏制度，因此其卣中的"卿其"应该是此斝主人的父或祖或其他，总之是先人。这对判别"卿其三卣"的年代与真伪等问题是有相当意义的。同时，卿其斝的发现，也能纠正过去释"其"为语词的错误。

上述三器的发现，其意义可以总括为以下几点：第一，为殷商王年研究提供了新材料；第二，证实了一批重要传世器的可靠性；第三，在综合研究的基础上，得出了殷末三王之及位年数皆在二十年或二十年以上的新结论，并进一步推动了黄组卜辞及周祭制度研究的深入。当然，每件器铭还有各自独特的史料价值，兹不具论。

4. 小子𪲆卣、小臣艅尊、小子蜀簋诸器铭文与殷末"征人方"

殷商末年，在今山东、江苏、安徽或淮河下游一带，盘踞着一个对商王朝的命运影响巨大的方国，这就是典籍所称的东夷。在商纣时期，它与商王朝之间有过长期的战争，这在晚商史上是一件惊天动地的大事。由于长期的战争，似乎耗尽了商王朝的财力与人力，所以西方的姬周才有机可乘，最终取代殷商成为中原地区新的主人。《左传》昭公十一年讲的"纣克东夷而陨其身"便是指这一历史大事件。

东夷在卜辞中称"人方",黄组卜辞中就有大量关于征伐人方的占卜记录。而相关的内容在商金文中也曾涉及,并主要以大事纪时的形式出现。如小子𢜼卣铭文称"乙巳……在十月,月惟子曰令(命)望人方𡆥",而小臣𫚉尊铭(图一六)中的纪时方式更有意思,曰:"丁巳……惟王来征人方,惟王十祀又五,肜日。"小子𫑛簋铭文也与之类似,作"癸巳……隹(唯)𤞶命伐人方𡆥……在十月四。"从殷商晚期的黄组卜

图一六　小臣𫚉尊
铭文拓本

辞看，当时被商王朝征伐的方国有八个，即人方、盂方、弁方、虘方、羌方、羞方、庚方和林方[74]。唯独"征人方"成了商末纪时制中的一个有机组成部分，甚至可以与周祭纪时并重，成为一种独立的纪时形式，这足以说明与人方的战争在殷人心目中所占据的重要位置。以军国大事及五种祭祀纪时，也可说明"国之大事，在祀与戎"思想的来历之早。此外，由于有了"征人方"的文字记载，像小子𣬶卣、小臣艅尊诸器，无疑都可以作为帝辛时期的标准器来使用，对商代青铜器标型学的研究有相当重要的意义。

其实殷商金文所能反映的历史问题不仅限于以上所述。比如，殷商晚期的金文中常有关于贝的赏赐纪录，联系考古遗存，贝在当时极有可能是作为货币来使用的[75]，而金文中的相关记录，足以成为此说不误的重要佐证。再如，贝的赏赐与使用又能为我们研究商族的起源提供线索，这诚如白川静所言，"殷代金文所载赐与之物，一概用贝；贝文化之流行，无形中告诉了我们它与沿海文化的密切关系"[76]。

对构建商代历史而言，商金文的作用自然不如殷墟卜辞来得全面。但在某些方面，显然不是卜辞资料所能完全取代的。商金文与殷墟卜辞的关系应该是互为依存的。卜辞的研究，固然有助于金文的探讨；反过来讲，如果没有商金文，卜辞中的许多问题是无法彻底解决的。妇好墓铜器铭文对历组卜辞年代问题的推进、商末长铭在黄组卜辞分期断代研究以及周祭祀谱构拟中的重大作用等等即是显例。所以，只有将二者完整地结合在一起，方能相得益彰。

（二）两周金文中所反映的周代政治与社会

    周代历史的研究，在 20 世纪有了长足的进步。尤其是最近二十余年，在新材料不断发现、古文字释读水平显著提高、社会史新领域开拓等诸多有利因素的促动下，取得了令人瞩目的成就，出版了大量的高水平的专著。其中通论性或综合性的有金景芳《中国奴隶社会史》、王玉哲《中华远古史》、许倬云《西周史》、杨宽《西周史》与《战国史》等等，专题研究著作则有赵光贤《周代社会辨析》、杜正胜《周代城邦》、金景芳《论井田制度》、田昌五《古代社会断代新论》、徐喜辰《井田制度研究》、俞伟超《中国古代公社组织的考察——论先秦两汉的单—僤—弹》、钱宗范《周代宗法制度研究》、赵伯雄《周代国家形态研究》、朱凤瀚《商周家族形态研究》、谢维扬《周代家庭形态》、陈恩林《先秦军事制度研究》、钱杭《周代宗法制度史研究》、杨向奎《宗周社会与礼乐文明》、赵世超《周代国野制度研究》、吕文郁《周代采邑制度研究》、葛志毅《周代分封制度研究》、常金仓《周代礼俗研究》、谢维扬《中国早期国家》、李衡眉《昭穆制度研究》、晁福林《夏商西周的社会变迁》及李朝远《西周土地关系论》等等，涉及了周代历史的各个重要方面。这一时期，甚至出现了以金文为主要材料对西周历史、制度作出勾勒的专门论著，如白川静《西周史略》、《金文的世界》，伊藤道治《中国古代王朝的形成——以出土资料为主的殷商史研究》、《中国古代国家的统治结构——西周封建制度与册命金文》，唐兰《西周青铜器铭文分代史征》，陈汉平《西周册命制度研究》，张亚初、刘雨《西周金文官制研究》和李学勤《新出青铜器研究》等等，都是这方面的代表作，其他零星发表的周代史学文章更是不计其数。现联系具体铜器铭文，分七个方面作概述如下。

1. 西周金文中所反映的重大历史事件

周代的历史以《史记·周本纪》所记最为详尽和系统。但粗粗算来，也就是四五千言，非常简略。从《史记》所记内容看，仅仅是一个周王的系谱、外加一点神话传说。就其史料来源讲，"不过是拾掇《诗》、《书》及其他古传说而成"[77]。在某些学者看来，此等二手材料几乎一无是处。所以在很长一段时期内，春秋以前无信史之类的论调成了学界中流行的主导观点之一，西周史的研究也几近空白。但随着西周铜器铭文的不断出土，情形大有改观，某些学者提出以金文重构西周史的设想[78]，并有研究者如白川静、伊藤道治等将这种构想付诸行动，撰写出"与《周本纪》完全不同的西周史"，也就是《西周史略》、《金文的世界》、《中国古代王朝的形成》和《中国古代国家的统治结构》等等有较大影响的著作。国内学者中则有唐兰，其《西周青铜器铭文分代史征》也称得上是依据金文勾勒的一部西周史，惜未能竟事。另高木森《西周青铜彝器汇考》一书，在断代研究的基础上，按诸王先后次序，论述了西周重要青铜器铭文及其所涉及的历史与艺术问题，也有相当价值。

关于西周的重大历史事件，史墙盘给出了一条主要线索，云："曰古文王，初盭和于政，上帝降懿德大屏，匍有四方，上下合受万邦；挺圉武王，遹征四方，达（挞）殷畯民，永不巩，狄虘微，伐夷童；宪圣成王，左右绶緐刚鲧，用肇铸周邦；渊慎康王，兮尹亿疆；弘鲁召王，广能楚荆，唯贯南行；

壮覡穆王,尹帅宇海;龘宁天子,恪屖文武长剌……上帝、后
夔元保,受天子绾令、厚福、丰年,方蛮亡不觐见。"这种大
事记式的铭文,对于今天的西周史研究意义重大。参考其他相
关金文,西周时期的重要史实,大概涉及武王克商,周公东
征,成王营洛,成康封建,康世伐反夷与征鬼方,昭王南征,
穆世"三年静东国",共、懿之世与南夷的战争,夷、厉时期
的南征和宣世的伐猃狁等等。

(1)利簋与武王伐纣

1976年在陕西临潼出土的利簋,铸铭文三十二字,曰:
"珷(武王)征商,佳甲子朝,岁鼎,克昏夙有商。辛未,王
在寍白,易又事利金,用乍檀公宝障彝。"利簋的发现,引起
了学界极大的兴趣,纷纷撰文,就其年代、铭文释读、天文历
谱、历史地理等各个方面发表了自己的意见,比较重要的文章
主要有唐兰《西周时期最早的一件铜器利簋铭文解释》、于省
吾《利簋铭文考释》、张政烺《〈利簋〉释文》、商承祚《关
于利簋铭文的释读》以及钟凤年等《关于利簋铭文考释的讨
论》[79]。当然,对于这短短的三十二字,各家的认识并不相
同,主要分歧产生在"岁鼎克昏夙有商"七字上,尤其对
"鼎"字释读分歧最大,而现在大家比较认可张政烺的意见,
即认为"鼎"者"当"也,表示岁星正当鹑火之位、有利于
武王伐纣。还有一个分歧点在于利簋的年代,目前有武王、成
王两种说法,其实就是我们在上章中所论及的"时王生称"
问题。但无论怎样解释,学者间也达成了一定的共识,即承认
它是目前经由考古发现的西周最早的一件铜器,所述之事与武
王伐商有关,文献中所记载的西周历史上的第一件重大事件得
到了证实。

墙盘中曾经提到武王"伐夷童",但文献和其他金文资料中并未有相应的佐证。

（2）望鼎诸器与周公东征

伐纣胜利之后，武王便返回了宗周，不久病逝归天，史称"天下未宁而崩"。周公临危受命，辅佐成王，继续完成文、武二王的未竟事业，其中一件大事便为东征。对此，《逸周书·作雒解》记载颇详，曰：

> 十二月，［武王］崩镐，殡于岐周。周公立，相天子，三叔及殷、东、徐、奄及熊盈以略。周公、召公内弭父兄，外抚诸侯。元年夏六月，葬武王于毕。二年又作师旅，临卫征殷，殷大震溃降。辟三叔，王子禄父北奔，管叔经而卒，乃囚蔡叔于郭凌，凡所征熊盈十又七国，俘维九邑，俘殷献民，迁于九毕。俾康叔宇于殷，俾中旄父宇于东。

凡此种种，金文多有反映，像"王伐录子圣，叡厥反，王降征令于大保。大保克敬无遣，王永大保，赐休余土"（大保簋）、"王后阪克商，在成自，周公赐小臣单贝十朋"（小臣单觯）、"王来伐商邑，诞令（命）康侯啚（鄙）于卫"（沫司徒送簋）、"王伐盖侯，周公某（谋），禽祀"（禽簋）、"王伐盖，赐刚劫贝朋"（刚劫尊）等等，皆与东征有关。而望鼎（图一七）所记更为详细，曰："佳（惟）周公于征伐东夷：丰伯、尃古。咸戋，公归，瀜于周庙。戊辰，饮秦饮，赏望贝百朋，用作障鼎。"不仅具体交代了征伐的对象，还涉及战争结束后的种种礼制，如告于祖庙、饮至行赏。与之相关的器铭还有一些，如康侯诸器、沫司徒器组等。

成王时期，于东征的同时，可能还有北征之举，如吕壶铭

图一七　望鼎铭文拓本

云："唯四月，伯懋父北征。"这一军事行动其规模可能不大，或许是东征过程中的副产品，故而文献失载。

（3）何尊与成王营洛

《尚书·康诰》曰："周公初基，作新大邑于东国洛，四方民大和会，侯甸男邦采卫，百工播民和，见士于周。"成王营建东都，是西周初期非常重要的政治策略之一。其主要目的便是在中原地区建立一个新的政治中心，用来征抚殷遗及殷商的友国，从卿鼎、卿簋"公违省自东，在新邑"之类的文辞中，我们可以窥得若干消息。而何尊的发现则可算是成王营洛的直接证据。

何尊于 1963 年在陕西宝鸡出土，有铭文一百二十二字，所记内容为成王在京宗训诰宗亲诸族之辞，涉及周初的许多史实、礼制与思想。不少学者作有相应释读和相关的史学研究，如唐兰《何尊铭文解释》、张政烺《何尊铭文解释补遗》、马承源《何尊铭文初释》等等[80]，而分歧则在于"王初鄀宅于成周"之"鄀"的释读上，主要有训"迁"训"相"之别。当然，主体上没有争议，皆认为何尊是成王经营洛邑最为可靠的、同时代的证据。

此外，像王奠新邑鼎"王来奠新邑"、啸士卿尊"王在新邑，初鬺工（功）"云云，也应该与成王营洛有关，所谓"新邑"便是成周。

（4）宜侯夨簋、克罍诸器与成康封建

武王克商、周公东征之后，为使姬周天下能够安定昌盛，周人封建诸侯，即《左传》僖公二十四年所云"昔周公吊二叔之不咸，故封建亲戚以蕃屏周。管、蔡、郕、霍、鲁、卫、毛、聃、郜、雍、滕、毕、原、酆、郇，文之昭也。邘、晋、应、韩，武之穆也。凡、蒋、邢、茅、胙、祭，周公之胤也。"关于成康封建，最能说明问题的金文资料便是宜侯夨簋、克罍与克盉等。

宜侯夨簋 1954 年出土于江苏省丹徒县烟墩山，从形制、纹饰等方面考察应该是西周早期器物。器腹内底部有铭文约一百三十字，其中有十六字残失不清。相关的考释与研究文章有陈梦家《宜侯夨簋和它的意义》、陈邦福《夨簋考释》、郭沫若《夨簋铭考释》、谭戒甫《周初夨器铭文综合研究》、唐兰《宜侯夨簋考释》和李学勤《宜侯夨簋与吴国》等等[81]，从"［王］省斌王、成王伐商图，诞省东国图"诸辞判断，可以确定为康世标准器。"王令虞侯夨曰□侯于宜"云云，则表明宜侯是从虞地改封过来的。铭文还记录了康王所赏赐的大批礼器、兵器、土田与民人，可以与《左传》中所记载的周初分封过程中赐民赐疆土的礼制相照应。该簋铭文所涉及的史实，在学界有种种争论。其焦点主要集中在吴国的始封、地望、吴与姬周的族源关系等等，至今仍无定论，而主要原因是器物的出土情况不太明晰。

周代的封建并非始自康王，宜侯夨簋"王命虞侯夨曰：'□侯于宜'"云云说明，在此之前已有过一次甚至若干次分封。联系文献推断，可以认为，在成王之世就有大批的宗亲、姻戚与功臣封邦建国了。琉璃河出土的克罍、克盉诸器铭文便颇能证明此观点。其中克盉铭文（图一八）云："王曰：太保，唯乃明乃心，享于乃辟。余大对乃享，令克侯于匽。"铭文所述即为成王册封召公奭之子"克"为燕侯之史实[82]。

40 年代传出于洛阳的保卣、保尊诸器，其年代有武王、成王之争[83]，但成王说更近事实。铭文提到"王令保及殷东国

图一八 克盉铭文拓本

五侯、诞规六品",同样说明封建之举至迟在成世便已展开。

周初封建的对象以同姓子弟为主,但很多姻亲、功臣也同时受封,前述宜侯矢便属一例,其他像献侯器鼎、朝鼒鼎诸器铭文中提到的丁侯、献侯亦属异姓无疑。

与封邦建国密切相关的另一个问题就是监国制度。毫无疑问,周天子与受封诸侯在名义上是君臣关系,但诸侯国本身具有独立的国家特征,所以对周天子而言,如何驾驭这些封国便成了大问题。依据文献记载,当时实施的一项重要措施是行监国之制,而这种制度也得到了金文资料的证实。监国制度的形式究竟怎样?这在学界有分歧。以郭沫若为代表的一派主张监是由中央派往诸侯国的、类似于后世的钦差大臣[84],而赵伯雄等学者则力主"以国监国"的观点[85]。

目前关于西周监国制度的金文材料主要有应监甗（图一九）、管监鼎、庙监鼎、叔趙父卣、几簋诸器，其中几簋铭文尤其值得注意，曰："仲几父使几使于诸侯、诸监，用乃宾作丁宝簋。""诸监"与"诸侯"并置，说明"监"之身份或当与诸侯有别。这条材料是持"以国监国"说之学者不太容易解释清楚的。但并不是说，有了这样一条金文，郭沫若等人的观点就确凿无疑了。

西周监国制度上的认识分歧，大概与学者们对当时的国家形态及周天子与诸侯国的关系（或称之为"中央与地方的关系"）等问题的总体理解有关。但还应考虑上述金文资料并不是同一时期的。所以监国制度的探讨也应该是历时性的，两种形式都有存在的可能，而周王朝自身在政治与军事上的实力则

图一九　应监甗铭文拓本

可能起到决定性的作用。

（5）小臣遝簋、小盂鼎诸器铭文所反映的康世伐反夷与征鬼方

依据文献的记载，成康之世天下太平，也就是《史记》所讲的"刑错四十余年不用"。从金文考察，在康王时期确实有过一段辉煌，即所谓"渊慎康王，兮尹亿疆"（史墙盘）、

图二〇　小臣遝簋铭文拓本

"会召康王，方怀不廷"（虞佐盘）。但这种辉煌应该是经过惨烈的战争而取得的，如果说成世已经"尹亿疆"、"怀不廷"，那么史墙盘、虞佐盘就没有理由用这样的文辞。金文中所记载的、发生在康世的两件大事就是伐反夷和征鬼方。

康世伐反夷之事小臣𧛟簋（图二〇）所记颇详，曰"𧨵东夷大反，伯懋父以殷八𠂤征东夷。唯十又一月，遣自�𠂤述东陕，伐海眉，雩厥复，归在牧𠂤……"，铭文对征伐路线有详细的交代。当然，与伐东夷相关的铜器铭文还有雪鼎、𧩙鼎、旅鼎、鲁侯簋、师旗鼎、保员簋等一大批。对于这些器物的年代，学界争议较大，除了康世说之外，尚有成世与昭世等多种意见[86]。但因为伯懋父、潇公诸人在昭王时期还在从事重要的军事和政治活动，而史墙盘又讲康王"兮尹亿疆"，所谓"亿疆"者大概是包括东方之"夷"的，之所以能做到"尹亿疆"，应该理解为武力征伐的结果，故而康世说或许更符合事实。

在康王之世，周王朝还曾与地处西北的鬼方发生过大规模的战争，在小盂鼎铭文中有详细的记载，曰：

> 唯八月既望，辰在甲申。昧丧（爽），三左三右、多君入服酉（酒）。明，王各（格）周庙，□□□□宾延，邦宾尊其旅服，东卿（向）。盂以多旂佩魁（鬼）方兽（酋）[馘]□□[入]□门，告曰："王[命]盂以伐魁（鬼）方，□□□□□，[执酋]二人，获聝（馘）四千八百□二聝（馘），俘人万三千八十一人，俘马□□匹，俘车卅辆，俘牛三百五十五牛，羊廿八羊。盂或□□□□□□呼蔑我征，执兽（酋）一人，俘聝（馘）二百卅七聝（馘），俘人□□人，俘马百四匹，俘车百□

辆。"王□曰□，盂拜稽首，〔以〕兽（酋）进，即大廷……褅周王、〔武〕王、成王……唯王廿又五祀。

从铭文所记内容看，这两次战役中，共俘获鬼方酋长三人、其他战俘近一万四千人，杀死鬼方酋长若干、其他人员五千余人，还有牛、羊、战车、马匹等无数。在西周的历史上，这样的战争规模大概仅次于牧野之战。

对于小盂鼎的年代，现在学界的意见比较一致，大多认为是康王二十五年所作，其主要依据就是铭文中所提到的"褅周王、〔武〕王、成王……唯王廿又五祀"、及其与大盂鼎铭之间的内在联系。此说应该可信。所以说，在康王晚年，周王朝曾与地处西北的鬼方[87]发生过惨烈的战争，而这次打击对鬼方而言是相当致命的。这个从殷商武丁以来一直活跃在西北一带的强族，在自此以后的很长一段时间内，销声匿迹、不知所踪。

此外，从元氏所出的臣谏簋铭文看，康王时期在今河北石家庄元氏县一带，对北戎的入侵作过反击，康王可能亲莅战事，其他参战之人则有邢侯、臣谏等，规模或许不小。

（6）过伯簋诸器与昭王南征

在击退西北的鬼方之后，西周王朝大概得到了十余年短暂喘息的机会。但到昭王晚年，新的威胁又从南边的虎方与楚荆而来，所以昭王亲自征讨，大规模的战事又起。周王朝不仅六师尽丧于汉，昭王也因此命归西天，即所谓"南征而不复"。

昭王南征，在西周的历史上是一件极其重大的事件，很多文献都有记载，金文中也有详尽的记录，如史墙盘云"弘鲁召王，广能楚荆，唯贯南行"，这显然是有隐讳的成分在其中。

　　类似的记载也见于虞佐盘，曰："用会召王、穆王，羡政（征）四方，搏伐楚荆。"

　　通过金文资料系统梳理这一历史大事件的学者首推唐兰，其长文《论西周昭王时代的青铜器铭刻》是这方面的扛鼎之作。在该文中，唐氏共整理出相关铭文五十三件，联系文献记载，对昭王南征的前前后后作了全面考索。当然，唐氏在某些铜器的断代上可能存在一些问题，尤其是像小臣𫍯簋等七八件

图二一　过伯簋铭文拓本

涉及东夷大反的铭文，其年代或许应该在康世。

与昭王南征直接相关的铭文主要有過伯簋（图二一）、诿簋、鸿叔鼎、𨭉驭簋、𩰫簋、作册夨令簋、静方鼎、启尊、启卣、中方鼎和小子生方鼎等等。

（7）班簋、伯㦰诸器与穆世"三年静东国"

《史记·赵世家》云："缪王使造父御，西巡狩，见西王母，乐之忘归。而徐偃王反，缪王日驰千里马，攻徐偃王，大破之。"类似的说法亦见于《秦世家》。此中当然有美化甚至神化的成分，但它可能与《国语·周语下》、《后汉书·西羌传》、《穆天子传》等文献中所提到的征犬戎事宜有关。而徐偃王与春秋时期的楚文王同时（《史记·赵世家》索隐），故徐偃王大反云云也可能是司马迁的比附。然则穆世东国不静确有根据，司马迁所说的故事则为我们了解当时的历史背景提供一条线索：或许是东国想乘西周王朝大肆讨伐犬戎、无力东顾之机彻底脱离周王朝的统治，故联合叛周。

平定淮夷之乱前后历时三年之久，班簋（图二二）记载颇详，曰：

> 唯八月初吉，在宗周，甲戌，王命毛伯更虢城公服，屏王位，作四方极，秉緐、蜀、巢命，赐铃、勒。咸，王命毛公以邦冢君、土（徒）驭、𢦏人伐东国痟戎。咸，王命吴（虞）伯曰："以乃自左比毛父。"王命吕伯曰："以乃自右比毛父。"遣令曰："以乃族从父征。出城，卫父身。"三年静东国，无不成。……公告厥事于上。……班拜稽首，曰："乌呼！丕丕扬皇公受京宗懿釐，毓文王、王姒圣孙，登于大服，广成厥功，文王孙无弗怀型，无克竞厥剌（烈）。班非敢觅，唯作昭考爽，益（谥）曰

图二二　班簋铭文拓本

　　大政。子子孙孙其永宝。"

从铭文所记内容看，战争进行得相当艰苦，动用大量的军队不
说，历时之久在西周史上也是罕见的。因此，得胜归来的毛班
自豪无比。班簋最早著录于《西清古鉴》卷一三，后又在北
京某废品收购站发现该簋的残片，器腹的铭文基本完好[88]。
对其年代，如刘心源、杨树达、唐兰、于省吾、白川静及杨宽
等学者皆主穆王说，而郭沫若、陈梦家则主成王说。经比较，
穆王说应该更为可靠些。首先，《穆天子传》卷四记载穆王西
行回归时，"命毛班、逄固先至于周，以待王命"，这足以证
明器主毛班曾为穆王臣子。第二，铭文中"子子孙孙其永宝"
之类的嘏辞是典型的西周中晚期铭文的特征，早期金文中是没

有这样的文句的。第三，从字形看，明显呈西周中期金文的特点。第四，在金文与先秦文献中，"孙"不仅仅限于"孙"这一辈，可泛指"孙"以下的所有后裔，"毓文王、王姒圣孙"不足以证明毛班是文王之孙辈。第五，从残器纹饰看，除器腹底部与铭文是真外，其余如足如耳皆属伪制。所以，穆王说是可信的。

涉及征伐东方淮夷的铜器铭文还有录戕诸器与遇鼎等。如录戕卣云：

> 王命戕曰："虩！淮夷敢伐内国，汝其以成周师氏戍于古自。"伯雍父蔑录历，赐贝十朋。录拜稽首，对扬伯休，用作文考乙公宝尊彝。

戕方鼎又云：

> 戕曰：乌呼！王唯念戕辟剌（烈）考甲公，王用肇使乃子戕，率虎臣御淮戎……

戕簋（图二三）则云：

> 唯六月初吉乙酉，在堂自，戎伐䣄，戕率有司、师氏奔追卿戎于䣄林，搏戎䭣（胡）。朕文母竞敏启行，休宕厥心，永袭厥身，卑克厥敌，获䤿百，执讯二夫，俘戎兵：盾、矛、戈、弓、箙、矢、裨、胄，凡百又卅又五款，捋戎俘人百又十又四人，衣搏无咎于戕身。乃子戕拜稽首……其子子孙孙永宝用。

而遇鼎曰：

> 师雍父戍在古师，遇从。师雍父肩使遇事于䭣（胡）侯……

春秋时期的胡子国，地处今安徽阜阳一带[89]。这为当时战争发生的地理位置提供了线索。其他如竞卣所记"唯伯犀父

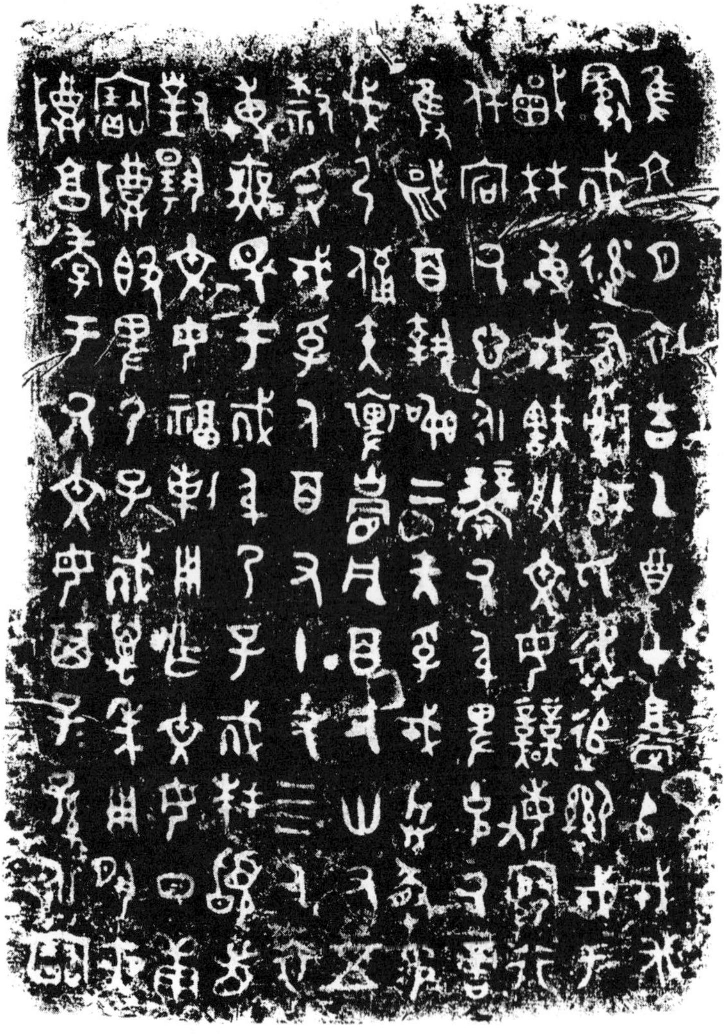

图二三　戒簋铭文拓本

以成昌即东，命伐南夷"云云，也可能与这一战争有关。关于穆世的天下大势，虞逑盘也有总结，即所谓"用会召王、穆王，羡征四方，搏伐楚荆"。

（8）无㠱簋、史密簋诸器铭文与共、懿征东南夷

无㠱簋铭文曰：

> 惟十又三年正月初吉壬寅，王征南夷，王赐无㠱马四匹……

以前学者如郭沫若、唐兰等往往视无㠱簋为厉王时器，"夏商周断代工程"的排谱结果将其断在共王，如若不误，说明在共王之时南夷就开始叛乱，故周王亲征。而器主无㠱大概是一起参与了这场战事并立有战功，因而得到共王的赏赐。

1986 年在陕西安康发现的西周中期重要铜器史密簋，对其年代，学界主要有懿世、宣世之争[90]。从器形、纹饰与字体等方面看，懿世说或更近事实。史密簋有铭文九十三字，有重要史料价值。曰：

> 唯十又一月，王命师俗、史密曰："东征，㪣南夷：卢、虎、会（桧）、杞夷、舟夷、雚不坠，广伐东国。"齐自、族土（徒）、遂人乃执鄙宽亚，师俗率齐自、遂人[右]□伐长必，史密左率族人、釐（莱）伯、㑄尸周伐长必，获百人。对扬天子休，用作朕文考乙伯尊簋，子子孙孙其永宝用。

对于铭文的句读与解释，尚有争议，此不详述。该铭大致意思是说，这次东征兵分两路，师俗率领齐师、遂人从右路进攻，史密统掌自己的族人、莱师、㑄、尸等从左路进攻，共同打击长密这一军事要点，而征伐的对象主要有卢、虎、桧、杞夷和舟夷等。

（9）敔簋、禹鼎、㝬钟诸器铭文与夷、厉南征

东夷与南夷始终是周王朝的竞争对手，他们时叛时降，搅得周王室无有安宁之日。在夷、厉之世，以噩侯、报子为首的东、南夷各部族，又联合畔周，声势极大，一度内侵至洛水流域，故周王唯有亲征。与此相关的铜器主要有敔簋、禹鼎、㝬钟、虢仲盨盖、翏生盨、噩侯御方鼎及晋侯苏钟等，现录其铭文如下：

> 惟王十月，王在成周，南淮夷遝殳，内伐溟昴、参泉、裕敏、阴阳洛，王命敔追御于上洛焂谷，至于伊，班。□榜□首百，执讯卅，夺俘人四百，畕于荣伯之所……（敔簋，夷或厉）

> 禹曰：……乌呼哀哉！用天大降丧于下国，亦惟噩侯驭方率南淮夷、东夷广伐内国，至于历内。王乃命西六自、殷八自曰："搏伐噩侯驭方，勿遗寿幼。"肆自弥怵合匡，弗克伐噩。肆武公遣禹率公戎车百乘，厮驭二百、徒千，曰："于将朕肃慕，惠西六自、殷八自，伐噩侯驭方，勿遗寿幼。"雩禹以武公徒驭至于噩，敦伐噩，休，获厥君驭方。肆禹有成，敢对扬武公丕显耿光，用作大宝鼎，禹其万年子子孙孙宝用。（禹鼎，厉）

> 王遹省文武堇疆土，南国报子敢陷虐我土，王敦伐其至，搏伐厥都。报子乃遣间来逆邵王，南夷、东夷具见廿又六邦……（㝬钟，厉）

> 虢仲以王南征淮夷，在成周，作旅盨。（虢仲盨，厉）

> 王南征淮夷，伐角津、伐桐遹，翏生从，执讯折首，俘戎器、俘金，用作旅盨。（翏生盨，厉）

> 王南征，伐角、遹。惟还自征，在矿，噩侯驭方纳醴

于王……（噩侯驭方鼎，厉）

唯王卅又三年，王亲遹省东国、南国……王亲命晋侯苏："率乃师……伐夙（宿）夷。"（晋侯苏钟，厉）

上引诸器铭文的确切顺序现在已很难复原，但可以看出，在夷、厉之世，南夷反复作乱，周王也不时派出军队进行征讨甚至亲临战事。而厉世的大致情形是先征服了噩侯，接着征讨

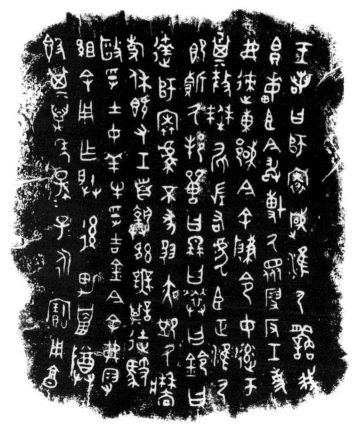

图二四　师袁簋铭文拓本

报子，在报子率领二十六邦臣服之后班师，在大邳山一带，噩侯迎接厉王，并献上醴酒。在南征的同时，周王还曾委派晋侯苏征伐东方的宿夷。

上海博物馆藏有师寰簋（图二四）一件，所记内容亦与征伐南淮夷有关。有学者以为是宣世器[91]，但从形制、纹饰等方面观察，或应归属于西周晚期偏早的厉世。其铭文曰：

> 王若曰："师寰，淑淮夷旧我贠晦臣，今敢搏厥众叚，反厥工吏，弗速（积）我东土。今余肇命汝率齐𠂤、䣄（纪）、釐（莱）、㢭尿、左右虎臣，征淮夷，即贮厥邦兽（酋），曰冬、曰發、曰铃、曰达。"师寰虔不坠，夙夜卹厥牆事休。既有功，折首执讯，无谋徒驭，叚俘士、女、牛、羊，俘吉金……

这次战争应该发生在今天的山东、江苏交界地带，主要依靠山东的齐、纪、莱等诸侯国及附庸的军事力量。

（10）多友鼎、兮甲盘与宣王伐猃狁

近年在长安斗门附近出土的多友鼎（图二五），所记内容很重要，云：

> 惟十月，用猃狁方兴，广伐京𠂤，告追于王，命武公："遣乃元士，羞追于京𠂤。"武公命多友，率公车羞追于京𠂤。癸未，戎伐筍，卒俘。多友西追。甲申之晨，搏于郱，多友右（有）折首执讯，凡以公车折首二百又□又五人，执讯廿又三人，俘戎车百乘一十又七乘，卒复筍人俘。或搏十龚，折首卅又六人，执讯二人、俘车十乘。从至追搏于龏，多友或又折首执讯。乃趰追，至于杨冢，公车折首百又十又五人，执讯三人；唯俘车不克，以衣焚，唯马驱盡；复夺京𠂤之俘。多友乃献俘、馘、讯于

公。武公乃献于王。乃曰武公曰："汝既静京𠚤，釐汝。赐汝土田。"丁酉，武公在献宫，乃命向父召多友，乃延于献宫。公亲曰多友曰："余肇使汝，休，不逆，有成，使多禽。汝静京𠚤，赐汝……"多友敢对扬公休，用作尊鼎，用朋用友，其子子孙孙永宝用。

多友鼎之年代，有厉王、宣王之分歧[92]。铭文所记为周对狁入侵镐京的一次反击战，当时周王朝的形势岌岌可危，故武公受命予以抵御和反击，并在很短的时间内光复了京师，取得重大胜利。依据《诗经·小雅·六月》记载，周宣王之时，"狁匪茹，整居焦获，侵镐及方，至于泾阳"，于是周王命尹吉甫"薄伐狁，至于太原"。故有学者认为"广伐京师"与"侵镐及方"应该是指同一件历史事件[93]。此说可信。当然，宣世与狁的战争历时很长，参战的人员应该很多，武公和尹吉甫可以并存不悖，故尹吉甫也曾自作铜器以示

图二五　多友鼎铭文拓本

纪念,他留给后人的器物就是兮甲盘,曰:

> 唯王五年三月既死霸,王初格伐猃狁于䣢盧,兮甲从
> 王,折首执讯……兮伯吉父作般(盘),其眉寿万年无
> 疆,子子孙孙永宝用。

"甲"为私名,"伯吉父"(按:也即《六月》之"吉甫")为字,"兮甲"就是"尹吉甫"[94]。

　　除多友鼎、兮甲盘外,与这一历史大事件有关的铜器铭文还有虢季子白盘及不娶簋等。其中虢季子白盘云:"唯十又二年正月初吉丁亥,虢季子白作宝盘。丕显子白,壮武于戎功,经维四方。搏伐猃狁,于洛之阳,折首五百,是以先行。"而不娶簋则云:"唯九月初吉戊申,伯氏曰:'不娶,御方猃狁,广伐西俞。王命我羞追于西,余来归献禽(擒),余命汝御追于器,汝以我车宕伐猃狁于高陶,汝多折首执讯。戎大同,从追汝,汝及戎,大敦搏。汝休,弗以我车陷于艰,汝多擒,折首执讯。'……子子孙孙永宝用。"从这些金文中可看出,宣王时期与猃狁的战争频仍而艰苦,历时之久也超出想象。

　　通过对西周历史大事件的勾勒,说明从入主中原到西周末年,周王朝所谓的天下从未太平安康过,大大小小的战争时有发生,从东国到淮夷、楚荆,再到猃狁,不时对姬周的权威进行挑衅。如果将文献中所记的战事与之缀联,这一历史图景会愈发凸现。此等政治局势显然不能和秦汉以后的统一王朝相比拟,用后世天下一统的眼光去看待当时的周天下,自然是不恰当的。西方学者如罗森博士曾从器物纹饰的角度探讨周王朝的政治局势,得出了与此相似的观点[95]。

2. 西周国家与政治

　　这里所说的国家其实就是指国家形态,涉及国家结构和国

家政体两大方面。其中国家结构形式主要是指国家内部的组成、国家整体与各个组成部分的关系；而国家政体也就是国家的管理形式，主要是通过各种政治制度的建立与实施来体现。具体到西周，大致包括封建制度、监国制度、巡狩制度、职贡制度、廷礼册命与官制、法律制度以及军制等等。像封建、监国之类的问题，前文已作简单介绍，故不再重复。还有一些问题如巡狩等则是金文中未曾体现的，所以只能略去。

（1）国家结构——周初封建与"周邦"、"万邦"并存的"天下"格局

殷商时期，周人盖以"周邦"或"小邦周"自称，这当然是针对"殷邦"或"大邦殷"而言的。如此种种，在《尚书》、《诗经》等文献中皆有反映。周人入主中原后，"周邦"之称依然保留，如：

　　　　丕显文武受命，则乃祖奠周邦。（询簋）

在西周金文中，"周邦"之外还有"万邦"，如：

　　　　天子不叚，不其万年，保我万邦。（盠方彝）

　　　　曰古文王……匍有上下，合受万邦；挺圉武王，遹征
　　　四方。（墙盘）

类似的证据在文献中也极多。铭文中的"周邦"还往往与"四方"并举，如：

　　　　自乃祖有勋于周邦，右辟四方。（录伯戎簋）

　　　　丕显天子，天子其万年无疆，保薛（艾）周邦，畯
　　　尹四方。（大克鼎）（图二六）

此外，"周邦"还可称"中域"（何尊）、"内域"（录戎卣，禹鼎），与之相对应的则是"东域"（鲁侯簋、班簋、史密簋、晋侯苏钟、师衰簋等）、"南域"（默钟、晋侯苏钟）等

图二六　大克鼎铭文拓本

等。

周王之命系上天授予，故自称"天子"。顾名思义，"天下"当然为周天子所有。所以"周邦"之外的"四方"，自然要受周王的节制，即如大克鼎铭所示；有时则可委任专人管理，如命周公子明保舍"三事""四方"令（令方彝）即其明证。而上引材料足以说明，从周初到西周末，周天下的政治格局（也即国家结构）为周邦与万邦（诸侯）并存[96]。

这种政治格局究竟是怎样形成的呢？学界有种种论述[97]。一个基本倾向便是认为与周初分封有关。而周邦的内部组织以及与万邦的关系就成了西周国家问题的核心。显然，这些问题的探讨必须以政治、军事、经济、社会等制度的研究为基础。

周初的宗亲、姻戚与功臣，经由天子的"授民授疆土"而得以自立，成为一个相对独立的政治实体，也即诸侯国。既然是周天子封建的，他们与周天子在政治上当然会有君臣的名分，所以也须承担相应的义务，诸如在经济上要行职贡（如作册魃卣铭中提到"惟公大史见服于宗周年"、"公大史咸见服于辟王，辨于多正"；驹父盨盖铭中提及南淮夷"厥献厥服"；师袁簋所记，淮夷原本是周的"帛晦臣"；乖伯簋则提到王命益公征眉敖、于是眉敖朝觐"献帛"等等），军事上要从王出征（如前引史密簋所示），或为王朝抵御外敌（如臣谏

图二七　驹父盨盖铭文拓本

簋所示)。

同样,周天子对这些诸侯也须利用各种手段严加控制。政治上,有再册命之制,也就是在新老天子、诸侯更代之时,由周王另行册命,即如伯晨鼎所云"王命韩侯伯晨曰:嗣乃祖考,侯于韩",还要委派诸监对诸侯国进行监视等等。经济上,则行征纳之制,如驹父盨盖铭(图二七)所云"南中(仲)邦父即南诸侯,率高父见南淮夷,厥取厥服"。军事上,则要求诸侯为周之藩屏。

这样的政治格局,跟后世统一王朝下的中央和地方间的关系相比较,依然存在很大的区别。周代的诸侯国有独立的政治、军事、经济权力,绝不能以"周邦"或"周天下"的地方行政单位视之。

(2) 西周金文中的职官体系与廷礼册命

分封制导致了周天下"周邦"与"万邦"并存的政治格局,其中"周邦"为王室直接掌管区,"周邦"之外的"万邦",其主权基本属诸侯所有。由此便形成了文献所谓的内服与外服两套系统。所以,西周职官体系也相应地可分为王官与诸侯。

从 20 世纪 20 年代开始,就有学者利用金文资料从事西周官制的研究复原工作[98]。其后又经郭沫若、陈梦家等学者的发凡举例,使这一研究途径逐渐为大家所熟悉[99]。但早期的研究成果有其明显的缺陷:所用材料尚不够系统全面,无法构成西周官制的宏观体系。铭文分期断代上存在不少错误,使得西周职官制度缺乏明晰的发展变化的脉络,个别地方还出现了将殷商与东周的职官混淆于其中的现象[100]。

自 20 世纪 80 年代以来,为弥补上述缺陷,研究者作了很

大的努力，也取得了相当可观的成绩[101]。其中最重要的成果
便是张亚初、刘雨合著的《西周金文官制研究》。书中共收集
了相关铜器铭文五百件，归纳出西周职官二百一十三种，其中
五十七种为前人不曾论及的。在断代的基础上，分早、中、晚
三期，对西周职官体系作了构拟。有重要参考价值。当然，他
们提出的终有周一代皆为两寮（卿事寮、太史寮）执政的意
见尚有探讨的余地[102]。其他细节问题也多有缺失。

　　两寮制职官体系的出现与完善，或许跟西周中期册命制度
的建立有关，极有可能是周天子企图以太史寮制约卿事寮、进
而削弱卿事寮权力的一种策略[103]，同时也是西周中期以后政
治秩序齐备有序的一个体现[104]。为此，研究西周职官问题，
必须同时探讨册命制度。

　　目前所见的、能够比较清晰反映册命仪式的铜器铭文是颂
壶铭文（图二八）。而利用金文复原西周中晚期的廷礼册命的
工作，从四五十年代便已开始，如齐思和、陈梦家、白川静等
皆有重要论著发表[105]。80 年代以后出现的、最为重要的研究
成果则是陈汉平的《西周册命制度研究》。该书集中探讨了金
文中所见的册命礼仪、时间、地点、册命仪式以及史官的职
掌、傧右者的身份等各个方面，这不仅有助于人们对册命制度
的理解与认识，且对进一步复原西周官制问题亦大有裨益。

　　与王官研究相对应的就是西周的诸侯爵制，其中如"公
侯伯子男"五等爵的有无，从 30 年代以来便成了学界聚讼的
对象[106]。但通过对金文和文献的综合探讨，这种被后世奉为
圭臬的制度似乎并不存在。不仅西周没有，春秋时期也是爵无
定称。如令彝铭中的诸侯是"侯、田、男"三等，而伯晨鼎
铭中则是公、侯并见（其铭文云"隹王八月，辰在丙午，王命

图二八　颂壶铭文拓本（局部）

韩侯伯晨曰：‘司乃祖考侯于韩……’晨拜稽首，敢对扬王
休，用作朕文考德公宫障鼎，子子孙孙永宝用”），新出滕侯
簋铭所示亦如此。

（3）倗匜诸器铭文中的法律问题

西周的法律问题，以前很少有人涉足。自20世纪70年代
以来，由于周原等地相关器铭的不断出土，西周刑罚、诉讼等
法律问题才逐渐被人重视[107]。

涉及西周刑罚问题的最为著名的青铜器是与裘卫诸器一同
出土的倗匜，铭文所记为由伯扬父主持的、牧牛与其师（也
即倗）打官司时所做的判决词。这份文书共涉及四种刑罚：
鞭刑、劓䫃、黜䫃与罚锾。其中劓䫃、黜䫃皆属墨刑中的䫃
刑，区别在于，前者在墨刑后头上要蒙黑布，后者则是墨刑后
罢去官职，而罚锾就是以钱赎罪[108]。如此系统的刑名记录是

前所未见的。

早期金文中，涉及刑罚的资料罕见，其中昭王时器师旅鼎曾有"罚得兹古三百锊"的记录。西周中、晚期以后，法律诉讼案件多了起来，一般与土地交易或土地纠纷相关联，著名的有传世器中的曶鼎、鬲攸从鼎、琱生簋，以及岐山出土的裘卫诸器等等。通过对这些铭文的深入研究，可以归纳出西周刑法的几个特点：第一，行政与司法未曾分离；第二，民法与刑法不分；第三，盟誓在法律上有重要作用，誓言往往是法律审判的依据；第四，可能已经有了成文法，但只对贵族公布；第五，贵族犯法可以不亲临刑狱，而由下级莅事[109]。

（4）西周的军制

在周人看来，军事与战争是国家的头等大事之一，即所谓"国之大事，在祀与戎"。从金文资料看，西周的兵员主要分两块，即常备军与私家族兵。当然，在许多情况下，地方诸侯的军队以及当地的一些土著也会被征集参战。

周王朝的常备军便是金文中常见的"西六自"与"成周八自"（或称"殷八自"），如康世伐反夷之时，伯懋父率领的是殷八自（小臣𧛶簋）；厉王伐噩，所用军队则是西六自与殷八自（禹鼎），等等。而"六自"、"八自"问题也成了学界关注的对象[110]。西六师驻扎在宗周，是由出自周族的国人组成，殷八师则驻扎在成周。但成周八师的来源或兵员组成，分歧较大，一说为由周人组成，另一说则主殷遗。可以注意的是，成周八师往往受王官节制。学者在争论的过程中，还涉及其他一些十分重要的问题。如于省吾曾注意到一个现象，即在成周八师和西六师等军队中，设有冢司徒、司艺（按：当读作"司设"）、司牧、冢司马、司佃事等官吏，故认为，他们

是专门掌管土地、农佃、种艺、放牧、马政等各项生产事务
的，其目的是为了军队的自给自足，主张这是中国历史上最早
的屯田制度。而同样的现象在杨宽看来则是与乡遂制度有关，
认为是当时兵农合一的体现。李学勤又进一步发挥杨宽的观
点，认为当时的宗周与成周分别划分为六乡与八乡，成周八师
设置冢（大）司徒是专门用来管理八乡的，六师与八师是当
时军事制度与行政制度合一的表现。

西周时期，各贵族宗族的族兵也是周王朝可以依靠的军事
力量，他们时常受王命与王室的常备军一并出征。如"惟王
命明公遣三族伐东域"（鲁侯簋）、"以乃族从父征"（班簋）、
"以乃族干吾（捍敔）王身"（毛公鼎）、"史密左率族人、釐
（莱）伯、棘尸周伐长必"（史密簋）等等。此外，周王也有
自己的宗族武装，即"王大省公族，于庚振旅"（中觯）之
"公族"及王命盠"司六师、王行、叄有司"（盠方尊）中的
"王行"。而这样的宗族武装直至春秋还大行其道，依然是贵
族争权夺势中的有力依靠。到了战国，方为国家常备军所彻底
取代。显然，私家宗族武装是一种与封建宗法社会相始终的军
事力量。

在西周军制问题上，还需要注意的一点便是军监的设置。
尽管相关的金文资料目前只有一条，即善鼎铭中所提到的周王
命善"左疋（弼）曩侯，监兯师戍"。铭文中还讲"赐汝乃祖
旃用事"，依据册命通例推测，其祖父原本也是任军监之职，
所以监军很可能与监国一样，是常制而非临时的变例。当然，
此说得当与否还需要有更多的材料验证。

3. 西周时期的社会与经济
（1）西周时期社会形态与社会结构的变迁

西周社会形态与社会结构的变迁集中表现在三个方面，一是阶级、等级结构，二是社会组织结构，三则是地域行政区划与行政组织。西周时期的阶级、等级结构，是社会群体结构中政治结构的集中体现，是整个社会结构的核心和基础。对阶级、等级结构的分析，有助于理解当时社会结构基本格局形成的内因。同时阶级、等级结构也是当时作为个人的不同社会成员政治地位的体现，周代社会也需依赖此种结构来维持社会秩序的稳定，因此，个人的社会角色与这种结构的稳固与松动密切相关。周代的血缘性家族组织不仅是社会群体最为基本的类型，同时在相当长的时期内兼有政治、军事、经济等功能性社会组织的因素。所以，家族、宗族的研究基本等同于当时社会组织结构的研究。地域行政区划与行政组织从滋生到成熟，是一个缓慢的过程。在西周时期，它大致与家族群体并存，并与一定的阶级、等级结构以及家族形态相关联，所以它的发展与当时社会群体组织的演变几乎呈同步的趋势，故而成为周代社会结构变化的重要表现[111]。而这些要素在西周金文资料中都有比较充分的体现。

第一，西周金文与阶级、等级的研究。学界关于西周等级、阶级的研究主要集中在三个方面：庶人的身份、西周的奴隶和西周贵族的阶级身份。

说到庶人的身份，大家首先想到的便是金文中时常出现的"人鬲"与"鬲"。如大盂鼎中讲到，周王赏赐给盂"邦司四伯，人鬲自驭至于庶人六百又五十又九夫"、"夷司王臣十又三伯，人鬲千又五十夫"。再如令簋中也提到，王姜赐予令"臣十家、鬲百人"。既然"人鬲"或"鬲"可被用于赏赐，所以持西周奴隶社会说的学者自然会认为这些人没有自由，非奴隶莫属。这种观点为郭沫若首倡，并得到了许多研究者的支持[112]。

对于此等主张，日本的学者早有异议。如贝塚茂树认为，"鬲"是表示承担力役之义务而被登录在力役簿上的成年男子的身份之称[113]。80年代以后，国内学者纷纷撰文提出新的见解。如李学勤认为"鬲"当训作《逸周书·世俘解》"馘磿"之"磿"，"人鬲"也就是"人数"；尚志儒以为"人鬲"为鬲族之人；沈长云则提出"人鬲"是社会上各色人等的泛称，并非奴隶，故可概括"驭"和"庶人"等身份不同之人；朱凤瀚认为"人鬲"是邦司所辖之下的不同等级的隶属民[114]。

主张西周奴隶社会说者，还将大盂鼎铭中的"驭"及"庶人"统统视作奴隶，说"驭是家内奴隶，庶人的地位是在家内奴隶之下的"[115]、"庶人事实上是一种耕种奴隶"[116]，"驭人即养马赶车的奴隶，是不成问题的"、"说庶人是奴隶，还因为他们是和驭人统算在一起的"[117]。但金文中"驭"的身份地位并不低，像班簋、禹鼎、师寰簋中的"徒驭"及师獸簋之"仆驭"似为甲士，也即贵族[118]；"庶人"者，众人也，庶民也，即具体从事农耕者，其等级地位虽低，但绝非奴隶。只是周初庶民的来源多为中原地区的商遗与其他被征服的土著，与他们所服务的贵族间也无宗法血缘关系，所服劳役有超经济强制的性质，也没有服兵役的权利与义务[119]。他们与殷墟卜辞中所见的"众人"有较大区别。西周晚期的庶民则包含了一部分贵族的支庶，是社会阶层分化的自然结果，虽自称"皂隶"，也不是典型意义上的农业奴隶。

西周究竟有没有奴隶，尤其是存不存在农业奴隶，是大家争论的焦点。而金文中的"臣"、"仆庸"等等便是人们普遍关

图二九　询簋铭文拓本

注的对象。"臣"在金文中常被赏赐予人,多以"家"论,故郭沫若提出"臣民与土田都邑器物等同为锡予之物,人与物无别,同为宰治者所占有,且可以任意转移其所有权,此臣民即奴隶之明证也"[120]。并进而指出,臣、民、氓、宰皆为奴隶。汪宁生《释臣》[121]、白川静《西周史略》等也有类似的观点。金文中的"仆庸"还可分言"仆"与"庸",在瑚生簋中则与"土田"连言,作"仆庸土田",所以郭沫若等学者主张其身份是依附于土地的"耕作奴隶"、是"附于土田的臣仆、臣妾",或说为"一种附着于土田上的被奴役、剥削者"等等[122]。而随着新出金文如询簋(图二九)、逆钟的刊布,这种意见得到了进一步的阐发。林沄、朱凤瀚、裘锡圭等学者就有相关的文章论及"仆庸"的身份[123]。当然,林氏诸人强调的是仆庸与土地联属关系,对奴隶说多持否定态度。而从晋侯苏钟铭文看,当时的甲士也称"车仆",所以"仆"不太可能是奴隶。此外,还有一些学者专就瑚生簋中的"仆庸土田"提出别的新说[124]。

专门探讨西周贵族阶级属性的有朱凤瀚《由西周农业劳役的性质看西周贵族的阶级属性》[125]。该文通过对西周铜器铭文与文献的综合研究,指出西周的贵族是封建贵族而非奴隶主。这种观点是西周封建说的继承与发展。

第二,西周金文与贵族宗族、家族结构的研究。较早利用金文探讨周代社会组织的学者应该是吴其昌,他在 20 世纪 30 年代便先后撰写了《金义氏族疏证》、《金文氏族谱》等论著。80 年代以后,相关研究得以飞速发展,这当然要归功于关中地区的考古发现。

利用金文资料探讨西周贵族宗族的代表性论著有王培真

《金文所见西周世族的产生与传袭》[126]、张懋镕《金文所见世族政治》[127]、朱凤瀚《从周原出土青铜器看西周贵族家族》[128]及《商周家族形态研究》等。其中王文通过对典型青铜器组反映的材料，讨论了同姓、异姓世族产生、形成的原因与经过，提出西周世族存在的条件是必须对周王室有所贡献，反之，世族的社会地位、特权就会丧失。张文的重点在于论述世族政治的特点及其作用，认为西周世族政治的特点是其在政治、军事、经济上有较大的自主权，世家大族轮流执掌朝政。并指出分封制是世族政治产生与形成的重要原因。朱文的重点在于探讨周原地区的世家大族，一是当地所出西周贵族铜器比较集中、且有其他的文化遗存可作参考，二是盘踞此地的贵族对研究西周贵族宗族组织有典型意义。而朱氏的观点在其《商周家族形态研究》一书有了更深入系统地阐发。其内容主要包括：第一，西周家族形态的历史渊源；第二，由封建造就的家族形态的不同类型；第三，贵族家族组织结构、政治、经济形态的考察；第四，以周原为例，具体论述了西周贵族家族的形成、发展与世族政治的特点、要旨、世族制与世官职的关系，依据贵族家族的聚落形态等；第五，西周贵族家族的政治功能以及西周中晚期贵族家族与王朝势力此消彼长的关系；第六，西周庶民家族的形态问题。

从《左传》等文献记载看，周代的宗族组织其结构是多层次的。具体到金文，则主要体现在"小子"与排行名等问题的探讨上。

"小子"之称自商代便已存在，到了西周，此一称谓依然被沿用，如"王诰宗小子于京室"（何尊）、"王曰：小子、小臣，敬有决，获则取"（柞伯簋）、"王弗望（忘）厥旧宗小

子"（盠驹尊）、"圲小子启作宝鼎"（小子启鼎）、"□□小子
毅作寒妣好尊鼎"（小子毅鼎）、"遣小子𪒲以其友作鲁男、王
姬薰彝"（小子𪒲簋）、"用𥻂于公室仆庸、臣妾，小子室家"
（逆钟）等等。从柞伯簋、逆钟等铭文看，"小子"显然是一
个具有特殊身份的群体。但究竟其为何等身份、体现什么样的
社会关系则是学界非常关心的话题。日本学者木村秀海认为西
周金文中"小子"有两种含义，一是年少者或谦逊的自称，
二是代表从本家分家出去的人[129]。其说对西周的社会结构与
家族形态的探讨十分有益。在商金文中，"小子"往往是针对
"子"而言的，我国学者一般认为"子"就是大宗的族长，所
以小子自然是指小宗或分支族氏的首领。因此，前举西周金文
中的"小子"也应该是小宗或分族的族长，也即木村氏所谓
的第二类人。由此可以揭示西周宗族的分级结构。

西周金文中有大量以伯仲叔季为称的排行名，如伯吉父、
伯丁父、仲生父、仲我父、叔多父、季良父等等。近现代以
来，随着社会史、先秦礼制及古文字研究的不断深入，伯仲叔
季排行名问题也引起了学界的关注，如杨宽[130]、盛冬铃[131]
等学者先后对此作了探讨，得出了许多精辟的见解。而李曦则
进一步就伯仲排行称谓的宗法意义作了研究，认为周代伯仲叔
季的排行称谓是有其重要的社会意义的，是当时宗法制的一种
表徵，具体而言，则主要体现在三个方面，即：第一，是宗主
继承者的一般性标志和维护继承次序的手段；第二，具有区别
大、小宗的作用；第三，具有转化地名为氏名的作用，从而使
一个宗法集团得到一个宗氏名称[132]。李氏的观点很有价值，
但随着地下文物的不断出土，有些问题还可作进一步的深化研
究。如伯仲叔季排行名在什么范围内排序，在排序过程中是否

有嫡庶之分，大、小宗及宗氏与宗支之间的区别又怎样通过排行名来体现，用排行名区分宗氏、宗支之意义何在等等。陈絜《燕召诸器铭文与燕召宗族早期历史中的两个问题》[133]一文，尽管其目的在于探讨燕国的封建与康王时期的燕召宗族形态，但对排行名与宗族分级结构的关系问题也作了比较细致的论述，认为排行名不仅可以用来探讨宗族与宗族之间关系，也颇能揭示宗族内部的结构问题。

关于宗法制度中的君统与宗统的关系问题，以金景芳为代表的学者[134]多以《礼记》中的相关记载为依据，提出西周时期"不以亲亲害尊尊"，天子、诸侯不行宗法，也就是说周天子与诸侯是排除在宗法体系之外的。与此同时，其他学者如吴浩坤[135]、钱宗范[136]、赵伯雄[137]等则主张君统与宗统是合一的。根据金文判断，天子及诸侯所拥有的不仅仅是自己的家族，而且拥有庞大的宗族组织。如"王诰宗小子于京室"（何尊）、"拜稽首曰：王弗望厥旧宗小子，粦皇盩身。盩曰：王伽下不（丕）其（基）万年，保我万宗"（盩驹尊）（图三〇）、"称盩先王宗室"（ 𣪘）等等足以说明问题的实质。同时，金文中大量出现的"宗周"之称也可证明周天子是当时天下同姓诸侯的大宗。

同样，西周金文也能证明各国诸侯在其封国内也是其同姓卿大夫的大宗这样一个事实。如沈子也𣪘云：

也曰："拜稽首，敢取卲（昭）告朕吾考。今乃鸦沈子作绒于周公宗，陟二公，不敢不绒。休同（凡）公克成妥，吾考以于显显受命。乌虖！佳考肇念自先王先公，廼妹克衣（殷），告剌成工（功）。諆吾考克渊克。乃沈子其静怀多公庇福。乌虖！乃沈子妹克蔑，见厌于公休。

图三〇　盠驹尊铭文拓本

沈子肇罥狃（搜）贮啬，作兹簋，用甉卿（享）己公，用格多公。其丮哀，乃沈子也唯福，用水（顺）霝令（命），用妥公唯寿。也用怀釐我多弟子我孙，克有型教懿父殛是子。"

"绌"与宗庙祭祀有关。唐兰认为"同公"也即凡伯,为周公之孙、凡侯之子,"己公"为凡伯之子,别封于沈,为第四代,"沈子也"为第五代[138]。故"沈子"对周公而言就是小宗之小宗,他在周公宗所行的祭祀活动很值得玩味。所谓大、小宗隔断之说很难成立。

又柞伯簋(图三一)云:

> 佳八月,辰在庚申,王大射,在周。王令(命)南宫率王多士,师鲁父率小臣。王遟赤金十反(版),王曰:"小子、小臣,敬又(有)盶(贤),隻(获)则取。"柞伯十再弓,无瀍(废)矢。王则畀柞伯赤金十反(版),徯(诞)易(赐)祝(觎)虎。柞伯用作周公尊彝。

"柞伯"之"柞",也即文献中的"凡、蒋、邢、茅、胙、祭"之"胙","胙国"之首封君为"周公之胤"(《左传》僖公二十四年)。"柞伯"是否为第一代封君目前还有分歧[139],但柞伯肯定是周公的后裔,并被视为周天子的小宗。

第三,周金文所见的地域行政区划与行政组织。说西周是个血缘性极强的国家,并不排斥它有地域性的行政区划和地域组织。这集中表现在当时有"里"这样的基层地域组织上,同时也可能有国野制度的存在。而行政区划和地域组织的出现,则是西周早期武力征伐的结果[140]。

"里"在西周金文中习见,如"林眷里"(九年卫鼎,图三二)、"趩霫里"(大簋);里中的居民称"里人",如"成周里人"(齜簋)。里又是一个计量单位,如"在宜王人□[十]又七里"(宜侯矢簋)、"赏毕土方五十里"(召卣)。里的管理者称"里君",多与"诸尹"、"百工"、"百生"、"诸

图三一　柞伯簋铭文拓本

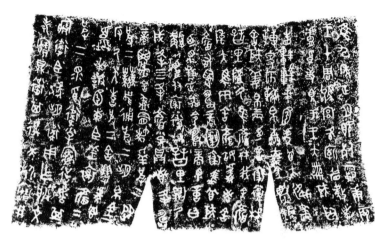

图三二　九年卫鼎铭文拓本

侯"并举，如令彝、史颂簋铭文及《尚书·酒诰》、《周书·商誓》、《周书·尝麦》等文献所示。而《周书·作雒》云："凡工贾胥市、臣仆州里，俾无交为。""州"、"里"联言，则说明里与州有相似之处，可能是某种聚落单位或聚落组织。

　　那么西周时期的"里"究竟是一个什么性质的聚落组织呢？中外学者作了许多探讨，如河村源、朱凤瀚、俞伟超等学者先后有相关论述发表[141]。根据这些学者的研究，可以得其情状之大略："里"是一种地缘性的社会组织，约出现于西周初期。当时的"里"在地域设置上以两种形态存在，一是作为城邑内的单位区划，二则是指独立的聚落。周初设置"里"、委任"里君"之类的地方首领，其目的在于加强对被征服地区的控制，削弱异族的血缘组织。"里"这一社会组织具有地缘和血缘的双重特征，从而促进了先秦基层地域组织的萌芽。

系统讲述国野制度的文献有《周礼·地官》，其主旨为：王都地区包括国都都城和周围郊地，统称为"国"，其中居民称为"国人"，其地则分为"六乡"。"六乡"之外称为"遂"，"遂"之外则为"都鄙"，为卿大夫之采邑，"遂"与"都鄙"统称为"野"，其居民则为"野人"。"国人"与"野人"具有不同的身份，承担不同的义务。对于西周时期是否存在此等制度，单纯依据晚出的《周礼》是不能解决问题的，故信者自信、疑者自疑，争执不下[142]。有学者曾依据《国语·齐语》"叁其国而伍其鄙"之说及《管子》中的相关记载推断国野制的来历[143]，其说颇有新意。

在国野制度的争论中，1986 年发现的西周中期铜器史密簋需要特别关注。有学者认为铭文中"齐自、族土（徒）、遂人乃执鄙宽亚"云云即与周代的乡遂制度（也即国野制度）有关[144]。这对国野制度的研究是一个不小的推动。此外，宜侯夨簋铭中提到，"赐在宜王人□［十］又七里，赐奠七伯……赐宜庶人六百又六［十］夫"。师晨鼎中也讲"司邑人惟小臣、善夫、守□、官犬，眔奠人、善夫、官守友"。有学者释"奠"为"甸"，以为"甸人"相当于《周礼》中的"遂人"[145]。这种说法也应注意。从现有的材料看，西周中期的齐国大概是有乡、遂、都、鄙一类的行政区划，至于王畿地区是否也有类似的制度，则有待进一步的深究。

（2）西周经济形态研究——裘卫诸器与西周土地所有制及货币经济

在探讨西周国家形态、社会形态的过程中，经济问题是必须涉及的。而经济形态的探讨，其核心则在于土地所有制。当时的土地究竟是王有、国有、贵族所有还是其他，土地是否可以交换、能否买卖等等，都是学界非常关心的课题。

早期学者在探讨西周土地关系时有一个大的基调，即所谓"溥天之下，莫非王土"，因此主张土地王有或国有，又认为"田里不鬻"，土地是不能自由买卖的，土地的使用权需要由上级贵族乃至于周天子直接赐予。但也有学者依据《诗经》中关于"公田"、"私田"的描述，提出一些相左的意见。总之，土地制度、土地关系是先秦史研究中一个非常热闹的话题，相关的专著不下一二十部，直到最近，还有不少博士论文以此为选题。

在西周土地关系问题上，金文资料所扮演的角色是越来越重要了，尤其是西周中晚期金文中所含的许多新的信息，多为传世文献所不逮。例如"格伯取良马乘于倗生，厥贮卅田，则析"（倗生簋）、"矩伯庶人取堇璋于裘卫，才（财）八十朋，厥贮，其舍田十田。矩伯又取赤琥两、麀𧘂两、𡍺韐一，才（财）廿朋，其舍田三田"（卫盉）、"曰余舍田五田。正乃讯厉曰：汝贮田否？厉乃许曰：余审贮田五田"（五祀卫鼎）（图三三）等等。这些材料，经常被人引用，但所得结论却大相径庭。其关键就在于对金文"贮"字的释义存在分歧，有"予"、"赋"、"租"、"纾"、"积"、"贾"、"赎"、"成家的奴隶"等等各种解释[146]。但上述铭文已清楚地说明，在西周中晚期已经有土地交换的行为，尽管在特定场合下需要有执政大臣的参与、监督和裁断。此外，当时的土地还可以被用作货币的替代品。

讨论西周土地所有制，还需注意问题的另一个方面，即土地上的收入归谁所有，也即租、税、赋等问题。在这些问题上，过去的研究多纠缠在文献的解释上，很少直接利用金文资

图三三　五祀卫鼎铭文拓本

料或利用得不够全面。实际上金文中常见的"取征"、"见（献）服"等材料是需要多加注意的，而新近发现的士山盘及晋侯墓地 64 号墓所出楚公逆钟等器物铭文也应是研究西周职贡制度的重要金文文献，应该重视。

4. 西周时期的意识形态——天命、祭祀与鬼神

在西周意识形态问题上，最为突出的自然是天命思想。不但见诸《尚书》、《诗经》等文献，在西周金文中也有充分体现。如"文王受兹大命"（何尊）、"丕显文王，受天有大命"（盂鼎）、"丕显文武，皇天弘厌厥德，配我有周，雁受大命"（毛公鼎）、"曰古文王，初繁龢于政，上帝降懿德、大屏，匍有四方，合受万邦"（史墙盘）、"夹召文王、武王达（挞）殷，雁受天鲁命，匍有四方，并宅厥堇疆土，用配上帝……王若曰：丕显文武，雁受大（天）命，敷有四方"（虞逨盘）等

等。

在周人看来，"小邦周"之所以能克"大邑商"，是自身"德配上帝"，受到老天的眷顾，成了上帝的选民，故而自称"天子"。所以在武王克商之后，便"廷告于天"，"余其宅兹中国，自之乂民"（何尊）。在周人的心目中，天和上帝是万物的主宰，也具备了一定的人格色彩，有喜怒哀乐，有善恶是非。他选择人君的标准是德之臧否，即所谓"天命靡常，惟德是依"。皇天也不可能无原则地、长久地保佑一姓一族，即所谓"唯辅天降丧，不□乃死"（望盨），当"噩侯驭方率南淮夷、东夷广伐内国"之时，也只能哀叹"用天大降丧下国"（禹鼎），认为是德衰所致。他们对皇天的态度是虔诚的，恳求保佑的语气也是低调的，即所谓"肆皇天亡斁，临保我有周不巩"、"虩虩上（上帝或天）、下（先王）若否"（毛公鼎）。这样的天与帝在神格上跟商纣所讲的"有命在天"已存在很大的区别。

周代对"天"、"帝"的崇拜构成了当时宗教观念的核心，并对该时期的政治思想和社会生活产生了巨大影响[147]。所以成了研究中国古代社会史、政治史、思想史、宗教史的中外学者普遍关心的论题，其中如顾立雅（H. G. Creel）、郭沫若、胡厚宣、杜而未、杨希枚、朱凤瀚诸氏的相关研究在学界有较大的影响[148]，而天与帝的起源、二者的关系、商周天道观念的变化等问题成了大家争论的焦点。其中朱氏的意见晚出，与传统的看法颇有不同之处，其主旨大体为：商人的上帝虽地位崇高，但与其他祖先神、自然神并无上下统属关系，还不是所谓的至上神和民族保护神。周人的上帝并非沿袭自殷商，它是至上神和周王朝的民族保护神，它与天并不完全等同，周人神灵崇拜体系中所表现的天与帝的融合是周民族与西北其他民族文化交融的产物。这种观点应该受到重视，但在商代上帝是否受祭问题上，似应将邲其卣铭文中的相关内容考虑进去。另周人对帝的态度也有阶段性的变化，从金文中看，早期和中晚期似乎存在一定的区别，这个问题可以作进一步的研究。

以金文资料为基本史料，系统研究西周祭祖礼的文章主要有刘雨的《西周金文中的祭祖礼》[149]，作者勾勒出西周金文中出现的二十种祭祖礼，并就各种祭礼的来源、性质、祭祀地点、用牲情况、行祭时间等问题作了详尽考证，并与殷商祭祖礼作比较，提出了自己独到的见解。通过刘氏的研究，我们对西周的祭祖礼及其相关问题有了一个大体的了解，即周初的祭祖礼大多是继承殷人而来的，体现了"周因于殷礼"的大原则。但也有所改造，像嫡庶尊卑之分、亲尽毁庙之制、祭祖对象不过三代等等皆与殷商不同。在穆王之后，周人形成了自己的祭祖礼仪系统。此外，作者还指出，西周金文中的上帝是专指有懿德的先王之神灵，而天则是与上帝、祖先不同的非人格神。这与其他诸家的观点不尽相同。

5. 西周诸侯国史研究

20 世纪 50 年代之前，属于西周诸侯国的青铜器铭文极其有限，只有鲁侯簋、麦方尊、邢侯簋、应侯簋等有数的几器，自 50 年代以来，情形大为改观，随着考古工作的不断展开，诸侯国铜器铭文时有发现，也为相关的历史研究提供了比较充分的原始材料。而近年来西周诸侯国史的复原工作则主要集中在虢、燕、晋、应等国之上。

西周诸侯国史的研究热潮，大致是由宜侯夨簋的发现引起的。该簋出土后不久，像陈梦家、郭沫若、唐兰等名家便纷纷就铭文内容与年代以及意义等问题展开了讨论[150]。铭文中的某些文字的释读直到最近才有比较一致的认识（如"矢"字读"虞"），但很多重要问题迄今仍无定论，其中的焦点就是"虞"、"宜"的地望及其与吴国的关系[151]。并由此引起了"太伯奔吴"、吴国的迁徙等一系列西周吴国历史问题的争论[152]。

1956 年三门峡上村岭虢国墓地发现后，郭沫若等学者非常敏锐地就相关铭文提出了一些建设性的意见[153]。而 90 年代在上岭村开展的考古发掘，使虢国史研究成为近年来的一个学术热点，有研究者对虢国的历史，诸如周代究竟有几个虢、西虢何时东迁、三门峡的虢国究竟是虢仲之后还是虢叔之后抑或另有所宗以及五个虢之间的相互关系等等问题展开了热烈的讨论，提出了种种新的观点[154]。尽管所得结论只能是言人人殊，但这为今后的进一步探讨建立了框架。

燕国是周初分封的北方大国，"社稷血食者八九百岁，于姬姓独后亡"（《史记·燕世家》），在诸姬姓国中历时最长。《史记·燕世家》对其历史有所记载，但当年司马迁所能见到的史料已是十分匮乏，许多史事皆有缺环，例如早期的世系中有八代燕侯失载，致使后儒聚讼纷纭，其他像召公是否封燕、燕都的地望、始封的年代、燕国的族姓、燕君的世系等等，皆无定论。70 年代以来琉璃河墓地的发现，为燕国早期历史的进一步研究提供了重要线索和资料。像周初燕侯的世系已得到了部分的复原，某些问题上的认识也日趋一致，如燕国就封在成王之世、第一代燕侯为"克"、燕为姬姓之族等等即属显例。

晋国的历史《史记·晋世家》中亦有记载，但西周时期的九世十侯其事迹异常简略，且"自唐叔至靖侯五世，无其年数"（《史记·晋世家》），所以造成了诸如唐叔虞的身份、晋君的世系、晋国始封地的地望等一系列的争论，并由此推衍至夏墟与唐的地理位置问题。但自1992年以来，晋侯墓地位前后经过六次发掘，发现了大批铜器铭文，为晋国史的研究提供了新材料，引起了中外学界的轰动。截至2000年，各类研究文章已近百篇[155]。学者纷纷就墓葬的年代、墓地的性质、墓位的安排、墓主与《晋世家》的对应关系、周代礼器制度、晋侯苏钟与金文月相等问题发表了自己的看法[156]，并在不少问题上已取得了相对一致的认识。例如墓葬的年代大概是从西周早期晚段或中期早段（相当于昭王时期）到西周晚期或春秋早期；该墓地是晋侯及其夫人的墓地，属公墓；晋侯苏也就是文献中的晋献侯籍；114号墓所出鼎铭的"叔夨"大概就是晋国的始封君唐叔虞；金文月相定点说不尽可靠等等。

但由于其中的八座墓葬被盗严重，使通过青铜器器形学研究做分期断代的工作遇到很多困难。因此，在墓葬的次序、墓主与《晋世家》的对应关系等问题上争论依然很大。同时，某些晋侯名号的关系一时无法搞清，例如"叔邦父"与"叔家父"之间究竟是一个人还是两个人？如果是两个人，那么是父子关系还是兄弟关系？也就是涉及"殇叔"是否入公墓的问题。这直接影响到墓地年代的下限。其他如九位晋侯中是否包括唐叔虞的问题也有不同认识。

依据《左传》僖公二十四年的记载，应国乃"武之穆"，也就是说应国的始封君为周武王之子、成王之弟，但旧时的注疏也有持文王之子的观点。同样，对于应国的地望等问题，文献所记也多歧异。至于应国的具体史实，则几乎没有什么像样的记载了。传世器中有应器十余件，为西周早期器物[157]。但铭文都很简略，来历也不太清楚，很难用之勾勒应史。

现代学者开始注意应国史的研究大概是从 60 年代开始的，原因之一便是 1958 年在江西余干发现一件名为应监甗的青铜器。该器甫出，便有学者对其来历、铭文含义等问题作了种种推测[158]。1974 年，陕西蓝田又出土了一件应侯钟，该钟铭文可与流落日本的另一件应侯钟联铭，记录了"应侯见工遗王于周"及周王对应侯的赏赐这样一件事情。也引起了学者的关注[159]。而真正激发学者对应史研究兴趣的则是 70 年代末以来河南平顶山应侯墓地的发现与发掘。

平顶山应侯墓地已发掘清理西周至春秋时期的应国墓葬共四十余座，其排列井然有序，按时代先后自南向北分布，这对探讨墓葬制度极其有益。而墓地历年所出的青铜器中，有相当大的一部分有"应侯"字样，比较著名的如应侯再盨。还有一部分铜器铭文如"应史"诸器涉及应国的异姓史官，像应申姜鼎、邓公簋、应姚诸器等等则记录了应国与申国、邓国以及姚姓宗族通婚情况，因而引起了学术界的普遍关注[160]。其中如应国墓地的年代、应国的族姓等问题已经取得了比较一致的认识。

6. 从"物勒主名"到"物勒工名"——由战国铭文看东周列国工官监造制度的建立、完善及其所反映的社会变革

战国中期以后，铭文载体有了较大的变化，兵器、度量衡器成为主要的勒刻对象。同时，铭文内容也有改变，"物勒工名"替代了"物勒主名"。载体与内容的变化，颇能说明一些重要的历史问题。

在兵器上铸刻文字由来已久，如殷墟西区墓地所出的两件戈及一件矛上便分别铸有族氏铭文"子"、"𠭞"、"交"[161]；到了西周则更是常见，像北窑西周墓地所出的大保戈、毛伯戈、束戈及冬戈等等，皆为显例。此类铭文皆十分简短，所表示的则是该器为某人或某家族所有。这种现象，我们姑以"物勒主名"称之。此等情形一直延续到战国早期，像山西长冶分水岭、河南辉县琉璃阁与山彪镇、河北邯郸百家村等地战国早期三晋墓所出的兵器[162]，其铭文皆为"物勒主名"型。从战国中期始，情状骤变，兵器所刻铭文已转变为"物勒工名"的形式，且多为十余字乃至数十字的长铭。如新郑郑韩故城所出的韩兵器、易县燕下都所出的燕兵器以及传世器中的商鞅三兵等等，皆为典型代表。

战国中后期的兵器铭文，所能反映的历史问题很多，诸如历史地理的沿革、铸冶工业的分布、列国的官制与兵制、罪隶的境遇、姓氏制度的变化与社会结构的变迁等等，皆能藉兵器铭文的研究得以部分揭示。但最能说明的问题，则是列国的工官监造制度及其体现出的社会变革之情形。

目前所知的战国中后期的兵器铭文资料大概已不下数百，其中比较成体系的就是三晋器、秦器与燕器，且其铭文性质多属"物勒工名"类型。如：

十五年，郑令赵距、司寇彭璋，右库工师陈平，冶赣[163]。（韩）

十六年，郑令赵距、司寇彭璋，生库工师皇佳，冶瘩[164]。（韩）

十六年，大良造庶长鞅之造，雍甶。（秦，《剑吉》下 50）

十三年，相邦义之造，咸阳工师田、工大人耆，工

積。（秦，《录遗》584）

　　匽王詈作行议（仪）戈，右攻（工）尹青丌（其），
攻（工）竖。（燕，《三代》19·52·3）

　　匽王詈作行议（仪）戈，右攻（工）尹□，□攻
（工）众。（燕，《小校》10·53·2—54·1）

上引诸器铭文中若赣若瘴、若甬若積、若竖若众，皆属具体制
造者的工匠名号。其他如陈平、皇佳、田、耆、青其及右工尹
某，则为主造者的名号。在兵器上加刻制造者、主造者的名
号，其目的是以备考绩，也就是文献中所讲的"物勒工名，
以考其诚"。而如赵距、彭璋、商鞅、张仪、匽王詈等等，则
是主持考绩之人，也就是所谓的监造者。这样一套复杂的程
式，便是我们通常所说的工官监造制度。

　　从现有材料看，工官监造制度最早实施于三晋，所以收到
了非常好的效果，其兵器质量亦颇为当时人称道，如苏秦尝游
说韩王，谓"天下之强弓劲弩皆自韩出"（《战国策·韩策
一》）。虽说苏秦的话有谄媚的成分，但与事实当相去不远，
否则不会有"强楚劲郑"（《盐铁论》）之说。其后，如西秦
北燕纷纷效仿，尤其是秦国，建立了一套更为严格的监造制
度。而汉承秦制，使这套行之有效的管理体系得以保留。

　　虽说如三晋、秦、燕皆行监造制度，但也有各自的特点。
其中燕兵的铸造是由燕王亲自监督验收，但同时记录监造、主
造和制造者的例子极少。三晋中央造器由邦相或邦司寇督造，
地方造器则由地方守令监督，也就是说负责监督验收是造器之
地的执政者。而在绝大多数情况下，具体制造者的工匠名号是
兵器铭刻中必备的，有工匠名号者，则必有相应的监造者之名
号出现。秦兵的铸造也分中央与地方两种，中央由邦相、丞相

监造，地方则由郡守监造，在监造者与制造者之间加主造者工师与丞一级，以负责实际主持。秦兵监造制度中有一个显著的特点，即其制造与保管、分配、使用都是分开的，铸器之地无论是中央各府还是地方，所造之器必须上交相府，无擅自留用和分配的权利，待验收合格后，刻上监、主、造者之名，入藏武库。各地若有使用之需，则由武库分拨，一般在另一面加刻用地之名，即如三十年相邦冉戈、十七年丞相启状戈[165]等所示。凡此种种，皆揭示出秦国中央集权的本质。

工官监造制度不仅于兵器铭文中有集中体现，在度量衡器刻辞中亦多有反映。如三晋器司马成公权铭云："五年，司马成公朔，斁事令代蕙，与下库工师孟、冶师四人，以禾石半石甾平石。"其中成公朔与代蕙是监造者，孟为主造者，师则为制造者。再如秦高奴禾石铜权铭曰："□三年，漆工配、丞讪造，工隶臣牟。禾石。高奴。"（图三四）其中配与讪为主造者，牟为制造者。

70年代以来，在分国编年研究的基础上，学界纷纷就"物勒工名"、工官监造制度及其历史问题作出了种种探讨，其

图三四　高奴禾石铜权铭文拓本

中以黄盛璋所作工作最多，所取成绩也有目共睹，多有精妙之论[166]。新近有研究者据齐陶文指出，工官监造制度起源于齐，三晋实受齐国的影响[167]。但此新说还需要有更多的证据作支撑。

7. 量衡器铭文与东周列国的度量衡问题

东周列国的度量衡问题，文献记载是非常有限的。且各家之说歧义互呈，孰是孰非，殊难论定。经考古工作者的多年努力，量衡之器时有发现。加上传世品，相关的实物已有一定积累。其中仅三晋器一项就有四十余件[168]，其他比较重要的列国器物主要有商鞅方升（秦）、高奴禾石铜权（秦）、私官鼎（秦）、左关𫔶（齐）、子禾子釜（齐）、陈纯釜（齐）（图三五）、金村铜钫（六件，东周）、中山王墓计重铜器（十件，中山）等等。这些器物一般都有政府的校量铭刻，其中容器多记容量、少数记有重量，权则仅记重量。此外如三晋器、秦器则多"物勒工名"的内容，作为考绩依据。一件完整的铭文一般包括造器的时间、造器的地点、造器之人（监造、主造、制造）、铜器的容量与重量、置用地点等五项内容。即如三十五年安令鼎铭所记"卅五年安令周共、视吏秋、冶期铸，容半齑，下官。"当然，通常情况下，铭刻无须如此完整。人们可以通过实测与铭刻记录作对照，从而最大限度地复原当时列国的度量衡制度。

50年代以来，经济史研究一度成为热点，所以像商鞅方升这样的量器铭文及其所反映的度量衡制度受极大关注，各种论著时有所见。如上海博物馆于1959年编有《齐量》一书，另邱隆、丘光明编有《中国古代度量衡图集》，论文则有陈梦家《战国度量衡略说》、紫溪《古代量器小考》、林巳奈夫《战

图三五　陈纯釜铭文拓本

国时代の重量单位》、马承源《商鞅方升和战国量制》、杨文
和与董琦《河南登封告城发现战国陶量》、裘锡圭《武功县出
土平安鼎读后记》、黄盛璋《新出信安君鼎、平安君鼎的国别
年代与有关制度问题》、丘光明《关于战国容量制度的几个问
题》、丘光明《试论战国衡制》及黄盛璋《三晋铜器的国别、
年代与相关制度》[169]等等，其中不乏高水准之作。

依据黄盛璋、何琳仪等学者的分域研究结果，列国之间在量名上有共通之处，但差异也很明显。例如"斛"是三晋、东周、秦、燕皆有的量制单位；而"斗"则是三晋、东周、秦、楚共有的量制单位；"升"则行于秦、楚。"齋"行于三晋，"铟"、"釜"行于齐，"纼"行于燕，"笒"行于楚。根据上述异同，学界有截然不同的两种观点：第一种意见认为，东周列国间量制极不一致，妨碍了秦统一之后的财政与经济的发展，所以始皇帝要"一度量"，用商鞅所制定的旧制作为全国统一的度量衡制度；另一种意见则认为，东周列国间的商业交往极为频繁，不可能没有相同或相似的度量衡制度，像"斛"、"斗"、"升"等量名具有一定的通用性便是证据，而实测的结果表明，列国"升"的容积基本上在 250 毫升左右，某些容量单位其实是异名而同实，如齐之"铟"即为他国之"斗"、"釜"即为他国之"斛"，所以"一度量"原本就有基础，只是更突出秦制而已，这种新的观点渐渐为人们所接受。

与量制情况一样，列国之间在衡制上也存在一定区别，如"益"主要行于三晋、"镒"行于东周与魏，"石"行于秦与中山，"刀"则为中山独有。但如"钅斤"、"两"、"朱"则是列国常用的衡制单位。实测结果表明，"钅斤"的重量基本在 250 克左右。所以说，列国间在衡制上的差别并没有我们想象中那么悬殊。在度量衡制渐趋一致的过程中，当时列国间的贸易往来则起着举足轻重的作用。

注　释

［1］马承源《中国青铜器》（修订本）第 420 页，上海古籍出版社 2003 年版。
［2］白川静《金文的世界》第 11 页，联经出版事业公司 1989 年版。

［3］ 同［1］第 371 页。

［4］ Jessica Rawson：*Ancient China*：*Art and Archaeology*. pp91—92，p127，New York：Harper & Row，1980.

［5］ 同［1］第 420 页。

［6］ 郭沫若《青铜时代》第 317 页，科学出版社 1957 年版。

［7］ 朱凤瀚《古代中国青铜器》第 460 页，南开大学出版社 1995 年版。

［8］ 张亚初、刘雨《商周族氏铭文考释举例——摘自〈商周青铜器族氏铭文的资料和初步分析〉》，《古文字研究》第 7 辑第 31—42 页，中华书局 1982 年版。

［9］ 沈兼士《从古器款识上推寻六书以前之文字画》，《段砚斋杂文》，北平，1947 年。沈兼士《初期意符字之特征》，同上。

［10］ 容庚《金文编》"凡例"，《金文编》，中华书局 1985 年版。

［11］ 汪宁生《从原始记事到文字发明》，《民族学考古论集》第 9—53 页，文物出版社 1989 年版。

［12］ 郭沫若《殷彝中图形文字之一解》，《殷周青铜器铭文之研究》（新一版）第 11—20 页，科学出版社 1961 年版。

［13］ Noel Barnard（巴纳）："A New Approach to the Study of Clan-sign Inscription of Shang"（《研究金文族徽的一种新方法及其重要成果》），In K. C. Chang ed：*Studies of Shang Archaeology*，pp141 - 207，New Haven and London：Yale University Press，1982. 依照西方对"Clan"的诸种解释，"Clan - sign"或可直接译成"姓"的徽号或"姓"。

［14］ 林沄《对早期青铜器铭文的几点看法》，《古文字研究》第 5 辑第 35—48 页，中华书局 1981 年版。

［15］ 胡平生《对部分殷商"记名铭文"铜器时代的考察》，《古文字论集》（一）（《考古与文物丛刊》第 2 号）第 50—53 页（1983 年）。

［16］ 刊于《考古》1979 年第 4 期。

［17］ 朱凤瀚《商周青铜器铭文中的复合氏名》，《南开学报》1983 年第 3 期。

［18］ 白川静《殷の族形态——いはゆみ亜字形款识について》，《说林》2 卷第 1 期（1950 年）、《殷の基础社会》，《立命馆创立五十周年论文集・文学篇》，1951 年。

［19］ 同［11］。

［20］ 林巳奈夫《殷周时代の图象记号》，《东方学报（京都）》第 39 册（1968 年）。

[21] 张政烺《试释周初青铜器铭文中的易卦》,《考古学报》1980 年第 4 期。

[22] 李学勤《"中日欧美澳纽所见所拓所摩金文汇编"选释》,《古文字研究论集》(四川大学学报丛刊第 10 辑)(1982 年)。

[23] 同 [2] 第 22 页。

[24] 同 [15]。

[25] 同 [2] 第 18 页。

[26] 同 [2] 第 20 页。

[27] 相关文章主要是关于卜辞研究的,兹不具列。

[28] 林沄《从武丁时代的几种"子卜辞"试论商代的家族形态》,《古文字研究》第 1 辑第 314—336 页,中华书局 1979 年版。

[29] 同 [11]。

[30] 葛英会《殷墟卜辞所见王族及相关问题》,北京大学考古系编《纪念北京大学考古专业成立三十周年论文集》第 256—278 页,文物出版社 1990 年版。

[31] 宋镇豪《夏商社会生活史》第 186—187 页,中国社会科学出版社 1994 年版。

[32] 陈絜《试论殷墟聚落居民的族系问题》,《南开学报》2002 年第 6 期。

[33] 参考周法高主编《金文诂林》第 7845—7865 页,香港中文大学 1974 年版。另张光远在 "Late Shang Dynasty Bronze Seals" (*National Palace Museum Bulletin*, XXIII (1988), pp. 1—36)一文中推测,"亚"形代表大室北壁上放置祖示的框架。

[34] 陈梦家《殷虚卜辞综述》第 508—511 页,中华书局 1988 年版。

[35] 同 [2] 第 20 页。

[36] 王献唐《黄县曩器》,《山东古国考》第 86 页,齐鲁书社 1983 年版。

[37] 张光直《说殷代的"亚形"》,《中国青铜时代》(二集)第 82—94 页,三联书店 1990 年版。

[38] 参考裘锡圭《文字学概要》第 24 页,商务印书馆 1990 年版。

[39] 同 [32]。

[40] 同 [2] 第 21 页。

[41] 李伯谦《葚族族系考》,《考古与文物》1987 年第 1 期。

[42] 刊于《大陆杂志》第 2 卷第 3 期。

[43] 刊于《历史研究》1993 年第 5 期。

[44] 王国维《殷礼征文》,《王国维遗书》第 9 册第 1—8 页,上海古籍出版社 1983 年版。

［45］陈梦家《商王庙号考》，《考古学报》第 8 册（1954 年）。同［34］第
401—482 页。

［46］李学勤《评陈梦家〈殷虚卜辞综述〉》，《考古学报》1957 年第 3 期。

［47］刊于《民族学研究所集刊》第 15 本（1963 年）。

［48］刊于《民族学研究所集刊》第 21 本（1966 年）。

［49］刊于《民族学研究所集刊》第 35 本（1973 年）。

［50］刊于《民族学研究所集刊》第 19 本（1965 年）。

［51］刊于《民族学研究所集刊》第 19 本（1965 年）。

［52］刊于《民族学研究所集刊》第 35 本（1973 年）。

［53］刊于《大陆杂志》第 60 卷第 6 期。

［54］刊于《殷墟博物苑苑刊》1989 年创刊号。

［55］刊于《中原文物》1990 年第 2 期。

［56］井上聪《先秦阴阳五行》第 33—67 页，湖北教育出版社 1997 年版。

［57］刊于《中原文物》1990 年第 3 期。

［58］张政烺《卟其卣的真伪问题》，《故宫博物院院刊》1998 年第 4 期。张光裕
《故宫博物院藏卟其三卣笔谈》，同上。孙稚雏《卟其三卣应先别真伪》，同
上。连劭名《卟其三卣铭文新证》，同上。朱凤瀚《有关卟其卣的几个问
题》，同上。

［59］张颔《寝孳方鼎铭文考释》，《古文字研究》第 16 辑第 207—210 页，中华
书局 1989 年版。

［60］董作宾《殷历谱》第 99—114 页，台北艺文印书馆 1977 年版。同［34］第
208—211 页。

［61］常玉芝《商代周祭制度》第 294—305 页，中国社会科学出版社 1987 年版。

［62］刊于《中原文物》1998 年第 4 期。

［63］李学勤《寝孳方鼎与肆簋》"补记"，收录于《夏商周年代学札记》第 54
页，辽宁大学出版社 1999 年版。

［64］常玉芝《黄组周祭分属三王的新证据与相关问题》，《古文字研究》第 21 辑
第 1—13 页，中华书局 2001 年版。

［65］陈絜《〈肆簋〉铭文释读中的几个问题》，《中国历史文物》2002 年第 2 期。

［66］中国社会科学院考古研究所安阳工作队《安阳殷墟西区一七一三号墓的发
掘》，《考古》1986 年第 8 期。

［67］刊于《考古》1987 年第 3 期。

［68］陈絜《从商金文的"寝某"称名形式看殷人的称名习俗》，《华夏考古》

2001 年第 1 期。

[69] 分别载于《中央日报·文物周刊》第 37 期（1947 年 6 月 4 日）；《中央日报·文物周刊》第 38 期（1947 年 6 月 10 日）。

[70] 原文于 1947 年以英文形式发表，转引自孙稚雏《卯其三卣应先别真伪》，《故宫博物院院刊》1998 年第 4 期。

[71] 收录于《寿罗香林教授论文集》编辑委员会编《寿罗香林教授论文集》，万有图书公司 1970 年版。

[72] 收录于《全国商史学术讨论会论文集》（《殷商学刊》增刊）第 453—463 页（1985 年）。

[73] 刊于《大陆杂志》73 卷第 3 期。

[74] 王宇信、杨升南《甲骨学一百年》第 499 页，社会科学文献出版社 1999 年版。

[75] 同〔74〕第 582—583 页。

[76] 同〔2〕第 31 页。

[77] 白川静著、袁林译《西周史略》第 6 页，三秦出版社 1992 年版。

[78] 伊藤道治《根据出土资料重编西周史的尝试》，《甲骨学》第 10 号（1964 年）。同〔77〕第 6—9 页。唐兰《用青铜器铭文来研究西周史》，《文物》1976 年第 6 期。

[79] 分别刊于《文物》1977 年第 8 期；《文物》1977 年第 8 期；《考古》1978 年第 1 期；《中山大学学报》1978 年第 2 期；《文物》1978 年第 6 期。

[80] 以上三文皆刊于《文物》1976 年第 1 期。

[81] 分别刊于《文物参考资料》1955 年第 5 期；《文物参考资料》1955 年第 5 期；《考古学报》1956 年第 1 期；《武汉大学学报》1956 年第 1 期；《考古学报》1956 年第 2 期；《文物》1985 年第 7 期。

[82] 主要论著有《北京琉璃河出土西周有铭铜器座谈纪要》，《考古》1989 年第 10 期。殷玮璋《新出土的太保铜器及其相关问题》，《考古》1990 年第 1 期。李学勤《克罍克盉的几个问题》，常宗豪、张光裕等编《第二界国际中国古文字学研讨会论文集》第 309—349 页，（香港）问学社有限公司 1993 年版。陈平《燕史纪事编年会按》，北京大学出版社 1995 年版。朱凤瀚《房山琉璃河出土之克器与西周早期的召公家族》，陕西省考古研究所编《远望集》第 303—308 页，陕西人民美术出版社 1998 年版。陈絜《燕召诸器铭文与燕召宗族早期历史中的两个问题》，《中国社会历史评论》第 1 卷第 16—25 页，天津古籍出版社 1999 年版。

[83] 陈梦家《西周铜器断代》（一），《考古学报》第 9 册（1955 年）。黄盛璋《保卣铭的时代与史实》，《考古学报》1957 年第 3 期。郭沫若《保卣铭释文》，《考古学报》1958 年第 1 期。唐兰《西周青铜器铭文分代史征》第 64—68 页，中华书局 1986 年版。

[84] 郭沫若《释应监甗》，《考古学报》1960 年第 1 期。

[85] 赵伯雄《周代国家形态研究》第 146—157 页，湖南教育出版社 1990 年版。

[86] 主成世说者主要有郭沫若与陈梦家，主康世说者如杨宽（《西周史》第 552—554 页，上海人民出版社 1999 年版），而唐兰则力主昭世说（《西周青铜器铭文分代史征》第 197—302 页，中华书局 1986 年版）。

[87] 王国维以为鬼方也即猃狁与昆夷（《鬼方昆夷猃狁考》，《观堂集林》第 583—606 页，中华书局 1959 年版）。

[88] 郭沫若《〈班簋〉的再发现》，《文物》1972 年第 9 期。

[89] 杨宽《西周史》第 500 页，上海人民出版社 1999 年版。

[90] 李学勤《史密簋所记西周重要史实》，《中国社科院研究生院学报》1991 年第 2 期。张懋镕等《安康出土的史密簋及其意义》，《文物》1989 年第 7 期。

[91] 同［89］第 566—567 页。

[92] 李学勤《论多友鼎的时代及意义》，《人文杂志》1981 年第 6 期。刘雨《多友鼎铭的时代与地名考订》，《考古》1983 年第 2 期。夏含夷《测定多友鼎的年代》，《考古与文物》1985 年第 6 期。

[93] 刘雨《多友鼎铭的时代与地名考订》，《考古》1983 年第 2 期。

[94] 王国维《鬼方昆夷猃狁考》，《观堂集林》第 583—606 页，中华书局 1959 年版。

[95] Jessica Rawson：*Ancient China：Art and Archaeology.* New York：Harper & Row，1980.

[96] 同［85］第 13—19 页。

[97] 主要论著有伊藤道治《中国古代王朝的形成》、《中国古代国家的统治结构》。杜正胜《周代封建的建立》，《史语所集刊》第 50 本 3 分第 485—550 页（1979 年）。杜正胜《周代封建制度的社会结构》，《史语所集刊》第 50 本 3 分第 551—613 页。杜正胜《西周封建的特质》，《食货复刊》第 9 卷第 5 期（1980 年）。李志庭《西周封国的政区性质》，《杭州大学学报》1981 年第 3 期。杨善群《关于西周分封制的几个问题》，《求是学刊》1984 年第 3 期。黄中业《西周分封制为国家政体说》，《史学月刊》1985 年第 2 期。

赵伯雄《周代国家形态研究》，湖南教育出版社 1990 年版。

[98] 张亚初、刘雨《西周金文官制研究》"前言"，《西周金文官制研究》，中华
书局 1986 年版。

[99] 主要论著有郭沫若《〈周官〉质疑》，《金文丛考》第 49—81 页，人民出版
社 1954 年版。斯维至《西周金文所见职官考》，《中国文化研究汇刊》第 7
卷（1947 年）。陈梦家《西周铜器断代》（三）"西周的策命制度"，《考古
学报》1956 年第 1 期。徐宗元《金文中所见官名考》，《福建师院学报》
1957 年第 2 期。

[100] 同 [98]。

[101] 主要论著有左言东《西周官制概述》，《人文杂志》1981 年第 3 期。杨宽
《西周中央政权机构剖析》，《历史研究》1984 年第 1 期。沈长云《周代司
徒之职辨非》，《中国史研究》1985 年第 3 期。郝铁川《西周中央官制的
演变》，《河南大学学报》1985 年第 4 期。李西关《卿事（士）考——兼
论西周政体的演变》，《人文杂志》1987 年第 3 期。李学勤《卿事寮、太
史寮》，《松辽学刊》1989 年第 3 期。李朝《论西周社会分层秩序中的地
位群体——卿大夫》，《人文杂志》1990 年第 1 期。李零《西周金文中的
职官体系》，吴荣曾主编《尽心集》第 202—214 页，中国社会科学出版社
1996 年版。

[102] 杨宽《西周中央政权机构剖析》，《历史研究》1984 年第 1 期。

[103] 郝铁川《西周中央官制的演变》，《河南大学学报》1985 年第 4 期。

[104] 同 [77] 第 75—99 页。

[105] 齐思和《周代锡命礼考》，《燕京学报》第 32 期（1947 年）。陈梦家《西
周铜器断代》（三）"西周的策命制度"，《考古学报》1956 年第 1 期。同
[77] 第 75—83 页。同 [2] 第 109—126 页。

[106] 其中反对五等爵制之说的有傅斯年《论所谓"五等爵"》，《史语所集刊》
第 2 本 1 分第 111—129 页（1930 年）。郭沫若《金文所无考·五等爵禄》，
《金文丛考》第 39—42 页，人民出版社 1954 年版。郭沫若《周代彝铭中
无五服五等之制》，《中国古代社会研究》，《郭沫若全集·历史编》第 1 卷
第 262—266 页，人民出版社 1982 年版。杨树达《古爵名无定称说》，《积
微居小学述林》第 249—257 页，中华书局 1983 年版。杨伯峻《春秋左传
注》第 1—2 页，中华书局 1981 年版。同 [85] 第 120—134 页。而支持此
说的论著则有王世民《西周春秋金文中的诸侯爵称》，《历史研究》1983
年第 3 期。陈恩林《先秦两汉文献中所见周代诸侯五等爵》，《历史研究》

1994 年第 6 期。

[107] 主要论著有庞怀清等《陕西省岐山县董家村西周铜器窖穴发掘简报》,《文物》1976 年第 5 期。程武《一篇重要的法律史文献——读倗匜铭文札记》,同上。唐兰《陕西省岐山县董家村新出西周重要铜器铭辞的译文和注释》,同上。唐兰《用青铜器铭文来研究西周史——综论宝鸡市近年发现的一批青铜器的重要历史价值》,《文物》1976 年第 6 期。林甘泉《对西周土地关系的几点新认识》,《文物》1976 年第 5 期。盛张《岐山新出倗匜若干问题探索》,《文物》1976 年第 6 期。李学勤《岐山董家村训匜考释》,《古文字研究》第 1 辑第 149—156 页,中华书局 1979 年版。林沄《珊生簋新释》,《古文字研究》第 3 辑第 120—135 页,中华书局 1980 年版。胡留元、冯卓慧《从陕西金文看西周民法规范及民事诉讼制度》,《考古与文物》1983 年第 6 期。冯卓慧、胡留元《西周军法判例——〈师旅鼎〉述评》,《人文杂志》1986 年第 5 期。朱凤瀚《珊生簋铭新探》,《中华文史论丛》1989 年 1 辑第 79—96 页,上海古籍出版社 1989 年版。

[108] 唐兰《用青铜器铭文来研究西周史——综论宝鸡市近年发现的一批青铜器的重要历史价值》,《文物》1976 年第 6 期。

[109] 王玉哲《中华远古史》第 637—644 页,上海人民出版社 1999 年版。

[110] 主要论著有于省吾《略论金文中的"六自"和"八自"及其屯田制》,《考古》1964 年第 3 期。于省吾《关于〈论西周金文中六自八自和乡遂制度的关系〉一文的意见》,《考古》1965 年第 3 期。杨宽《论西周金文中"六自""八自"和乡遂制度的关系》,《考古》1964 年第 8 期。杨宽《再论西周金文中"六自"和"八自"的性质》,《考古》1965 年第 10 期。叶达雄《西周兵制的探讨》,《台湾大学历史学系学报》第 6 期 (1979 年)。常征《释"六师"》,《河北大学学报》1981 年第 2 期。李学勤《论西周金文的六师、八师》,《华夏考古》1987 年第 2 期。

[111] 朱凤瀚《商周时代社会结构的变迁》,冯尔康主编《中国社会结构的演变》第 252 页,河南人民出版社 1994 年版。

[112] 郭沫若《两周金文辞大系图录考释》第 4 页,上海书店出版社 1999 年版。杨宽《释"臣"和"鬲"》,《考古》1963 年第 12 期。刘家和《〈书·梓材〉人历、人宥试释》,《中国史研究》1981 年第 4 期。殷伟仁《赐……人鬲,自驭至于庶人》,《人文杂志》1983 年第 6 期。同 [77] 第 6 章。

[113] 贝塚茂树《关于出现在金文中的"鬲"的身分》,《东方学》第 23 卷 (1962 年)。

[114] 李学勤《大盂鼎新论》,《郑州大学学报》1985 年第 3 期。尚志儒《试论西周金文中的人鬲问题》,《人文杂志丛刊》第 2 辑（1984 年）。沈长云《释〈大盂鼎铭〉“人鬲自驭至于庶人”》,《河北师院学报》1988 年第 3 期。同［11］第 261 页。

[115] 郭沫若《奴隶制时代》第 227 页，人民出版社 1984 年版。

[116] 同［115］第 26 页。

[117] 田昌五《古代社会断代新论》第 106 页，人民出版社 1982 年版。

[118] 沈长云《释〈大盂鼎铭〉“人鬲自驭至于庶人”》,《河北师院学报》1988 年第 3 期。裘锡圭《说“仆庸”》,《古代文史研究新探》第 366—386 页，江苏古籍出版社 1992 年版。

[119] 同［111］第 261 页。

[120] 同［115］第 237 页。

[121] 刊于《考古》1979 年第 3 期。

[122] 参考郭沫若《矢簋铭考释》,《考古学报》1956 年第 1 期。同［34］第 624 页。杨宽《古史新探》第 82 页，中华书局 1965 年版。

[123] 林沄《琱生簋新释》,《古文字研究》第 3 辑第 120—135 页，中华书局 1980 年版。朱凤瀚《琱生簋铭新探》,《中华文史论丛》1989 年第 1 辑第 79—96 页，上海古籍出版社 1989 年版。裘锡圭《说“仆庸”》,《古代文史研究新探》第 366—386 页，江苏古籍出版社 1992 年版。

[124] 王人聪《琱生簋铭“仆墉土田”辨析》,《考古》1994 年第 5 期。沈长云《琱生簋铭“仆墉土田”新释》,《古文字研究》第 22 辑第 73—78 页，中华书局 2000 年版。

[125] 收录于南开大学历史系中国古代史教研室编《中国古代地主阶级研究论文集》第 75—103 页，南开大学出版社 1984 年版。

[126] 收录于《西周史研究》（人文杂志丛刊第 2 辑）（1984 年）。

[127] 刊于《人文杂志》1986 年第 6 期。

[128] 刊于《南开学报》1988 年第 4 期。

[129] 木村秀海《关于西周金文中所见小子——西周统治机构之一面》,《史林》64 卷第 6 号（1981 年）。

[130] 杨宽《“冠礼”新探》、《试论西周春秋间的宗法制度和贵族组织》,《古史新探》第 234—255 页、第 166—196 页，中华书局 1965 年版。

[131] 盛冬铃《西周铜器铭文中的人名及其对断代的意义》,《文史》第 17 辑第 27—64 页，中华书局 1982 年版。

［132］李曦《周代伯仲排行称谓的宗法意义》,《陕西师大学报》(哲社版)1986
年第 1 期。

［133］收录于《中国社会历史评论》第 1 卷第 16—25 页,天津古籍出版社 1999
年版。

［134］金景芳《论宗法制度》,《东北人民大学学报》1956 年第 2 期。谢维扬
《周代家庭形态》第 205—211 页,中国社会科学出版社 1990 年版。

［135］吴浩坤《西周和春秋时代宗法制度的几个问题》,《复旦学报》1984 年第 1
期。

［136］钱宗范《周代宗族制度研究》第 229—240 页,广西师范大学出版社 1989
年版。

［137］同［85］第 70—90 页。

［138］唐兰《西周青铜器铭文分代史征》第 320—326 页,中华书局 1986 年版。

［139］如李学勤《柞伯簋铭考释》(《文物》1998 年第 11 期)认为是始封君,而
王龙正等《新发现的柞伯簋及其铭文考释》(《文物》1998 年第 9 期)认
为是第二代封君。

［140］同［111］第 307—308 页。

［141］河村源《关于西周时代的邑与里》,《史丛》第 30 辑(1983 年)。朱凤瀚
《先秦时代的“里”——关于先秦基层地域组织的发展》,收录于中国先秦
史学会秘书处编《先秦史研究》第 194—212 页,云南民族出版社 1987 年
版。俞伟超《中国古代公社组织的考察——论先秦两汉的单—僤—弹》第
52—57 页,文物出版社 1988 年版。

［142］赵世超《周代国野制度研究》,陕西人民出版社 1992 年版。同［85］第
158—219 页。

［143］李零《中国古代居民组织的两大类型及其不同来源》,《文史》第 28 辑第
59—75 页,中华书局 1987 年版。

［144］张懋镕《史密簋与西周乡遂制度》,《文物》1991 年第 1 期。同［89］第
432 页。

［145］同［89］第 415—416 页。

［146］主要论著有郭沫若《两周金文辞大系图录考释》第 81—82 页,上海书店
出版社 1999 年版。杨树达《颂鼎跋》,《积微居金文说》第 20—21 页,科
学出版社 1959 年版。贝塚茂树《周代的土地制度》,《史林》第 49 卷第 4
期(1966 年)。唐兰《陕西省岐山县董家村新出西周重要铜器铭辞的译文
与注释》,《文物》1976 年第 5 期。林甘泉《对西周土地关系的几点新认

识——读岐山董家村出土铜器铭文》，《文物》1976 年第 5 期。张传玺《论中国古代土地私有制形成的三个阶段》，《北京大学学报》1978 年第 2期。赵光贤《从裘卫诸器铭看西周的土地交易》，《北京师范大学学报》1979 年第 6 期。戚桂宴《释贮》，《考古》1980 年第 4 期。黄盛璋《卫盉、鼎中的"贮"与"贮田"及其牵涉的西周田制问题》，《文物》1981 年第9 期。伊藤道治《裘卫诸器考——关于西周土地所有制之我见》，《考古学参考资料》第 5 辑第 22—44 页，文物出版社 1982 年版。王玉哲《西周金文中的"贮"和土地关系》，《南开学报》1983 年第 3 期。平心《卜辞金文中所见社会经济史实考释》，袁英光、桂遵义选编《李平心史论集》，第159—175 页，人民出版社 1983 年版。李学勤《西周金文中的土地转让》，《光明日报》1983 年 11 月 30 日。刘宗汉《金文贮字研究中的三个问题》，《古文字研究》第 15 辑第 211—228 页，中华书局 1986 年版。周望森《西周的"贮田"与土地关系》，《中国经济史研究》1991 年第 1 期。

[147] 朱凤瀚《商周时期的天神崇拜》，《中国社会科学》1993 年第 4 期。

[148] 顾立雅《释天》，《燕京学报》第 18 期（1935 年）。顾立雅 The Origin of the Deity Tian（天神的起源），*The Origins of Statecraft in China（Volume one）: The Western Chou Empire*。郭沫若《先秦天道观之进展》，《青铜时代》，科学出版社 1957 年版。胡厚宣《殷墟卜辞中的上帝与王帝》，《历史研究》1959 年第 9、10 期。杜而未《中国古代宗教研究——天道上帝之部》，[台北] 学生书局 1983 年版。杨希枚《论商周社会的上帝太阳神》，《中国史研究》1992 年第 3 期。同 [147]。

[149] 刊于《考古学报》1989 年第 4 期。

[150] 陈梦家《宜侯夨簋和它的意义》，《文物参考资料》1955 年第 5 期。郭沫若《夨簋铭考释》，《考古学报》1956 年第 1 期。唐兰《宜侯夨簋考释》，《考古学报》1956 年第 2 期。

[151] 黄盛璋《铜器铭宜、虞、夨的地望及其与吴国的关系》，《考古学报》1983 年第 3 期。李学勤《宜侯夨簋与吴国》，《文物》1985 年第 7 期。

[152] 刘启益《西周夨国铜器的新发现与有关历史地理问题》，《考古与文物》1982 年第 2 期。王晖《西周春秋吴都迁徙考》，《历史研究》2000 年第 5期。

[153] 郭沫若《三门峡出土铜器二三事》，《文物》1959 年第 1 期。

[154] 主要文章有李学勤《三门峡虢墓新发现与虢国史》，《中国文物报》1991年 2 月 3 日。俞伟超《上村岭虢国墓地新发现所提示的几个问题》，同上。

杜迺松《谈虢国墓地新出铜器》,《中国文物报》1991 年 2 月 10 日。安志敏《虢国墓地和三门峡考古》,同上。马承源《虢国大墓参观记》,《中国文物报》1991 年 3 月 3 日。张长寿《虢国墓地的新发现》,《中国文物报》1991 年 3 月 17 日。邹衡《新发现虢国大墓观后感》,同上。贾峨《关于上村岭虢国墓地的几个问题》,《中国文物报》1991 年 3 月 31 日。赵世纲《虢国青铜器与虢国墓地的年代问题》,河南省文物考古学会编《河南文物考古论集》第 350—364 页,河南人民出版社 1996 年版。

[155] 李伯谦《晋侯墓地发掘与研究》,上海博物馆编《晋国奇珍》第 17—27 页,上海人民美术出版社 2002 年版。

[156] 2000 年之前的主要论著可参考徐天进《晋侯墓地的发现与研究现状》,北京大学古代文明研究中心编《古代文明研究通讯》总第 7 期(2000 年 12 月)。今略举其重要者及徐氏未录者如下,李伯谦《晋国始封地考略》,《中国文物报》1993 年 12 月 12 日。邹衡《论早期晋都》,《文物》1994 年第 1 期。裘锡圭《关于晋侯铜器铭文中的几个问题》,《传统文化与现代化》1994 年第 2 期。北京大学考古系、山西考古研究所天马—曲村遗址考古队《天马—曲村遗址晋侯墓地及相关问题》,山西省考古研究所编《三晋考古》第 1 辑第 18—26 页,山西人民出版社 1994 年版。李学勤《〈史记·晋世家〉与新出金文》,《学术集林》第 4 辑第 160—170 页,上海远东出版社 1995 年版。孙华《关于晋侯苏组墓的几个问题》,《文物》1995 年第 9 期。卢连成《天马—曲村晋侯墓地年代及墓主考订》,《汾河湾》第 136—146 页、第 151 页,山西高校联合出版社 1996 年版。李伯谦《从晋侯墓地看西周公墓墓地制度的几个问题》,《考古》1997 年第 11 期。张长寿《关于晋侯墓地的几个问题》,《文物》1998 年第 1 期。李伯谦《天马—曲村遗址发掘与晋国始封地的推定》,《"迎接二十一世纪的中国考古学"国际学术讨论会论文集》第 225—234 页,科学出版社 1998 年版。曹玮《关于晋侯墓随葬器用制度的思考》,陕西省考古研究所编《远望集》第 294—301 页,陕西人民美术出版社 1998 年版。徐天进《西周至春秋初年晋国墓地的编年研究》,北京大学中国传统文化研究中心编《文化的馈赠——汉学研究国际会议论文集》(考古卷)第 335—337 页,北京大学出版社 2000 年版。李伯谦《晋侯墓地墓主之再研究》,同上第 74—80 页。朱凤瀚《关于北赵晋侯墓地年代与墓主人的探讨》,同上第 192—198 页。刘克甫《北赵晋侯墓地性质问题管见》,《古今论衡》第 5 辑,台北历史语言研究所 2000 年版。李伯谦《叔夨方鼎铭文考释》,《文物》2001 年第 8 期。

李学勤《谈叔夨方鼎及其他》，《文物》2001 年第 10 期。其他涉及晋侯苏编钟与月相年历问题的论著则参考本书第四章。

[157] 陈梦家《西周铜器断代》（三），《考古学报》1956 年第 1 期。

[158] 朱心持《江西余干黄金埠出土铜甗》，《考古》1960 年第 2 期。郭沫若《释应监甗》，《考古学报》1960 年第 1 期。

[159] 韧松、樊维岳《记陕西蓝田县新出土的应侯钟》，《文物》1975 年第 10期。韧松《"记陕西蓝田县新出土的应侯钟"一文补正》，《文物》1977 年第 8 期。吴镇烽、尚志儒《关于应侯钟"见工"一词的解释》，同上。白川静《金文通释》第 48 辑第 230—236 页，［日］白鹤美术馆 1963—1983年版。吴镇烽《金文研究札记》，《人文杂志》1981 年第 2 期。

[160] 周永珍《西周时期的应国、邓国铜器及地理位置》，《考古》1982 年第 1期。何浩《应国兴亡考略》，收录于中国先秦史秘书处编《先秦史研究》第 158—163 页，云南民族出版社 1987 年版。姜涛、贺全法《商周时期的应国考辨及其相关问题》，河南省文物考古学会编《河南文物考古论集》第 316—327 页。徐锡台《应、申、邓、柞等国铜器铭文考释》，广东炎黄文化研究会、纪念容庚先生百年诞辰暨中国古文字学学术研讨会合编《容庚先生百年诞辰纪念文集》（古文字研究专号）第 347—359 页，广东人民出版社 1998 年版。李家浩《应侯再簋铭文考释》，《文物》1999 年第 9期。

[161] 中国社会科学院考古研究所安阳工作队《1969—1977 年殷墟西区墓葬发掘报告》，《考古学报》1979 年第 1 期。

[162] 黄盛璋《试论三晋兵器的国别和年代及其相关问题》，《考古学报》1974年第 1 期。

[163] 郝本性《新郑"郑韩故城"发现一批战国铜兵器》，《文物》1972 年第 10期。

[164] 同［163］。

[165] 田凤岭、陈雍《新发现的"十七年丞相启状"戈》，《文物》1986 年第 3期。

[166] 相关论著参考本书第四章"三晋器"与"秦金文"所引。

[167] 孙敬明《从陶文看战国时期齐都近郊之制陶手工业》，《古文字研究》第 21 辑第 199—226 页，中华书局 2001 年版。

[168] 参考本书第四章"三晋器"所列。

[169] 分别刊于《考古》1964 年第 6 期；《文物》1964 年第 7 期；［日］《史林》

51 卷第 2 期;《文物》1972 年第 6 期;《考古》1980 年第 6 期;《考古与文物》1982 年第 2 期;《考古与文物》1982 年第 2 期;《考古》1982 年第 2期;《考古》1982 年第 5 期;《古文字研究》第 17 辑第 1—66 页,中华书局 1989 年版。

主要参考文献

1. 容庚《商周彝器通考》，哈佛燕京学社 1941 年版。

2. 安徽省文物管理委员会、安徽省博物馆《寿县蔡侯墓出土遗物》，科学出版社 1956 年版。

3. 容庚、张维持《殷周青铜器通论》，科学出版社 1958 年版。

4. 杨树达《积微居金文说》（增订本），科学出版社 1959 年版。

5. 王国维《观堂集林》，中华书局 1959 年版。

6. 郭沫若《殷周青铜器铭文研究》，科学出版社 1961 年版。

7. ［日］白川静《金文通释》，白鹤美术馆 1963 年版。

8. Herrlee G. Creel：*The Origins of Statecraft in China（Volume one）：The Western Chou Empire*. Chicago：the University of Chicago Press，1970.

9. Jessica Rawson：*Ancient China：Art and Archaeology*. New York：Harper & Row，1980.

10. 郭宝钧《商周铜器群综合研究》，文物出版社 1981 年版。

11. 唐兰《古文字学导论》（增订本），齐鲁书社 1981 年版。

12. 朱剑心《金石学》，文物出版社 1981 年版。

13. K. C. Chang：*Art，Myth，and Ritual：The Path to Political in Ancient China.* Harvard University Press，1983.

14. 中国社会科学院考古研究所《新出金文分域简目》，中华书局 1983 年版。

15. 中国社会科学院考古研究所《新中国的考古发现和研究》，文物出版社 1984 年版。

16. 李学勤《东周与秦代文明》，文物出版社 1984 年版。

17. 中国社会科学院考古研究所《殷墟青铜器》，文物出版社 1985 年版。

18. K. C. Chang：*Studied of Shang Archaeology.* New Haven and London：Yale University Press，1986.

19. 唐兰《西周青铜器铭文分代史征》，中华书局 1986 年版。

20. 常玉芝《商代周祭制度》，中国社会科学出版社 1987 年版。

21. Cho-Yun Hsu and Katheryn M. Linduff：*Western Chou Civilization.* New Haven and London：Yale University Press，1988.

22. 裘锡圭《文字学概要》，商务印书馆 1988 年版。

23. ［日］白川静著，温天河、蔡哲茂译《金文的世界——殷商社会史》，联经出版事业公司 1989 年版。

24. 何琳仪《战国文字通论》，中华书局 1989 年版。

25. 陕西省考古研究所《宝鸡强国墓地》，文物出版社 1989 年版。

26. 湖北省博物馆《曾侯乙墓》，文物出版社 1989 年版。

27. ［日］樋口隆康编，蔡凤书译《日本考古学研究者中国考古学研究论文集》，东方书店 1990 年版。

28. 赵伯雄《周代国家形态研究》，湖南教育出版社 1990 年版。

29. 朱凤瀚《商周家族形态研究》，天津古籍出版社 1990 年版。

30. Edward L. Shaughnessy：*Source of Western Zhou History：Inscribed Bronze Vessels.* Berkeley：University of California Press，1991.

31. Thomas Lawton：*New Perspectives on Chu Culture during the Eastern Zhou Period.* Princeton University Press，1991.

32. 河南省文物研究所等《淅川下寺春秋楚墓》，文物出版社 1991 年版。

33. 文物编辑委员会《文物考古工作十年》，文物出版社 1991 年版。

34. ［日］白川静著，袁林译《西周史略》，三秦出版社 1992 年版。

35. 裘锡圭《古代文史研究新探》，江苏古籍出版社 1992 年版。

36. 裘锡圭《古文字论集》，中华书局 1992 年版。

37. 裘锡圭《裘锡圭自选集》，河南教育出版社 1994 年版。

38. 王学理等《秦物质文化史》，三秦出版社 1994 年版。

39. 中国社会科学院考古研究所《殷墟的发现与研究》，科学出版社 1994 年版。

40. 王国维《古史新证》，清华大学出版社 1994 年版。

41. 汪受宽《谥法研究》，上海古籍出版社 1995 年版。

42. 朱凤瀚《古代中国青铜器》，南开大学出版社 1995 年版。

43. 北京文物研究所《琉璃河西周燕国墓地 1973—1977》，文物出版社 1995 年版。

44. 高明《中国古文字学通论》，北京大学出版社 1996 年版。

45. 张岂之《中国近代史学学术史》，中国社会科学出版社 1996 年版。

46. 朱凤瀚、徐勇《先秦史研究概要》，天津教育出版社 1996 年版。

47. 吴荣曾编《尽心集》，中国社会科学出版社 1996 年版。

48. 裘锡圭《文史丛稿》，上海远东出版社 1996 年版。

49. 陈星灿《中国史前考古学史研究 1895—1949》，三联书店 1997 年版。

50. 杨育彬、袁广阔《20 世纪河南考古发现与研究》，中州古籍出版社 1997 年版。

51. 北京师范大学国学研究所《武王克商之年研究》，北京师范大学出版社 1997 年版。

52. 常玉芝《殷商历法研究》，吉林文史出版社 1998 年版。

53. 顾颉刚《当代中国史学》，辽宁教育出版社 1998 年版。

54. 朱凤瀚、张荣明《西周诸王年代研究》，贵州人民出版社 1998 年版。

55. 郭沫若《两周金文辞大系图录考释》，上海书店出版社 1999 年版。

56. 河南省文物考古研究所、三门峡市文物工作队《三门峡虢国墓地》（第 1 卷），文物出版社 1999 年版。

57. 李学勤《夏商周年代学札记》，辽宁大学出版社 1999 年版。

58. 洛阳市文物工作队《洛阳北窑西周墓》，文物出版社 1999 年版。

59. 王世民等《西周青铜器分期断代研究》，文物出版社 1999 年版。

60. 王玉哲《中华远古史》，上海人民出版社 1999 年版。

61. 文物出版社编《新中国考古五十年》，文物出版社 1999 年版。

62. 杨宽《西周史》，上海人民出版社 1999 年版。

63. 张光直《中国青铜时代》，三联书店 1999 年版。

64. 朱德熙《朱德熙文集》第 5 卷，商务印书馆 1999 年版。

65. 夏商周断代工程专家组《夏商周断代工程 1996—2000 年阶段成果报告（简本）》，世界图书出版社 2000 年版。

66. ［日］伊藤道治著，江蓝生译《中国古代王朝的形成——以出土资料为主的殷周史研究》，中华书局 2002 年版。

67. 杜勇、沈长云《金文断代方法探微》，人民出版社 2002 年版。

68. 王玉哲《古史集林》，中华书局 2002 年版。

69. 上海博物馆《晋国奇珍——山西晋侯墓群出土文物精品》，上海人民美术出版社 2002 年版。

70. 马承源《中国青铜器》（修订本），上海古籍出版社 2003 年版。

71. 陕西省文物局、中华世纪坛艺术馆《盛世吉金》，北京出版社出版集团、北京出版社 2003 年版。

后　记

商周青铜器铭文研究在中国已有近千年的历史。尤其是在20世纪下半叶，随着考古新材料的不断出土、积累，研究工作有了飞速的发展，取得了令世人瞩目的成就。毋庸讳言，这一研究领域存在的问题依旧很多。所以，在新世纪之初，我们有必要对已有的成果做出及时的总结，找出一点经验教训，以备日后研究之需。这就是撰写本书的主要目的。

商周金文的研究，涉及面极广。因个人学殖尚浅，在评述当中难免会有不尽人意之处。此外，由于丛书性质及篇幅等原因，本书所及资料基本以2000年为下限，很多新材料与新成果只能割爱。书中所述内容，仅仅是众多研究成果中的一小部分，无法面面俱到，也没有相应的、比较详尽的论著目录附于书后。需要特别指出的是，在最近的一二年中，大陆和港台地区又陆续出版了数种重要资料及有价值的学术论著，如《近出殷周金文集录》、《金文文献集成》、《国家图书馆藏金文研究资料丛刊》、陈梦家《西周铜器断代》、陈昭容《秦系文字研究》、张懋镕等《青铜器论文索引（1983—2001）》等，由于受各种主客观条件的限制，无法在正文中一一详述，不免遗憾。凡此种种，祈请读者谅解。

　　本书撰作过程中，始终得到了朱启新、宋新潮二位先生的支持与关怀。尤其是宋新潮、朱凤瀚、赵伯雄诸先生，不顾事务繁忙，对本书的结构、内容，甚而至于具体的遣词用字，皆不厌其烦地予以一一指点和批改，修正了许多缺点和错误。对于诸位师长的厚谊，我要表示由衷的谢意。同门刘源、张翠莲、林鹄、李晶诸君及小友李钰，或提供资料，或核对文字，出力不少，故一并于此致谢。

　　　　　　　　　　2005 年 12 月于南开范孙楼

图书在版编目（CIP）数据

商周金文/陈絜著. ——北京：文物出版社，2006.4
（2020.11重印）
（20世纪中国文物考古发现与研究丛书）
ISBN 978-7-5010-1873-4

Ⅰ.商… Ⅱ.陈… Ⅲ.金文-研究-中国-商周时代
Ⅳ.K877.34

中国版本图书馆CIP数据核字（2006）第008007号

20世纪中国文物考古发现与研究丛书

商周金文

著　　者	陈　絜	
封面设计	张希广	
责任印制	张道奇	
责任编辑	周　成　陈　峰	
出版发行	文物出版社	
社　　址	北京市东直门内北小街2号楼	
网　　址	http://www.wenwu.com	
邮　　箱	web@wenwu.com	
印　　刷	河北鹏润印刷有限公司	
开　　本	850mm×1168mm　　1/32	
印　　张	8.75	
版　　次	2006年4月第1版	
印　　次	2020年11月第2次印刷	
书　　号	ISBN 978-7-5010-1873-4	
定　　价	40.00元